영어는 이렇게 공부하세요

STUDY
ENGLISH
THIS WAY

동시통역사
한민근 지음

노력의 천재 출판사

CONTENTS

● Part1 영어 공부 방법론 ·· 6

● Part2 영어 공부 교재

입문

Lesson1 ·· 40
Be동사 현재형 활용

Lesson2 ·· ·46
Be동사 과거형 활용

Lesson3 ·· 50
일반 동사 활용

Lesson4 ·· 57
현재진행형 및 과거진행형

Lesson5 ·· 65
부가 의문문

초급

70 ·· Lesson6
Be동사 현재형 활용

74 ·· Lesson7
Be동사 과거형 활용

76 ·· Lesson8
Be동사와 일반 동사 구분 활용

80 ·· Lesson9-22
평서문, 부정문, 의문문, 현재진행형, 부가의문문 활용

중급1

128 ·· Lesson23
단어 발음

136 ·· Lesson24
문장 발음(강약, 붙이고 떼기)

140 ·· Lesson25
관사의 원칙

145 ·· Lesson26
부사의 위치

중급2

Lesson27-33 ···································· 152
전치사, 조동사, 접속사 활용

Lesson34 ·· 188
분사구문

Lesson35 ·· 195
관계대명사, 관계부사, 전치사 + 관계대명사

Lesson36 ·· 206
시제 (현재완료, 과거완료, 현재완료진행형, 조동사 + 현재완료형 등)

Lesson37 ·· 211
많이 쓰는 부사 용법

Lesson38 ·· 217
많이 쓰는 동사 용법

Lesson39-49 ···································· 231
문장의 5형식에 따른 문장 분석

Lesson50 ·· 286
가주어 및 진주어

Lesson51-56 ···································· 290
to+부정사 활용

314 ·································· Lesson57
사역동사

318 ·································· Lesson58
지각동사, 분사구문, 동명사

322 ·································· Lesson59
관계대명사, 전치사 + 관계대명사 심층분석

326 ·································· Lesson60
관계대명사, 삽입절이 있는 문장

330 ·································· Lesson61
등위접속사, 형용사절, 명사절

334 ·································· Lesson62-66
종속절, 주절, 복문, 단문

356 ·································· Lesson67
능동, 수동

360 ·································· Lesson68
가정법

366 ·································· Lesson69-70
직접화법, 간접화법

374 ·············· 고급 실력자가 되신 분의 앞으로의 공부 방법

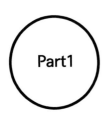

Part1

영어 공부 방법론

안녕하십니까? 반갑습니다. 이 부분을 읽어주셔서 감사합니다. 저는 자타가 공인하는 노력의 천재 한민근이라는 사람입니다. 인터넷에 "한민근"을 치면 나오니까 시간 있으시면 한번 들어가 보시기 바랍니다. 저의 이메일 주소는 grant5010@naver.com 입니다. 저는 1978년부터 4년간 영한 번역을 하다가 1982년부터 1984년까지 외국어 대학 통역대학원을 다니고 3등으로 졸업하여 통역대학원 입시반을 개설하고 영어를 가르치기 시작했습니다. 1984년부터 2018년까지 종로 및 강남의 외국어 학원에서 최고급 실력의 학생들부터 기초가 전혀 되어있지 않는 온갖 학생들까지 다양한 학생들을 가르쳤고 현재는 인터넷과 카카오톡과 전화를 이용하여 전국 및 해외의 학생들을 개인교수하고 있습니다.

책 소개 말씀

이 책은 16년 전에 처음으로 출판해서 지금 11번째 판입니다. 이 책은 알파벳만 알면 독학으로 영어 공부해서 고급 실력자가 될 수 있도록 만들어져 있습니다. 영어 공부하는 방법과 문법을 상세하게 설명하고 있습니다. 특히 문법에서는 장문 독해와 영작을 위하여 꼭 알아야 하는 부분을 상세히 설명했습니다. 제가 독학으로 공부할 때는 문법책에서 정말 필요한 부분이 빠져있거나 불충분하게 설명되어서 아쉬웠던 점도 많았고 거의 필요 없는 부분이 중요한 것처럼 있어서 많은 시간을 들였던 경험도 있습니다. 저의 책에는 다른 문법에서 별로 다루지 않지만 고급 영어를 하기 위하여 꼭 필요한 내용을 꽤 많이 상세하게 다루었습니다. 예를 들면 영작할 때의 관사의 원칙, 관계대명사와 관계 부사의 차이점, 전치사 + 관계대명사, 삽입절이 있는 문장, you(one)의 용법 등입니다. 이 글을 읽으시는 분 중에서 아직 실력이 약하신 분은 이런 것이 중요하다는 것을 모르십니다. 괜찮습니다. 나중에 고급 실력이 되면 이런 것들이 매우 중요하다는 것을 아시게 됩니다.

제가 독학으로 공부할 때 너무나 많이 고생했고 시행착오가 많았기 때문에 영어 공부하시는 분들에게 정말로 도움을 드리고 싶습니다.

한국인의 대부분은 영어공부한 지 십 년이 넘었는데도 아직 영어가 신통찮고 어떻게 공부하면 좋을지 모릅니다. 이렇게도 해보고 저렇게도 하는데 별로 효과를 보지 못 해서 고민하고 좌절하십니다. 제가 그랬습니다. 그래서 저의 독학했던 경험과 통역 번역하면서 수많은 문장을 접해보고 학원에서 수재들과 둔재들을 모두 가르치면서 경험한 것을 투입해서 이 책을 만들었고 현재도 교재로 쓰고 있습니다. 저의 책은 매우 특별합니다. 공부하는 방법도 독특하고 효과도 독특합니다. 이 책에서 하라는 대로만 하면 반드시 영어를 잘 합니다. 혹시 이 책에서 하라는 대로 했는데 결과가 실망스러운 분이 계시면 연락주세요. 정말 하라는 대로 했는데도 고급 실력이 되지 못한 분에게는 책값의 열 배를 보상해드리겠습니다. 효과가 좋아서 고맙다는 인사를 하고 싶으신 분은 주변의 많은 분에게 알려주시가 바랍니다. 이 책으로 공부하시다가 혼자서 해결 못 하시는 분은 저에게 직접 배우시면 독학하시는 것보다 훨씬 더 빨리 발전합니다. 직접 배우시는 분은 알파벳만 아는 수준은 1년, 보통 정도의 대학생은 3개월 내지 6개월이면 고급 실력에 도달합니다. grant5010@naver.com으로 연락 주세요.

추가 교재: 영화를 통한 생활 영어

교재와 병행해서 헐리우드 영화를 이용한 고급 청취 및 영어 공부 자료도 있습니다. 매일 일일분의 받아적기 자료와 음성파일, 대본, 번역을 보내드립니다. 이 자료는 월 3만원이며 전화와 인터넷을 통한 개인교수를 받으시는 분은 무료로 보내드립니다.

제가 1984년에 외대 통역 대학원을 3등으로 졸업하고 방송국에서 동시 통역도 하고 34년 동안 날고 기는 고급 학생들을 제가 만든 교재로 가르치고 CNN 뉴스를 보면 거의 다 쉽게 이해가 되고 해서 영어를 꽤 잘 한다고 생각했습니다. 그런데 2018년 9월~2019년 9월에 제가 다니는 예수 그리스도 후기 성도 교회의 선교사로 봉사하는 동안 일주일에 한두 번 정도 열 명 정도의 미국인들과 같이 회의를 하는데 그들이 뉴스 속도 이하로 말하는 것은 알아듣겠는데 자기네끼리 빠르게 말하는 것은 거의 못알아듣고 가끔 유모어를 하고 웃는데 저는 하나도 우습지 않았습니다. 그래서 정신이 번쩍 들어서 다시 영어 공부를 시작했습니다. 원어민끼리 빠르게 말할 때는 뉴스의 약 두배 정도 속도로 말합니다. 제가 미국인과 늘 섞여서 사는 것도 아니고 자기네끼리 빠르게 말할 때 금방 뭐라고 그랬는지 다시 천천히 말해달라고 할 수도 없어서 유튜브로 들어가서 영화를 녹음해서 반복해서 듣고 공부하고 있으면서 많은 것을 느끼고 있습니다. 약 5개월 정도 공부하니까 전보다는 눈꼽만큼 나아지고 뉴스를 들으면 전보다 훨씬 더 쉽게 알아들을 수 있어서 효과가 좋다고 생각해서 여러분과 공유하고 싶어서 이렇게 교재를 만들어서 보내게 되었습니다.

이 책의 특징

1. 효율적인 방법으로 문법, 독해, 영작, 듣기, 말하기, 발음을 동시에 공부할 수 있게 해줍니다. 영어는 독해만 공부한다든지, 청취만 공부한다든지, 발음만 공부하는 것은 옳은 방식이 아닙니다. 특히 토플이나 토익의 찍기 연습을 하는 것은 점수는 오르겠지만 실력은 늘지 않습니다.
2. 강의실에서 강의하듯이 상세하게 문법과 각 문법의 공부 방법을 상세히 설명하기 때문에 의지만 있으면 혼자서 공부할 수 있게 만들었습니다.
3. 실제로 영어를 구사할 때 꼭 알아야 하는 예문과 문법 원리만 발췌해서 다루었

기 때문에 불필요한 노력을 배제할 수 있습니다. 제가 독학할 때 공부했던 책에는 별로 중요하지 않은 부분도 많았습니다. 저에게서 배우고 외국으로 유학 가거나 이민 가신 분 중에서 현지에 가보니까 이 책에서 공부한 내용이 너무나 실용 회화에 도움이 되어서 고맙다는 편지를 보내옵니다.

4. 성실하고 정직하게 살면서 성공하고 싶은 젊은이들에게 말해주고 싶은 인생 경험(영어와 관련된 것 및 관련없는 것 포함)을 이야기해놓았습니다. 부모님들도 읽으시면 좋을 것으로 생각됩니다.

5. 영어 선생님들 중에서 기초가 엉성한 학생들을 가르치는데 이용할 적절한 교재를 찾으시는 분은 이 교재를 활용하시면 틀림없이 좋은 결과가 있습니다.

6. 공부하는 방법, 평범한 사람이 노력의 천재가 되는 방법을 소개해놓았습니다.

이 책을 완전히 공부하신 분에게

이 책을 완전히 소화하신 분은 저에게 이메일로 연락 주세요. 그러면 전화번호를 알려드리고 테스트해드리겠습니다. 방법은 문법, 독해, 영작을 철저하게 검사합니다. 그 테스트에 합격하시는 분은 앞으로 어떤 분야로 나가든지 반드시 성공하실 분입니다. 영어 실력, 성실성, 끈기, 순종심, 강력한 성취동기를 가진 분임을 증명하는 추천서를 써드리겠습니다. 혹시 만약에 제가 직접 학원을 운영할 수 있는 날이 오면 제1순위로 선생님으로 모시겠습니다. 감사합니다.

쉽고 재미있고 부담 없이 단기간에 영어를 잘 할 수 있다?

그런 비법이 있다고 생각하는 여러분, 미안하지만 정신 차리세요. 정말로 그럴 수 있다고 생각하십니까? 영어뿐만 아니라 세상에 쉽고 재미있고 부담 없이 단 기간에 잘 할 수 있는 분야가 어디에 있습니까?

제가 개탄해 마지않는 것은 "이 책과 MP3로 공부하면 쉽고 재미있게 단 기간에 영어를 잘 할 수 있다."고 선전하는 교재가 시중에 너무 많다는 것입니다. 공부하기 싫어하는 젊은이들의 환심을 사기 위해서 그러는 것 같은데 아무리 돈벌이가 중요하지만 앞길이 창창한 젊은이들을 오도해서야 되겠습니까? 젊은이들이 무엇이든 성실하게 장기간 노력해야 한다는 올바른 인식을 갖도록 인도해야 되지 않겠습니까? 이미 그런 터무니없는 악선전의 악영향을 받아 그런 나쁜 생각에 물드신 분은 빨리 꿈 깨고 냉엄한 현실을 직시하십시오. 저도 학원에서 그런 생각을 가진 학생들을 많이 접합니다. 그런 분들은 몇 년 씩 이리저리 부담주지 않는 강의를 찾아다니는데 실력은 늘지 않고 돈과 시간만 낭비합니다. 본인은 많이 늘었다고 착각하지만 몇 년 후에 다시 저에게 배우러 올 때(매우 드문 일이지만) 독해, 영작을 시켜보면 똑같습니다. 쉽고 재미있고 부담 없이 하면서 영어를 잘 하려면 매우 장기간에 걸쳐서 매우 특별한 상황에서 공부해야 가능합니다. 영어권 사회에 혼자 뚝 떨어져서 영어를 모국어로 하는 사람들과 하루 종일 대화를 나누는 (예를 들면 미국의 교도소 같은 곳)에서 몇 년 살면 잘 하게 됩니다. 그러나 그것도 한계가 있습니다. 평범한 한국의 상황에서 비교적 단기간(1년 혹은 2년 이내)에 영어를 잘 하려면 매우 특별하고 집중적인 방법으로 열심히 공부해야 합니다.

이제 영어 공부 방법으로 본격적으로 들어갑시다.

영어 문법 공부의 중요성

텔레비전에서 높으신 분들이 "우리나라에서는 영어를 문법 위주로 가르치기 때문에 학생들이 문법과 독해는 잘 하는데 듣고 말하기를 못 한다."고 말씀하시는 것을 많이 들었습니다. 천부당만부당하신 말씀입니다.

저는 학원에서 대학생들과 직장인들을 30년 동안 가르치면서 문법과 독해를 잘 하는 사람을 별로 못 보았습니다. 영문학을 전공한 분 중에서도 실제로 독해와 영작을 위하여 필요한 기본 문법을 잘 숙지하고 있는 분은 5%나 될까 말까 합니다. 또 젊은이 중에서 문법과 독해를 잘 하는 분 중에서 "듣기 말하기"를 못하는 분은 더더욱 희귀합니다.

옛날 우리가 학교 다니던 시절에는 그런 분이 있었지만 요즈음은 그렇지 않습니다. 문법을 모르는 사람은 장문 독해도 못하고 "안녕하십니까? 날씨 좋습니다. 한국에 언제 오셨습니까?" 등과 같은 짧고 단순한 영어 밖에 못 합니다. 실용 영어를 한답시고 문법 공부를 안 하니까 장문 독해도 못하고 영작은 꿈도 못 꾸고 짧고 단순한 회화 밖에 못합니다.

비유를 들면 하다못해 동네 축구를 하더라도 기본적인 규칙은 알고 해야 합니다. 또 기본 규칙을 안다고 해서 바로 축구를 잘 하는 것도 아닙니다. 그 규칙 내에서 많은 연습을 해야 합니다. 그러나 기본 규칙을 모르면 절대로 축구를 잘 할 수 없습니다.

영어에는 축구보다 훨씬 더 많은 법칙이 있습니다. 영문법을 안다고 바로 영어를 잘하는 것은 아니지만 영문법을 모르면 절대로 영어를 잘 하지 못 합니다. 영문법을 공부하고 그것을 기반으로 하여 많은 연습을 해야 합니다. 영문법을 올바로 공부하려면 많은 인내력이 필요합니다. 그러므로 많은 분들이 영문법을 공부하기 싫어합니다. 또 영문법 공부할 필요 없다는 달콤한 말에 속기도 하고 그런 말을 듣고 싶어합니다. 심지어는 영어를 전공하는 영문학과 학생 및 영어 선생님 가운데에서도 꼭 알아야 할 영문법을 모를 뿐 아니라 공부도 안하시는 분이 많습니다. 어떻게 아느냐고요? 저의 강의를 들으시러 오시는 분 중에서 영어 선생님들과 앞으로 영어 선생님이 될 영어 교육학과 대학생들을 관찰하고 내리는 결론입니다. 그래도 그분들은 공부하겠다는 의지를 갖고 오셨으니까 공부하지 않는 다른 분보다는 훨씬 훌륭하신 분들입니다.

이래서는 안 됩니다. 우리나라 대학생들의 전반적인 영어 실력은 옛날보다 더 높아지는 것이 아니라 점점 낮아지고 있습니다. 간단한 영어 회화 실력은 늘었지만, 고급 독해나 영작 실력은 옛날 세대보다 요즘 세대의 젊은이들이 더 못합니다. 제가 10년쯤 전에 스승의 날에 문교부에서 주는 성인 외국어 학원 최우수 강사로 상을 받은 적이 있습니다. 그때 중고등 학생을 가르치는 학원 선생님 중에서 최우수 강사상을 수상하신 분을 뵙게 되었는데 "대학생과 성인들의 영어 실력은 점점 내려가는데 중고등학교 학생들은 어떻습니까?"라고 여쭤봤더니 그분이 "마찬가지입니다. 중고등학교 학생들의 영어실력도 점점 내려가고 있습니다."라고 말씀하셨습니다. 정말 놀랐습니다. 초등학교 때 아니 유치원 때부터 그렇게 비싼 고액 과외나 학원 혹은 연수를 보내는데도 전체적으로 실력이 내려가고 있다니? 그 원인을 저는 문법 공부에서 찾습니다. 골치아픈 문법을 올바르게 가르치고 배우지 않으니까 그렇다고 생각합니다.

문법 공부에 있어서 명심해야 할 것

한 가지 중요한 것을 지적하겠습니다. 문법을 안다는 것은 무엇을 의미합니까? 대부분의 학생은 문법 설명을 듣거나 책에서 읽으면서 이해가 되면 그 문법은 안다고 생각하고 그것으로 그 공부는 끝났다고 생각합니다.

문법 원칙을 이해하는 것은 1단계이고 그 이해한 것을 힘들여서 암기해야 합니다. 그리고 그 문법의 활용예문을 암기해야 합니다. 그리고 그 문법 원칙을 독해와 영작에서 활용할 수 있도록 많은 관련 예문을 자기 힘으로 해석하고 영작해보아야 합니다. 장문 문장을 보고 그 문장 속에서 그 문법 원칙이 어떻게 적용되는지 분석하고 해석할 수 있어야 문법을 아는 것입니다. 그리고 더 나아가서 장문 영작할 때 그 문법 원칙을 활용하여 영작할 수 있어야 합니다.

이때까지 가르치는 분이나 배우는 분이 이렇게 하지 않고 시키지 않았기 때문에 문법 위주로 공부를 하면서도 영어를 못한 것입니다. 예를 들어 "Walking along the street, I saw a beautiful girl."를 해석하면 "길을 걸어가면서 예쁜 소녀를 보았다."가 됩니다. "Walking along the street"가 분사구문이라는 것을 안다고 해서 분사구문 문법을 안다고 생각하는 분이 많은데 어림없습니다. 현재분사가 앞에 있을 때와 과거 분사가 앞에 있을 때의 차이와 분사구문의 용법(부대상황, 원인, 결과 등등) 분사구문의 의미상의 주어에 해당하는 것은 어떨 때 생략하고 어떨 때 생략하지 않는지, 분사 자체를 생략한 경우는 어떤 때인지 등을 다 외우고 그 예문을 암기하여 길고 복잡한 문장 속에서도 그 분사 구문을 찾아내어 분석하고 해석할 수 있고 또 영작할 때 활용할 수 있어야 합니다.

학원에서 보면 영어를 상당히 잘하는 학생들도 길고 복잡한 문장 속에서 과거분사가 이끄는 분사 구문이거나 분사구문의 의미상의 주어가 생략되지 않거나 분사가 생략되는 분사구문이 들어있는 문장을 보면 파악을 못 하고 쩔쩔 맵니다. 그런 분들은 아직 분사 구문의 문법 공부가 덜 될 분입니다.

요약 : 문법 공부를 반드시 해야 한다. 문법 원칙을 이해하고 공들여 암기하고 관련 예문을 암기하고 많은 문장을 부딪치면서 활용할 수 있는 실력을 쌓아야 한다. 그러자면 많은 시간과 노력이 필요하다. 쉽고 재미있고 부담 없이 단기간에 되지 않는다.

자기 소개 말씀

저는 외국에 한 번도 나가 본 적이 없고 지방의 작은 대학(현재의 대구 대학교, 당시는 한국 사회사업 대학으로 3개 과 밖에 없는 작은 대학이었습니다.)에서 영어 전공자가 아니고 사회사업 전공자였습니다. 가난해서 영어 학원도 다니지 못했습니다. 대구에서 대입 학원들이 덤핑 경쟁이 붙어서 한 달 수강료가 500원(74년) 하던 시절에 두 달 다녀 본 것이 전부였습니다. 그러나 열심히 공부한 끝에 외대 통역 대학원에 입학하여 소위 일류대학 영문과 출신 학생들과 대등하게 경쟁하여 3등으로 졸업했습니다.

그 후에 방송국이나 기타 중요한 국제회의에서 동시통역도 하고 현재 만 73세인데도 전국과 해외의 학생들에게 영어를 가르치면서 행복하고 보람되게 살고 있습니다. 30년 동안 대학생들과 성인들을 가르치면서 절실하게 느끼는 것이 학생들이 너무나 기초가 되어있지 않고 어떻게 공부해야 할지 전혀 모른다는 것입니다. 그리고 옛날의 저처럼 혼자서 공부하는 학생들에게 정말로 효과적으로 영어를 공부하는 방법을 가르쳐주고 싶어서 이 책을 썼습니다. 그래서 저처럼 많은 시행착오를 겪지 않게 해주고 싶습니다.

저는 어떻게 공부하면 좋을까? 하는 의문을 늘 안고 있었고 제 생각에 가장 효과적이겠지 하는 방법으로 공부하면서 수없이 많은 시행착오를 겪었기 때문에 통역대학원에 들어가서는 다른 우수한 분들이 어떻게 공부했는지 궁금했습니다. 그래서 제가 통역 대학원 입학시험에 합격했을 때 통역 대학원 교학과장님에게 가서 입학식까지 어떻게 공부하면 좋으냐고 여쭈었더니 "미국인 친구를 만들어라."라고 말씀하셨습니다. 미국인 친구를 사귈 여건이 되지 못하는 저에게 그 말씀은 도움이 되지 않았습니다. 그 후 입학식 후에 동급생, 상급생과 졸업생 중에서 우수한 분들에게 어떻게 영어를 공부했느냐고 물었더니 "영어 소설을 많이 읽었다." "아버님이 외교관이어서 어렸을 때 외국에서 자랐기 때문에 저절로 배웠다." 등등 전부 다 애매한 대답만 하셨습니다. 나중에 깨달은 것은 그분들은 어릴 때부터 여건이 특히 좋았거나 영어의 천재에 가까운 우수한 학생들이었기 때문에 힘들지 않고 자연히 영어를 잘하시게 된 분들이었습니다. 그러므로 어떻게 영어를 공부해야 하는지 고민할 필요도 없고 고민한 적도 없는 분들이었습니다. 저는 천재도 아니었고 여건도 좋지 않았는데 뒤늦게 시작하여 정말로 열심히 공부해서 별것 아니지만, 현재의 위치까지 왔기 때문에 열심히 공부하기 위한 자기 훈련 방법, 문법 공부방법, 독해 공부 방법, 영작 공부 방법, 단어 암기 방법, 청취 공부 방법, 말하기 공부 방법을 학생들에게 매우 구체적으로 확실하게 말해줄 수 있습니다.

이렇게 큰소리치는 이유는 제가 27살이 넘어서야 독학으로 영어 공부를 시작하여 많은 시행착오와 좌절 후 통역 대학원을 1등은 못했지만 그래도 3등으로(남학생 중에서는 1등) 졸업하고 30년 째 평범한 후배, 수재 후배들을 지도하면서 보고 느낀 독특한 경험이 있기 때문입니다. 이 책에서 하라는 대로만 하면 반드시 잘하시게 됩니다. 저의 통역대학원 입시반에는 실력이 어중간한 분도 많이 오십니다. 그런 분에게 맞게 기초부터 차근차근 가르치다 보니까 소문이 퍼져서 선전도 하지 않는데 초·중·고 학생들까지 배우러 오고 있어서 지금은 초·중·고·대학생, 직장인들이 모두 저의 반에서 같이 배우고 있습니다. 아마 대한민국에서 초·중·고·대학생 및 성인들이 같은 교실에 함께 앉아서 영어를 배우는 곳은 저의 반 밖에 없을 것입니다. 그러므로 이 책을 공부하기 위해서는 현재 실력은 알파벳과 I love you. No thank you. 정도를 아시면 충분합니다. 그것도 모르시는 분은 시중에 나오는 알파벳을 가르치는 책으로 공부하시고 나서 이 책을 봐주세요. 얼마나 공부하면 되나요? 알파벳만 아는 수준인 분은 일 년 정도 걸리고 평범하신 분들은 빠르면 3개월 늦으면 6개월 정도 열심히 하시면 기초가 탄탄해집니다. 어느 정도 잘 하나요? 운동으로 말하면 선수가 됩니다. 그 후에 선수들 중에서 bench warmer(벤치에 앉아 있는 후보 선수)가 아니라 스타플레이어가 되려면 그 단계에서의 노력이 또 필요합니다. 그 방법은 이 책의 끝부분 마지막 안내 말씀에 적혀있습니다.

이 책을 쓰게 된 내력

1984년 처음 학원 강의를 시작할 때 통역 대학원에 가고 싶어하는 고급 실력 학생들을 주로 가르쳤기 때문에 기초가 약한 학생은 따라오기 어려워했습니다. 그래서 저의 반에 등록한 학생 중에서 기초가 약한 사람은 다른 선생님의 문법 기초 반으로 보냈습니다. 그 문법 선생님으로부터 자기 반 학생을 이렇게 보내주는 선생님은 처음 본다는 칭찬과 감사의 인사도 많이 받았습니다. 그런데 그 학생들이 6개월 내지 1년 후에 다시 저의 반에 오면 독해와 영작 실력이 거의 똑같았습니다. 그래서 직접 가르쳐야 되겠다고 생각해서 중학생을 위한 영어 참고서 몇 권과 제가 기초를 쌓을 때 공부했던 문법책들과 시중에 나오는 훌륭한 회화 교재를 참조하면서 영자 신문, 주간 타임지, 영어 뉴스, 드라마 대사 중에서 유용한 문장들을 뽑아서 프린트 교재로 만들었습니다. 그러다가 2003년에 처음으로 책으로 만들어서 출간했습니다. 현재에도 학생들의 기초를 쌓는 교재로 쓰고 있습니다. 그 효과는 놀랍습니다.

필자가 영어 공부할 때 과대 광고에 속았던 이야기

1979년경에 신문에 다음과 같은 광고문이 나왔습니다. "고졸 이상자로써 이 테이프를 6개월만 재미있게 듣고 있으면 영어가 능통해지고 미국 코미디 토크쇼를 보고 껄껄 웃게 된다." 필자는 그때 번역 사무소에서 하루 8시간 영한 번역을 하고 있었습니다. 학벌은 대졸이었고 무역사(지금은 없어진 제도) 자격증과 무역영어 2급(요즘 상업영어 2급) 자격증을 갖고 있었습니다. 번역사 동료들이 만 원씩 내고 저는 2만 원을 내서 그 교재와 테이프를 공동구입했습니다. 돌아가면서 듣고 마지막에 제가 그 테이프를 소유하기로 했습니다. 정말로 그 교재를 가지고 열심히 공부했습니다. 6개월 동안 재미있게 듣고 있는 것이 아니라 2년 동안 열심히 공부해서 거기에 나오는 문장을 모조리 다 암기했습니다. 그리고 나서 정말로 영어 코미디 토크쇼를 보고 껄껄 웃게 되나 텔레비전을 켜보았습니다. 약 40분 정도 보았는데 전혀 우습지 않고 어쩌다 한번 미소 짓는 정도였습니다. 무슨 소리가 오고 가는지 거의 알아들을 수 없었고 완전히 속았다는 생각이 들었습니다. 물론 그 2년 동안 그 교재로 공부한 것이 도움이 되지 않았다는 말은 아닙니다. 그러나 너무 심한 과대 선전이었습니다.

영어 실력을 평가해야 하는 입장에 계시는 분에게 드리는 부탁 말씀

토플이나 토익 점수는 영어 실력을 평가하는 데 있어서 어느 정도 참고는 되지만 정확한 실력을 알 수 있는 방법은 아닙니다. 영어는 별로 못하는데 찍는 요령을 터득해서 점수만 올리는 사람도 많고 또 그런 요령을 가르치는 학원도 많습니다. 해외 어학연수나 유학을 다녀온 사람을 우선으로 뽑는 회사가 많은데 잘못된 방식입니다. 국가적으로도 큰 낭비입니다. 저는 통역 대학원을 졸업하고 현재 학원에서 직장인과 대학생들을 가르치는데 아직 외국에 한 번도 다녀 온 적이 없습니다. 어학연수 다녀온 분 중에서 영어를 잘 하시는 분은 이미 연수 받으러 가기 전에 잘 하시던 분입니다. 그렇지 않은 분은 어학연수 다녀와도 별로 발전이 없습니다. 미국에서 영어 교육학이나 다른 부문의 대학원까지 마친 분도 저에게 영어를 배우러 오는 분들이 있습니다. 영어 실력의 가장 정확한 평가는 영작을 시켜보는 것입니다. 신문의 사설 중에서 쉽고 일반적인 내용을 영작시켜 보십시오. 한영사전, 영영 사전을 마음대로 참조하면서 영작하게 하십시오. 그런 다음 그 영작한 것을 검토해보면 그 정확한 실력을 알 수 있습니다. 청취와 말하기는 영어 뉴스 한 토막을 같이 듣고 지금 나온 뉴스가 무슨 내용인지 한글과 영어로 말하게 해보십시오. 그것을 잘하면 그분의 영어 실력은 훌륭합니다.

나이가 많아서 노력해도 잘 할 수 없을 것이라고 생각하시는 분에게

나이가 많아서 암기력이 떨어진다고 말씀하시는 분이 많은데 그렇지 않습니다. 여러분, 젊은 시절 학교 다닐 때는 단어가 잘 외워지던가요? 그때에도 잘 외우지 못했습니다. 단어는 누구나 외워도 금방 잊게 되어있습니다. 그래서 노소를 막론하고 단어를 외울 때는 반복 암기를 하셔서 자기의 것으로 만들어야 하는데 시간과 노력이 좀 필요하지만 누구나 암기할 수 있습니다. 또 나이 많으신 분이 이해력, 응용력은 젊은이보다 더 좋은 면도 있습니다. 단지 순발력이 늦습니다. 제가 학원에서 가끔 연세 드신 분을 지도하게 되는데 결과가 좋지 않은 분은 열심히 집중하지 않고 건성건성 하시는 분입니다. 또 하라는 대로 하지 않고 본인의 생각대로 하시는 분입니다. 열심히 하시는 분은 나이가 들어도 잘 하십니다. 김 대중 전직 대통령도 50세가 되어서야 영어 공부를 시작하셨습니다. 그래도 미국 망명 시절에 나이트라인(시사 토크 실황 중계 프로그램)에서 당시 한국 독재 정권에서 내세운 분을 영어 공개 토론에서 압도했다고 합니다. 저도 37살에 통역대학원에 들어갔습니다. 그런데 환갑이 넘으신 분이 한영일어과(한국어, 영어, 일본어 통역)에 입학하신 분이 계셨습니다. 알고 보니 대한 중석의 사장까지 하신 분이고 당시 안정된 중소기업 소유주이셨습니다. 그런 분도 열심히 하셔서 무난히 졸업하셨습니다. 누구나 열심히 하면 되고 나이 때문에 못하지는 않습니다.

젊은이들에게 드리는 설교

공부하는 태도와 인생을 살아가는 태도 중에서 중요한 것

세상에 공짜는 없다는 것을 명심하세요. 투자한 것만큼 나옵니다. 공부에 투자하면 좀 시간이 걸리지만 반드시 보상이 나옵니다. 그것을 명심하면서 다음 좌우명들을 읽어주세요.

자신에게는 엄격하고 타인에게는 관대하라.

우리가 명심해야 할 많은 격언 중에서 이것은 너무나 자주 부딪치고 절실히 느껴지는 격언이었습니다. 영어 공부의 경우에도 틀림없이 적용됩니다. 열심히 공부하고 실력이 좋은 사람일수록 자신에게 엄격합니다. 예외가 없었습니다. 반대로 농땡이일수록 자신에게는 무한히 관대하고 타인에게는 칼날같이 엄격하더군요. 성공하는 사람은 자신에게 엄격합니다.

가장 효율적인 공부 방법은 가장 편하지 않은 방법임을 기억하라.

편한 방법과 효율적인 방법은 같을 때가 많은가요? 다를 때가 많은 가요? 대부분 다릅니다. 저는 영어공부하면서 어떻게 하면 더 편할까?를 연구해본 적은 없습니다. 학원에서 강의하면 너무나 많은 학생들이 효율적인 방법보다는 편리한 방법을 연구합니다. 제가 이 책에서 제시하는 방법 중에 편한 방법은 없습니다. 그러나 대단히 효율적인 방법입니다. 제가 독학으로 영어 공부하면서 별의별 방법을 다 시도해보았는데 그러는 중에 시행착오도 많이 겪었고 효과 없는 방법도 많이 시도해보았습니다. 여기에서 제가 제시하는 방법은 그 중에서 가장 효과가 있었던 방법입니다. 학원에서 학생들에게 그 방법을 가르쳐주는데 그대로 하는 사람은 모두 눈부신 발전을 합니다. 그리고 학생들에게 그대로 해보고 더 좋은 방법을 개발하면 한턱내겠다고 했는데 아직 그런 분은 없습니다. 이 책을 가지고 공부하시는 분 중에서 더 좋은 방법을 터득하시는 분이 있으면 알려주십시오. 크게 한턱 내겠습니다.

영어 공부하는 것과 큰 부자 되는 것의 유사성

큰 부자가 되려면 기본적으로 돈을 많이 벌어야 하고 그 이외에 두 가지를 잘 해야 합니다. 첫째 저축을 잘 해야 합니다. 둘째 저축한 돈으로 투자를 잘 해야 합니다. 즉 밑천을 잘 굴려야 합니다. 영어공부도 마찬가지입니다. 기본적으로 돈을 많이 벌어야 하고 (즉 많은 시간을 공부 해야 하며) 저축을 많이 해야 합니다.(즉 암기를 많이 해야 합니다.) 무슨 저축? 단어, 좋은 문장, 필수 문법 원리를 마음속에 저장(즉 저축)해야 합니다. 돈을 저축할 때 조심해야 하는 것은 그 맡기는 금융 기관이 신뢰할 만한지 확인하는 것입니다. 그 금융 기관이 망하지는 않을지, 떼먹지는 않을지 잘 알아보아야 합니다. 영어 공부한 것을 저장할 때는 확실하게 저장해야 합니다. 자신이 분명히 이해한 것을 저장하되 떼이지 않도록 (즉 잊지 않도록) 확실하게 저장해야 합니다. 그렇지 않으면 필요할 때 인출하지 못 합니다(활용을 못 합니다). 둘째 저축한 것을 잘 굴려야 합니다. 어떻게 굴려? 응용 연습을 많이 해야 합니다. 자신이 저축한 단어, 문장 패턴, 문법을 응용하여 독해, 영작, 말하기를 많이 해보아야 합니다. 그래서 어떤 문장을 보거나 자신이 저축해 놓은 지식을 응용할 수 있도록 훈련해야 합니다. 이 책을 공부하면서 각 문제의 답을 보기 전에 반드시 스스로 풀어보아야 합니다. 그것이 중요한 응용 연습니다. 그것을 하지 않고 바로 답을 보고 외워버리면 진도는 빨리 나가는데 응용이 안되기 때문에 독해와 영작 실력이 늘지 않습니다. 반대로 풀기는 하는데 즉 응용 연습은 하는데 답을 확인하고는 외우지 않고 그냥 넘어가는 사람은 저축을 하지 않기 때문에 영어가 늘지 않습니다. 저축해 놓은 것이 없으니까 응용할 밑천 즉 자본이 없습니다. 학원에서 학생 중의 약 20%는 응용하지 않고 바로 외우려고 하고 약 60%는 암기하지 않고 넘어가려고 합니다. 그런 식으로 공부하는 사람은 실력이 늘지 않습니다. 여러분은 꼭 저축과 응용을 동시에 하는 노력의 천재가 되어 주세요.

성공이란 또 행복이란?

여러분 성공하고 싶으시죠? 성공이 뭐냐? 대단히 어려운 질문입니다만 제가 느끼는 성공은 이렇습니다. 첫째 경제적으로 유복해서 입는 것, 먹는 것, 자는 것에 불편함이 없어야 합니다. 경제적으로 유복하다는 것은 자신의 기대치보다 높은 수준의 수입과 재산이 있어야 한다는 뜻입니다. 그렇게 되려면 기대치를 낮추든지 수입과 재산을 기대치 이상으로 높여야 합니다. 그래서 기대치 이상의 수입과 재산이 있어야 합니다. 두 번째로 자기 일에서 행복하고 친구 관계에서 행복하고 부인과 자녀와의 관계에서 행복해야 합니다. 그렇게 되기 위해서는 자기 일에 대한 뛰어난 전문지식을 쌓아야 하고 타인에게 봉사할 수 있어야 하고 존경받을 수 있어야 합니다. 셋째 남을 시기하지 않아야 합니다. 다른 사람의 신분이나 집이나 자동차를 시기하지 않을 수 있어야 합니다. 바꾸어 말하면 자신이 잘 할 수 있고 그 일을 하면서 즐거움과 보람을 느끼고 타인에게 유익을 주고 그것으로 생계가 유지되는 삶을 사는 것이 성공이라고 말할 수 있습니다. 참고가 되십니까? 그렇게 되려면 열심히 노력해야 합니다. 게으른 사람은 절대로 성공하고 행복할 수 없습니다.

노력의 천재가 되려는 사람은 큰 성과가 나타날 때까지 조롱당하거나 외로울 때가 많다.

이웃에 대한 도리는 지키면서 근검절약하고 열심히 노력할 때 칭찬하고 격려해주는 사람보다는 비난하고 비웃는 사람이 더 많습니다. 제가 많이 겪어 보았습니다. 열심히 공부할 때 "이기적이다. 비효율적인 공부한다. 그런 것 공부해서 어디에 쓰나? 너는 해도 안되. 꼭 그렇게까지 해야 되나? 등등."의 말을 많이 들었습니다. 인생살이가 그렇습니다. 그런 말을 무시하세요. "현명한 사람을 비웃는 것은 바보들의 특권이다."라는 말도 있습니다. "좋은 일을 할 때는 남이 어떻게 생각할까를 걱정할 필요가 없다."는 격언도 있습니다. 나중에 성과가 나타나면 그 비웃음이 존경으로 바뀌기도 하고 시새움으로 바뀌기도 합니다.

정직성

거래에서 정직하지 못하면 단기간으로는 이익을 챙길지 모르나 장기적으로 보면 자신에게 손해입니다. 저는 젊었을 때 친구 간의 거래에서 부정직하거나 상식에서 벗어나게 자기 것을 챙기는 영악한 사람들을 보았습니다. 저는 그런 사람들이 큰 부자가 될 줄 알았는데 나중에 보니까 지지리도 못살게 됩디다. 그리고 대인 관계에서도 남에게 멸시당하고 따돌림을 당합니다. 젊었을 때는 인물이 잘 생겼거나 운동이나 예술을 잘 하거나 부모님이 부유하면 커버되지만 차츰 나이가 들면 꼭 그렇게 됩니다. 그렇게 하지 않아도 부자되는 사람도 있긴 합니다만 예외입니다. 가족 관계와 대인 관계에서 성공하려면 반드시 정직해야 합니다.

공부로 성공하는 것

공부로 성공하는 것이 가장 어려운 것 같지만 가장 쉽고 확실한 방법입니다. 머리가 나빠도 괜찮습니다. 자본도 필요 없고 성공 가능성도 가장 높습니다. 운동선수나 연예인이나 상인으로 성공하는 것보다 훨씬 더 쉽습니다. 운동은 1등이 아니면 아무 수입이 없든지 거의 수입이 없는 경우가 많습니다. 그러나 그 어려운 사법 고시나 의사 자격증은 수백 등 해도 괜찮습니다. 사업으로 성공하려면 남다른 타고난 소질이 있어야 합니다. 제가 그동안 살아온 인생을 회고해보면 제가 예상하는 각본대로 되는 일이 별로 없습니다. 사업에서도 이렇게 하면 돈을 벌 수 있겠다는 아이디어가 떠올라서 해보면 그대로 되는 경우가 별로 없습니다. 지금도 수많은 회사들이 매일 도산하고 있는데 각본대로 된다면 모두 재벌이 될 것입니다. 그만큼 사업에서 성공하는 것은 어렵습니다. 그러나 공부를 열심히 할 수 있으면 한 분야의 전문가가 되어서 성공하는 것은 반드시 이루어집니다.

머리가 나쁜 사람도 성공할 수 있다.

"나는 머리도 나쁘고 그동안 공부해보니까 잘 안되더라."라고 걱정하시는 분이 많죠? 사실 공부하는 것은 어렵습니다. 그러나 올바른 방법으로 열심히 하면 머리가 나빠도 얼마든지 잘 할 수 있습니다. 몇 가지 예를 들겠습니다.

첫째로 죄송하지만 저의 예를 들겠습니다. 저는 초등학교에서 한 반에 80명 정도인 반에서(참 옛날이야기입니다) 20등 정도 하는 머리였습니다. 돌대가리도 아니지만 뭐 그렇게 뛰어난 머리도 아니죠? 어렸을 때 농땡이를 많이 부려서 소위 일류 고등학교와 대학은 다니지 못 했습니다. 대학 전공은 사회사업이었습니다. 군에서 제대하고 27살이 되었을 때부터 영어를 최고 기초인 I go to school.부터 시작했습니다. 가난해서 학원에도 다니지 못하고 혼자 영어 공부했습니다. 먼저 고등학생 용 영어 참고서를 2년 동안에 7번 떼고 그런 다음 중학생 수준의 영어부터 나오는 기초문법책을 12번 뗐습니다. 졸업 후 다행히 서울의 사회사업 기관에 취직했고 계속해서 나름대로 영어를 공부해서 36세에 외대 통역 대학원에 들어갔고 39세에 졸업할 때 남학생 중에서는 1등으로 졸업했습니다. 현재 만 73세인데 아직도 영어를 가르치면서 성실한 학생들과 행복한 관계를 유지하면서 일하고 있습니다. 크게 성공한 다른 사람들에 비하면 초라하지만 그래도 이 정도면 굉장한 발전이죠?

다른 예는 일본의 어떤 의사인데 "머리가 나쁜 놈이 성공한다."는 책을 쓰신 분입니다. 그분은 저보다 머리가 조금 더 나빠서 어렸을 때 시골의 초등학교에서 중간 정도의 머리였는데 열심히 노력하여 지방의 의과 대학에 들어가고 그 후로 열심히 노력하여 그 책을 쓸 당시 일본에서 종합병원을 9개나 갖고 있었습니다. 그분의 병원에는 일본의 일류 의과 대학을 졸업한 의사들이 많이 고용되어 있습니다.

세 번째 예는 저의 동생뻘 되는 친구에게 들은 이야기입니다. 그의 중학교 시절에 그의 반에 정말로 아이큐가 두 자리 숫자인 분이 있었답니다. 아이큐 98점. 평소에 말하는 것도 좀 모자라고 머리가 나쁜 것이 표가 나는 분이었답니다. 그런데 저의 친구가 평생에 그렇게 열심히 노력하는 사람을 본 적이 없었답니다. 수업이 끝나면 휴식 시간에 꼭 그 수업에서 들은 것을 정리하고 복습했다고 합니다. 그래서 그 두 자리 숫자의 아이큐를 가지신 분이 1967년경에 서울 공대 기계 공학과에 합격했답니다. 이공계는 요즈음 젊은이들이 어려워서 기피하지요? 그분은 머리는 둔했지만 노력에는 천재였습니다. 지금 어디에서 무엇을 하시는지 모르지만 정말 존경스러운 분입니다.

젊은이 여러분. 가난하거나 머리 나쁜 것을 한탄하지 말고 노력으로 뚫고 나갑시다. 인내는 쓰지만 그 열매는 달다. 뜻이 있는 곳에 길이 있다. 이 책에서 제가 말씀드리는 대로 꾸준히 노력해주세요. 그러면 반드시 영어도 잘 하고 노력의 천재가 됩니다.

국가의 장래를 위하여 젊은이들에게 부탁하는 말씀

자, 우리 열심히 공부합시다. 우리나라의 자원은 인적 자원 밖에 없습니다. 그런데 젊은이들이 열심히 공부하지 않는다면 우리나라의 장래는 어둡습니다. 우리 젊은이들이 인내심을 갖고 열심히 공부할 때 우리나라의 장래는 밝습니다. 우리나라가 역사적으로 억울하고 슬픈 꼴을 많이 당한 것은 국력이 약했기 때문입니다. 국제 사회에서는 정의보다는 힘이 더 중요합니다. 우리나라는 지정학적으로 매우 중요한 위치에 있기 때문에 앞으로도 우리가 힘을 키우지 않으면 강대국들에게 어떻게 이용당하고 어떤 수모를 당할지 모릅니다. 젊은이 여러분, 열심히 해주세요. 영어뿐 아니라 자신이 전공하는 분야에서 선진국의 젊은이들보다 더 열심히 해주세요. 우리나라 대학이 세계의 유수한 대학과 비교하면 형편없다는 뉴스를 저도 듣고 있고 앞으로 개선되어야 합니다. 그러나 젊은이 여러분은 그 악조건을 탓하지 말고 자신이 할 수 있는 범위 내에서 열심히 노력해주세요. 뜻이 있으면 해낼 수 있습니다. 우리나라는 자원도 없고 국방비 지출도 많고 기술도 자본도 없었는데 엄청난 기적을 이루어냈습니다. 우리 젊은이들이 열심히 해주시면 우리나라도 다른 어떤 나라도 얕보지 못하는 강대국이 될 수 있습니다. 저보다 바로 위의 기성세대는 1953년 육이오 전쟁의 참화 속에서 세계에서 세 번째로 가난한 나라를 물려받았습니다. 지금 우리 세대는 세계에서 15번째인 나라를 여러분에게 물려주고 있습니다. 젊은이 여러분, 열심히 노력해서 실력을 쌓아주세요. 앞으로는 지식 강대국이 강대국입니다. 여러분이 기성세대가 될 때는 후손들에게 더 자랑스러운 대한민국을 물려주세요. 우리나라 사람들이 더 나은 여건을 위하여 해외로 이민 가지 않고 외국인이 우리나라로 이민 오고 싶어 하는 나라가 되는 것을 제가 죽기 전에 한 번 보고 싶습니다. 여러분이 열심히 공부하면 반드시 이루어집니다.

불필요한 영어 공부

영어 공부하는 척하면서 시간 낭비하는 분이 너무 많습니다. 다음과 같은 효과 없는 영어 공부는 하지 마세요.

1. 텔레비전 및 라디오 영어 강좌 청취

이 공부는 응용도 안되고 저축(암기)도 안됩니다. 저축하려면 녹화하거나 녹음하고 다시 공책에 정리하고 적어서 복습해야 하는데 그렇게 합니까?

2. 슬랭을 공부하는 것은 저속한 영어를 공부하는 것입니다. 우리는 지금 품위 있는 영어를 공부할 시간도 모자랍니다. 저속한 영어를 언제 어디에서 쓰려고 공부합니까? 우리가 국어를 공부할 때 은어나 속어 혹은 욕설을 공부해야 합니까? 제가 30년 강의하면서 속어를 외우려고 애쓰는 사람 중에서 영어를 잘 하는 사람을 본 적이 없습니다.

3. 기초가 안된 분 즉 문법을 통한 문장 분석 능력이 없는 분이 영자 신문이나 주간지를 뜻만 알면 된다고 생각하고 대강대강 읽는 것은 안됩니다. 뜻만 알면 된다고

하는데 되긴 뭐가 됩니까? 그런 식으로 공부해서는 말하기, 듣기, 영작은 전혀 늘지 않고 사실은 독해력도 늘지 않습니다.

4. 기초가 안된 분이 영어 뉴스나 프로그램을 보고 듣는 것.

안 들려도 계속 듣고 있으면 들린다고 주장하는 분이 많고 그대로 해보신 분도 있을 텐데 정말 들리던가요? 문장 파악 능력이 갖추어지고 단어 실력이 우수해져야 들리기 시작합니다.

5. 해외 어학연수

돈은 엄청나게 들고 효과는 미미합니다. 어학연수 출발 전에 이미 영어의 기초를 확립한 사람이 연수 가서도 열심히 하면 약간 도움이 됩니다. 그렇지 않은 사람은 해외에 다녀와봤자 짧은 회화나 조금 늘고 발음이 조금 나아지는 정도입니다. 그것도 큰 소득이라고요? 국내에서도 외국인을 접할 수 있는 강의는 많이 있습니다. 제가 교실에서 가르쳐보면 대부분의 경우 어학연수 2년 다녀온 사람이 국내에서 특히 저의 반에서 1년 동안 착실히 기초부터 다진 사람보다 못 합니다.

결론 : 기초부터 차근차근 쌓아올라가는 고생을 해야 합니다. 그 과정을 건너뛰고 바로 고급스럽고 편한 방식을 추구해서는 절대로 영어를 잘 할 수 없습니다.

노력의 천재가 되는 방법

저의 경험

저는 타고난 노력의 천재는커녕 지극히 게으른 학생이었습니다. 초등학교 시절부터 예습 복습은커녕 숙제도 하지 않았습니다. 24살에 군에서 제대하고 25세부터 크게 결심하고 좀 어려운 고등학생용 영어문법책으로 공부하기 시작했습니다. 그 책을 권한 친구가 처음에 한번 떼는 데 4달 정도 걸리고 2번째 뗄 때는 2개월 정도 걸리는데 4번을 떼고 나서 오면 그다음 단계를 가르쳐 주겠다고 했습니다. 저는 그 책을 보니까 너무 어려워서 조금 하다가 포기하고 또 조금하다가 포기하고 또다시 시도하기를 계속해서 2년 만에 겨우 한번 뗐습니다. 그런 다음 다시 그 친구의 조언을 듣고 매일 100분씩 공부하기 시작했습니다. 그 100분 동안은 한 번도 의자에서 엉덩이를 떼지 않았습니다. 전화도 받지 않고 텔레비전도 켜지 않았습니다. 아침 10시 20분부터 12시까지 공부했습니다. 처음 시작할 때 그 100분이 그렇게 긴 시간인 줄 몰랐습니다. 시계를 수없이 보면서 몸을 비틀면서 억지로 견디어 냈습니다. 그때 유일한 희망은 12시만 되면 실컷 놀 수 있다는 것이었습니다. 실제로 12시 종이 땡 치면 그때부터 밤에 잘 때까지는 일체 공부하지 않고 철저히 놀았습니다. 그렇게 해서 두 번째 책을 뗄 때는 4개월 만에 해냈습니다. 그때쯤 되니까 그 몸서리쳐지게 길던 100분이 좀 참을 만하게 느껴졌습니다. 그래서 20분을 더 늘려서 10시부터 12시까지 120분을 한 번도 의자에서 엉덩이를 떼지 않고 공부했습니다. 또 3개월쯤 지나니까 그 120분도 참을 만 했습니다. 그래서 150분으로 늘렸습니다. 또 3개월쯤 지나니까 그것도 견딜 만 했습니다. 그래서 또 30분을 늘려서 180분(3시간)으로 늘렸습니다. 그 경지에 이르니까 끝나면 하루 종일 놀 수 있다는 그런 기대와 희망이 필요 없게 되었습니다. 영어실력 느는 것도 재미가 있고 영어 공부하는 것도 조금씩 재미가 붙었습니다. 그래서 오전에 3시간, 점심 먹고 3시간, 저녁 먹고 2시간을 공부해서 하루에 8시간을 영어 공부했습니다. 그래서 하루 8시간을 공부했는데 물론 그 8시간은 한번도 엉덩이를 의자에서 떼지 않고 공부한 시간입니다. 그때까지 그 영어책을 혼자서 6번 뗐습니다. 그리고 나서 제가 그 당시 대구에 살고 있었는데 대입학원 단과반에서 덤핑 경쟁이 벌어져서 한달에 500원 받고 두 달 만에 떼주는 반이 생겼습니다. 이게 웬 떡이냐 하고 두달을 수강했습니다. 그때쯤에는 영어가 좀 자신이 붙어서 대학에서 원서 강독 시간에 거의 혼자 발표하고 또 시험에서 98점, 100점도 받았습니다. 당시에 제가 워낙 가난한 것을 아시는 교수님이 장학금 타는데 도움이 되라고 일부러 후하게 점수를 주셨습니다. 그런데도 제가 워낙 기초가 약하다는 것을 알기 때문에 더 쉬운 기초부터 다루는 문법책을 사서 be동사부터 다시 시작했습니다. 처음에는 2주 정도면 되겠지 하고 시작했는데 그 책에서 하라는 대로 철저하게 했더니 방학 때 꼬박 2달이 걸렸습니다. 그렇게 하고 나서 그 책을 12번 뗐습니다. 그 경지에 도달하고 나니까 버스를 타고 가거나 누구를 기다리는 시간에도 공부하게 되고 그것도 익숙해지니까 길을 걸어가면서도, 밥 먹으면서도 심지어는 화장실에서 대변보면서도 공부하게 되었습니다. 그래서 통역 대학원 다닐 때는 방학에 하루에 13시간 정도 영어 공부했습니다. 제가 통역대학원 4기 졸업생인데 공부 열심히 하기로는 신기록을 세웠습니다. 그 이후로 더 열심히 한 분이 나왔는지는 모르지만 그때까지는 제일 열심히 하는 학생으로 인정받았습니다. 참고가 되십니까?

학생들을 가르치면서 관찰하고 느낀 것

저는 다른 사람도 이렇게 하면 다 노력의 천재가 될 것으로 생각했습니다. 그런데 막상 가르쳐보니까 그렇게 되지 않더군요. 우선 본인들이 자신의 공부하는 지구력을 쌓겠다는 혹은 자신의 성품을 향상시키겠다는 의지가 없습니다. 100분 동안 공부하는 것을 처음에는 시도합니다. 그런데 세월이 흐를수록 적응하는 것이 아니라 점점 더 편해지기를 바라고 시간만 채우려고 합니다. 또 며칠 하고는 그만두고 싶어 합니다. 그래서 내린 결론은 본인이 자기 수양을 해서 공부하는 능력과 인내력을 쌓으려는 마음이 있어야 가능하다는 것입니다. 즉 강력한 성취동기가 있어야 합니다. 그런 사람은 5% 미만인 것 같습니다. 그동안 저에게 영어 공부 어떻게 하면 좋으냐고 물어 본 사람이 많았습니다. 처음에는 아주 열심히 방법을 가르쳐 주었습니다. 그러나 나중에 그 가르쳐준 방법대로 공부했느냐고 물어보면 겸연쩍게 웃으면서 못했다고 합니다. 그래서 요즈음은 누가 그런 질문을 하면 혼자서 열심히 해보고 잘 안되면 와서 배우라고 합니다. 여러분은 그 5% 내의 사람이 되어 주세요. 그러면 반드시 성공합니다.

본 교재로 노력의 천재가 되기

그런데 제가 만든 이 교재로 학원에서 지도해보면 대부분의 학생이 특별한 노력의 천재가 아니어도 전혀 지루한 줄 모르고 100분 동안 열심히 공부합니다. 처음에는 형편없는 농땡이도 차츰 표정이 진지해지고 서서히 공부하는 태도를 터득해서 열심히 공부하는 것을 봅니다. 결석만 하지 않고 중간에 포기하지만 않으면 다 열심히 하고 나중에 영어를 기막히게 합니다. 그래서 "아, 그렇구나"라고 깨달은 바가 있습니다. 그래서 본 교재의 각 단원에 교실에서 하는 것과 똑같이 공부하는 방법을 상세히 적어 놓았습니다. 제가 말씀드리는 그 방식대로 각 단원을 끝내 주세요. 그러면 100분이라는 시간이 순식간에 지나갑니다. 한 가지 명심할 것은 각 단원을 빨리 끝내고 다음 단원으로 빨리 가보고 싶은 욕심을 억눌러주세요. 각 단원에서 스스로 만족할 때까지 다시 말하면 "아, 내가 생각해도 너무 잘 한다. 누가 테스트해 줄 사람 없나? 내가 얼마나 잘 하는지 한번 보여주고 싶다."는 생각이 들 때까지 확실하게 수없이 반복해주세요. 그렇게 하면 시간이 너무 오래 걸리고 발전이 더딜 것 같습니까? 그 반대입니다. 각 단원을 확실히 하는 사람은 단기간에 영어 실력이 엄청나게 좋아지는 반면 빨리빨리 대충 넘어가는 사람은 몇 년 세월이 흘러도 거의 발전이 없습니다. 저의 교재에서 하라는대로 하면 현재 어중간한 사람은 3개월 내지 6개월만 하면 영어에 자신이 붙고 이제 단어만 더 외우고 실전 경험만 쌓으면 영어는 저절로 되겠다는 확신이 듭니다. 대충 넘어가는 분은 갈수록 내용이 어려워지기 때문에 도중에 포기하게 되고 혹시 드물게 끝까지 해내는 분도 별로 발전이 없습니다. 그런 분은 한번 끝내고 나면 처음부터 다시 공부하셔야 됩니다. 누구나 사랑하는 피겨 스케이팅의 여제 김연아 선수가 자신은 한 기본 동작을 자기의 것으로 만들기 위하여 만 번 이상 반복 연습했다고 합니다. 그런 정신을 본 받아 주세요.

노력의 천재가 되기 위한 좌우명

1. 미루지 않고 바로 시작한다. "내일부터, 내달부터, 내년부터"라고 미루는 사람은 하지 않겠다는 사람이다.

2. 먼저 공부하고 나중에 논다. 먼저 놀고 나중에 공부하면 대부분 공부를 하지 않게 되고 놀 때도 즐겁지 않고 괜히 정신적으로 피로하다.

3. 어렵고 힘들고 하기 싫은 것부터 먼저 하고 쉬운 것은 나중에 한다.

4. 어떻게 하면 최대로 많은 시간을 공부할 수 있는지 연구한다.

사람의 체력, 집중력, 지구력은 한계가 있습니다. 계속해서 공부하면 뇌와 몸이 지치게 되어있습니다. 특히 어려운 분야를 공부하면 더 지칩니다. 어떻게 시간 배정과 과목 배정을 하면 하루 24시간 중에서 최대로 많은 시간을 공부에 투입할 수 있는지 연구합니다. 어떻게 하면 무심히 버리는 시간을 공부에 투자할 수 있는지 연구합니다. 지하철에 앉아서도, 기다리면서도, 걸어가면서도, 식사하는 시간에도 공부할 수 있는 방법은 없는지 연구합니다.

5. 어떻게 하면 최대로 많은 시간 동안 공부하면서 그 시간에 최대의 효과를 거둘 수 있을지 연구한다.

주의하고 조심해야 할 것은 어떻게 하면 편안하고 부담 없이 하느냐를 연구하면 안됩니다. 또 어떻게 하면 최소의 노력으로 최대의 효과를 거둘까를 연구해도 안됩니다. 어떻게 하면 최대한의 시간과 노력을 들여서 최대한의 효과를 거둘까 연구해야 합니다. 불편하고 힘들더라도 가장 효과적이라고 생각되는 방식을 연구합니다. 여기서 방법이라는 것은 주로 어떻게 하면 자기 수양을 해서 불필요한 작업에는 시간을 적게 들이고 정말 필요한 부분에 최대로 집중하고 전력투구할 수 있는가 하는 방법입니다. 같은 시간에 효과를 높이는 방법은 누구가 생각하는데 중요한 차이는 편한 방법을 연구하는가? 힘들더라도 효과 있는 방법을 연구하는가 하는 것입니다. 가장 효과 있는 방법은 거의 언제나 힘든 방법입니다. 그 방법을 이 책에서 상세하게 설명해두었습니다. 그대로 해주시면 됩니다.

6. 무엇이든 배운 것은 철저히 복습해서 완전히 이해하고 암기할 때까지는 다음 단계로 넘어가지 않는다.
7. 매일 꾸준히 한다. 하루는 미친 듯이 하고 하루는 노는 학생은 바꾸어야 한다. 자신에게 무리가 가지 않는 방식으로 매일 하면서 조금씩 공부 시간을 늘리도록 노력해야 한다.
8. 일주일에 한번 일요일은 공부를 쉬면서 자신이 6일간 공부한 것을 반성하고 다음 6일간 가장 효과적으로 전력투구할 전략을 세운다.

요약. 1. 지금 바로 시작한다. 2. 미루지 않는다. 3. 어려운 것을 먼저 하고 쉬운 것을 나중에 한다. 4. 하루도 빼먹지 않는다. 5. 갈수록 공부하는 시간을 늘리고 집중도와 효율성을 높일 방법을 연구하고 실천한다. 6. 각 단원을 철저하게 공부한다.

노력의 천재가 받는 보상

그렇게 하면 뭐 하나? 그렇게까지 해야 하나?라고 생각하시는 분이 많은 정도가 아니라 대부분입니다. 그런 생각을 하는 이유는 기본적인 게으름 외에 두 가지 원인이 더 있는 것 같습니다. 첫째, 그렇게 하는 것이 너무나 고생스럽고 괴롭고 그런 인생은 불행한 인생이 될 것이라고 생각하는 것 같습니다. 둘째는 그 보상이 어느 정도인지 모르는 것 같습니다. 그것에 대해서 제가 경험한 것에 비추어서 해답해 드리겠습니다.

첫째, 처음 수양 단계에서는 힘듭니다. 그러나 그것이 습관이 되면 괴롭지 않게 되고 그것을 하면서 자신의 발전에 보람을 느끼고 차츰 공부와 발전에 흥미와 보람과 행복을 느낍니다. 열심히 사시는 분들은 행복합니다. 편한 것만 좋아하고 게으른 생을 사는 사람은 결코 행복할 수 없습니다.

둘째, 경제적인 축복이 큽니다. 어떤 분야로 가든지 노력의 천재가 되는 사람은 경제적으로 축복받습니다. 나는 돈에는 관심 없다라고 말하는 사람도 있는데 정말 그렇습니까?

셋째, 자신의 성취감이 큽니다. 내가 어떤 것을 이루었다는 자부심과 성취감은 아무도 뺏어갈 수 없는 보물입니다.

넷째, 주위 사람들의 인정과 존경을 받습니다. 특히 자신에게 소중한 가족과 친구들에게 존경받습니다. 나는 다른 사람이 나를 어떻게 생각하든 상관하지 않는다라고 말하는 사람도 있는데 정말 그렇습니까?

그 이외에도 많이 있지만 이쯤에서 끝내겠습니다. 젊은이 여러분이 열심히 노력해야 할 필요성과 그것에 따르는 보상을 느끼고 열심히 사시는데 도움이 되었으면 하고 자꾸 주제넘은 말을 합니다.

노력의 천재가 되어가고 있는 또 이미 노력의 천재이신 여러분

여러분은 반드시 앞으로 성공합니다. 여건이 아무리 어려워도 반드시 성공합니다. "꼭 이렇게까지 해야 하나? 꼭 성공해야 하나?"라는 회의심이 들 때마다 "그래, 나는 반드시 성공해야 한다."라고 자신에게 다짐해주세요. "나는 부귀영화 필요 없고 평범하게 살면 된다."는 생각이 들 때마다 "아니다. 평범해서는 결코 행복할 수 없다."라고 자신을 일깨워주세요. 다시 한번 기억합시다. "세상에 공짜는 없다. 인내는 쓰다. 그러나 그 열매는 달다. 남들과 같아서는 성공하지 못한다. 성공하는 사람은 행동으로 자신의 말을 증명하고 실패하는 사람은 말로 자신의 실패를 합리화한다."

열심히 살지만 불우한 여건과 능력의 부족으로 절망과 열등감을 경험하고 있는 젊은이들에게 드리는 격려의 말씀

많은 젊은이들이 자살합니다. 너무나 안타까운 일입니다. 열심히 노력하는데 장래가 암담해서 죽고 싶은 분에게 꼭 말씀드리고 싶습니다. 건강관리 잘 하고 열심히 노력하시면 반드시 폭풍우는 지나가고 햇빛 비치는 날이 옵니다. 여러분에게 힘을 보태드리고 싶어서 저의 경험을 말씀드리겠습니다. 중간에 제 자랑이 많이 나오는데 용서해주시기 바랍니다.

저는 함경남도 홍원군이라는 곳에서 해방 다음 해에 태어났습니다. 다행히 육이오 전쟁이 나기 전에 남하해서 부산까지 갔습니다. 그런데 제가 보통 나이로 6살 되던 해에 저의 아버님께서 미군 부대 보초의 총에 맞아서 돌아가셨습니다. 무슨 사연이 어떻게 진행되었는지 모릅니다. 아무런 보상도 없었습니다. 저의 어머님은 함경도 시골에서 피난 내려오신 분으로써 살림사는 것 말고는 아무런 경제 능력이 없는 분으로써 27세에 어린 아들 둘이 딸린 청상과부가 되셨습니다. 다행히 아는 분의 소개로 고아원에서 일하는 아줌마로 취직하셨고 저와 동생은 고아원에서 고아들과 같이 자랐습니다. 어머님께서 받은 봉급이라는 것이 월 500환이었습니다. 아마 지금 돈으로 십만 원 쯤 되지 않을까 생각합니다. "엄마 밀크 캬라멜 사 먹게 돈 줘"하면 십환을 주셨던 기억이 납니다. 그 돈으로 캬라멜 한 곽이 아니라 서

너 개 정도 살 수 있었습니다. 아마 캬라멜 열 곽 정도 살 정도의 월급을 받으셨다고 생각합니다. 그래도 숙식이 모두 제공되므로 어머니께서 그 돈을 차근차근 모으셨습니다. 고아원에서 자라면서 저는 깊은 열등의식에 빠져있었습니다. 첫째로 몸이 약하면서 약간 비만했기 때문에 움직임도 느렸습니다. 큰 병은 없었지만 젖먹이였을 때 호흡기 계통의 병으로 죽다가 살아났다고 하는데 그 후유증으로 그랬던 것 같습니다. 학교에서 제일 싫은 시간이 체육 시간이었습니다. 무엇을 하든지 꼴찐인데 재미있을 리가 없습니다. 그리고 제 성격도 나약하고 또 센스가 느립니다. 하여튼 체력이나 머리나 순발력은 형편없고 또 어리숙합니다. 그래서 늘 등신이라는 소리를 듣고 살았고 저도 자신을 그렇게 생각했습니다. 운동이나 심지어는 놀이도 꼴찐였습니다. 공부도 별로였습니다. 초등학교에서 고등학교 졸업할 때까지 20등 정도였습니다. 열등생은 아니었지만 공부로 성공할 수 있겠다는 전망이 전혀 보이지 않았습니다. 사람마다 특기가 있다고 하는데 저는 미술, 음악 등 잘하는 것이 아무것도 없었습니다. 더 큰 비극은 제가 게을렀다는 사실입니다. 초등학교에서 고등학교 때까지 숙제를 해 간 적이 별로 없었습니다. 또 저는 한의학에서 말하는 사상체질로 봤을 때 소음인이어서 가슴과 어깨는 좁고 얼굴이 넓적하고 큽니다. 그래서 얼굴이나 체형도 멋있는 것과는 거리가 멀었습니다. 그러니 친구들 사이에서 또 여자들에게 인기가 없는 것이 당연하지요. 고등학교는 상업고등학교에 다녔는데 졸업하고 어디 경리 계통으로 취직했으면 했는데 삼촌께서 "남자는 대학을 나오지 않으면 발붙일 곳이 없다. 꼭 대학을 나와야 한다."고 강력하게 말씀하셔서 대학교 건축과에 갔습니다. 상과 계통을 가면 좋았을 텐데 상고에서 공부를 신통찮게 해서 부기(장부 정리)가 어렵게 느껴져서 건축과로 갔습니다. 왠지 컴파스로 동그라미 그리고 자를 대고 줄을 긋는 것이 재미있겠다고 생각했습니다. 그래서 또 비극이 시작되었는데 상고를 나왔기 때문에 수학의 기초가 약했고 또 미술 특히 창의적인 부분은 전혀 소질이 없었습니다. 공대 건축과에서 수학과 미술을 못하면 끝난 것입니다. 그래서 3학년 1학기까지 간신히 끝마치고 자퇴했습니다. 어떤 친구가 그러지 말고 사회사업을 전공하면 어떻겠느냐고 해서 생각해보니까 그것이 적성에 맞을 것 같아서 한 학기 손해 보고 현재의 대구 대학교 (당시 한국사회사업대학) 사회사업과 3학년으로 편입했습니다. 다행히 그 과는 적성에 맞고 재미도 있었습니다. 1965년에 대학에 입학해서 우여곡절 끝에 1976년에 간신히 대학을 졸업했습니다. 그 당시 상경계나 이공계는 취직이 너무나 잘 되던 시절이었습니다. 수출 드라이브 정책에 건설붐 등으로 대기업에서 젊은 사람들을 많이 뽑았습니다. 그러나 사회사업과는 극소수의 사회사업기관만 있었고 지방대학 출신으로써는 서울로 취직하기가 무척 어려웠습니다. 지금도 있는 홀트 등 잘 알려져있고 보수도 괜찮은 기관은 기독교인이어야 입사 원서를 제출할 수 있었습니다. 저는 개신교도들이 이단시하는 예수 그리스도 후기 성도 교회에 다니고 있었고 그곳에서 침례를 받았지만 그것을 인정해주지 않아서 입사원서도 내보지 못 했습니다. 유일하게 종교적인 편견이 없는 기관인 대한 사회 복지회라는 사회사업 기관에 입사 시험을 봐서 다행히 합격해서 1976년 1월부터 근무했습니다. 그때 보통 나이로 31세였습니다. 입사 동기들은 전부 여성으로써 23세 내지 24세였습니다. 입사 며칠 후 직장 선배들이 우리 신입사원들에게 점심을 대접했는데 요즘 돈으로 7천 원 정도 하는 비빔밥을 사주었습니다. 그때 "나도 이제 정상적인 생활을 하는구나,"라고 감격했던 기억이 납니다. 그전에는 자취했고 가끔 시장에서 싸구려 칼국수나 짜장면을 사 먹는 날은 매우 특별한 날이었거든요. 첫 봉급을 탄 날 혼자서 많이 울었습니다. 어머님께서 살아계셨으면 이 월급봉투를 안겨드릴 텐데. 얼마나 기뻐하셨을까? 기쁨도 잠시. 사람 마음이 간사해서 조금 다니다 보니까 봉급이 너무 적다고 느껴졌습니다. 그래서 좀 더 좋은 직장에 가려고 무역사 시험(지금은 없어진 제도)과 무역 영어(지금의 상업영어)2급 시험을 준비했습니다. 학원에 다닐 돈이 없어서 사촌 누님께 빌려서 야간에 학원에 다녔습니다. 다행히 그 시험에 합격했으나 32살에 실무 경험도 없는 사람을 원하는 무역 회사는 거의 없었습니다. 매주 토요일에 도서관에 가서 일주일 동안 신문에 나온 구인 광고는 모조리 뒤져보고 해당되는 곳에는 모두 이력서를 보냈습니다. 그렇게 약 6개월 하니까 한 군데 취직이 되었습니다. 그 이전의 직장의 약 2배 정도 되는 봉급을 주는 회사였습니다. 그런데 약 6개월 후에 제가 다니는 교회의 번역 출판부에서 번역사를 뽑는다는 광고가 나와서 그쪽으로 갔습니다. 아무래도 비즈니스 쪽은 저의 적성에 맞지 않는 것 같았습니다. 거기에서 약 4년간 일한 후에 외국어 대학에 통역 대학원이 있다는 것을 알게 되어서 3개월 동안 외국어 학원에서 미국인 회화에 참석하고 입학시험을 봤습니다. 81년에 시험 보고 84년에 겨우 3등(남학생 중에는 1등)으로 졸업하고 통역도 좀 하고 현재는 학원에서 강사로 일하고 있습니다. 현재 만으로 73세(46년생)인데 성실한 젊은이들을 지도하면서 그들과 함께 행복하게 생활하고 있습니다.

돈 고생 이야기

절망적이었던 때, 마음고생, 돈고생 했던 이야기를 조금만 하겠습니다. 역시 지금 가난하신 젊은이들에게 용기를 드리고 싶어서 씁니다. 제가 대학에 입학할 당시에는 어머님의 형편이 많이 좋아지셨습니다. 저의 위대하신 어머님께서 그 고아원의 박봉을 알뜰히 저축하고 고아원의 다른 아줌마에게 월 5부 이자로 적은 금액이나마 빌려주고 또 키워서 무려 4백만 원을 모으셨습니다.(1960년대) 그때에 4백만 원이면 서울에서 괜찮은 집을 두 채나 살 수 있는 금액이었습니다. 그런데 작은 시장에서 작은 잡화점을 하는 삼촌께서 일손이 부족하다고 고아원에 계시는 저의 어머님을 나오시게 하고 가게에서 일하시게 했습니다. 물론 고아원에서보다는 많은 봉급을 주셨습니다. 그런데 어느 날 그 가게 주인이 직접 장사하겠다고 가게를 비워달라고 해서 삼촌은 폐업하시고 저의 어머님은 실업자가 되셨습니다. 그리고 중요한 것으로써 어머님께서 돈을 빌려주었던 사람이 사업에 망해서 그 힘들게 모으신 돈을 거의 다 날려버리고 한 칸 짜리 전세방을 얻을 돈 밖에 남지 않으셨습니다. 저는 그때 군에서 제대하고 막 대학에 복학하는 단계였습니다. 공부가 신통찮아서 가르치는 아르바이트도 구하기 어렵고 요즘처럼 식당에서 서빙하거나 편의점에서 일하는 아르바이트는 존재하지도 않던 시절이었습니다. 다행인지 불행인지 제가 군에 있을 때 선배에게서 guitar 치는 것을 어깨너머로 좀 배웠고 제대해서 학원에서 더 배워서 직업적인 악사 생활을 시작했습니다. 그런데 그것도 제가 소질이 있어서 한 것이 아니기 때문에 직업적인 음악 세계에서는 삼류에 불과했습니다. 악기라도 좀 좋은 것을 쓰면 그나마 나은데 중고품 싸구려를 썼기 때문에 늘 밴드마스터의 눈치나 보면서 일하고 툭하면 쫓겨나기도 했습니다. 한번 쫓겨나면 여러 달 동안 실업자 생활을 했습니다. 그러니까 수입이 신통찮은 것은 당연한 일. 소질도 없는 건축과에 다니면서 한 학기 다니고 일 년 쉬면서 돈을 모아서 또 복학했다가 한 학기 하고는 일 년 쉬는 식으로 공부했습니다. 대구의 대학에 편입 갈 무렵에는 어머님께서 모으신 돈은 다 없어졌고 저의 신통찮은 악사 수입이 유일한 수입원이었습니다. 다행히 제가 다니는 교회의 건물 관리인 자리를 얻어서 잠자는 것이 해결되었고 거기에서 나오는 약간의 보수가 식비에 조금 보탬이 되었습니다. 제가 학교에 갈 때나 guitar를 칠 때는 어머니께서 교회를 지키셨습니다. 그러다가 제가 3학년 2학기에 다니고 있을 때 어머니께서 고혈압으로 갑자기 돌아가셨습니다. 막 2학기 등록을 끝낸 상태였기 때문에 저에겐 거의 돈이 없었습니다. 장례 치를 돈도 없었지요. 다행히 교회 사람들의 도움으로 무사히 장례를 치를 수 있었습니다. 그런데 그다음에는 제가 학교에 가거나 밤에 기타 치러 갈 때는 교회를 지킬 사람이 없기 때문에 그 교회 관리인 일을 그만 둘 수밖에 없었습니다. 그래서 그 일을 그만두고 한 작은 빌딩의 두 층을 전세를 얻어서 예배를 보는 교회의 관리인 직을 얻었습니다. 봉급은 없었고 방을 하나 무료로 빌려주었습니다. 빌딩은 예배를 보지 않을 때는 잠가놓으면 되니까요. 그런데 4학년 때 그 별로 좋지도 않은 guitar와 앰프를 사기 겸 도둑질을 당했습니다. 완전히 빈털털이가 되었습니다. 그래서 시골 출신의 학교 후배들에게 쌀도 좀 빌리고 또 돈도 조금 빌려서 밥을 굶는 것은 면했습니다. 또 학교의 동아리 클럽에서 기타를 개인교수해서 쌀 값을 조금 보태기도 했습니다. 그런 다음 4학년 2학기 말에 대한사회복지회에 간신히 입사해서 76년 1월에 서울로 올라올 때는 문자 그대로 3등 완행열차를 타고 서울로 올라왔습니다. 첫 출근할 때 와이셔츠와 넥타이가 없어서 목부분에 구멍이 난 것을 제가 손으로 기워서 입는 티셔츠를 입고 친구가 준 중고 양복을 입고 갔습니다. 한 달쯤 후에 회사 근처에 폐업하는 가게에서 와이셔츠를 싸게 사서 입고 출근했는데 그날 회사에서 탄성이 터졌습니다. 제가 와이셔츠 입고 출근한 것이 큰 사건이었습니다. 대학교 4학년 2학기의 등록비는 입사해서 1월과 2월에 받은 봉급으로 졸업 직전에 간신히 맞추어 낼 수 있었습니다. 졸업식 비용을 내지 못했기 때문에 대학 졸업 앨범은 받지 못 했습니다. 서울에 와서 숙식은 처음에는 사촌 누님 댁에 머물다가 그 후에는 자취하는 친구 집에 얹혀 지내다가 약 6개월 후에 두 명이 한 방을 쓰는 하숙집에 들었습니다. 그 이후로는 보통의 생활을 했습니다.

절망이 희망으로

제가 절망 속에 빠져있었던 이유는 잘 하는 것이 아무것도 없었고 몸도, 마음도 약하고 겁이 많고 소심했기 때문이었습니다. 또 귀가 여려서 남의 말을 듣고 잘 속는 편이고 당당하게 내 주장을 펼치지도 못하고 순발력도 느리기 때문에 "나는 바보다."라고 늘 생각하고 열등의식이 굉장했습니다. 나는 나중에도 별 볼일 없이 근근이 살아갈 거야.라고 생각했습니다. 그러다가 공부를 열심히 하는 것이 체질화되기 시작하니까 조금씩 희망이 보이기 시작했습니다. 대구 대학 다닐 때 두 교수님이 특히 저를 인정해주셨습니다. 한 분은 신문의 논설위원까지 하신 분인데 "한군, 자네는 영어는 되니까 행정고시를 한번 준비해보면 어떤가?"라고 말씀하셨습니다. 또 한 분은 미국 유학을 다녀오신 분으로써 "풀브라이트 장학금 시험을 준비해 보면 어떤가?"라고 말씀하셨습니다. 그때 저는 "서울의 명문 대학의 우수한 학생들이 즐비한데 어떻게 나같이 겨우 고등학생 용 참고서를 가지고 공부한 사람이 감히 그런 것을"이라고 생각하고 시도도 해보지 않았습니다. 서울에 와서 직장 생활을 하면서 서울의 명문 대학 출신들과 같이 일하면서 나보다 그렇게 크게 실력 차이가 나지 않는다는 생각이 들었습니다. 그 후로 통역 대학원에 다니면서 명문 대학 영문과 출신들과 같이 공부하면서 제가 제일 열심히 공부하는 것을 알고는 내가 노력의 천재인가 보다라는 생각이 들었습니다. 지금 제가 만 73세입니다. 그런데 아직 정년퇴직이나 명예퇴직같은 것 모르고 열심히 행복하게 일하면서 삽니다. 그리고 앞으로 더 발전할 꿈을 꾸면서 지금도 열심히 영어 공부하고 있습니다. 주로 영작 공부를 많이 하고 있습니다.

건강

성공하려면 건강은 필수적입니다. 몸이 약하면 역경을 이겨내기 어렵습니다. 저는 평생 동안 건강에 신경을 쓰면서 살았습니다. 여러 가지 운동을 평생 동안 꾸준히 해왔습니다. 태권도, 합기도, 헬스, 이종격투기, 아마추어 레슬링, 스피드 스케이팅 등 많은 것을 해왔습니다. 그러고 보니 호신술 내지 격투기를 많이 했군요. 어렸을 때부터의 열등의식 때문에 그랬던 것 같습니다. 요즘은 헬스 체육관에 다닙니다. 저는 건강의 전문가는 아닙니다. 단지 상식적으로 누구나 아는 것을 실천할 뿐입니다. 즉 몸에 좋은 것만 먹고 해로운 것은 먹지 않는다. 꾸준히 운동한다. 규칙적인 생활한다. 건강 검진을 정규적으로 받는다. 이런 것은 누구나 아는 것입니다. 그런데 몸에 좋은 것이 무엇입니까? 저는 우선 채식을 하며 현미와 통보리로 만든 밥을 먹습니다. 저는 춥고 배고플 때, 먹을 것이 부족해서 배고팠던 시절을 생각하면 먹을 것이 충분히 있는 것만 해도 감사합니다. 그리고 이런 것을 먹어서 건강에 도움이 된다면 암, 당뇨병, 치매, 고혈압 등의 예방 효과가 백분의 일이라도 있다면 그 질병으로부터의 고통을 면하고 건강하게 오래 살 수 있다면 얼마든지 참고 먹을 만하다고 생각합니다. 라면, 햄버거, 술, 담배, 커피, 홍차, 아이스크림, 탄산음료 등은 전혀 먹지 않는데 옛날에 즐겨 했던 피자는 어쩌다 한번 씩 자녀들이 사 오면 얻어먹는 정도입니다. 노력의 천재이신 여러분, 건강을 위해서 초인적인 인내력과 절제력을 발휘해서 좋은 것만 잡수시고 꾸준히 운동하시고 즐거운 생각을 하도록 노력해주세요. 공부나 돈벌이보다 건강 유지에 더 많은 노력을 기울여야 합니다.

절망에 빠진 분들에게 드리는 격려의 말씀

저의 이야기를 읽고 힘이 나십니까? 아니면 "너는 나에 비하면 너무나 운이 좋았다."라고 생각하십니까? 사실입니다. 제가 생각해도 역경 중에 계시는 분들에 비하면 상대적으로 훨씬 여건이 좋았습니다. 고아원에 있을 때 훌륭하신 어머니가 계셨고 친척들이 결정적인 순간에 안내도 해주시고 도움도 주셨고 정말 어려울 때는 친구들과 교회 회원들이 도와주셨습니다. 그리고 어릴 때 장애우 여러분을 제외하고는 저보다 허약한 사람은 두서너 명 밖에 못 보았습니다. 그러나 열심히 노력해서 신분 상승을 이룩한 것도 사실입니다. 학원 강사가 뭐 대단하다고? 그렇긴 합니다만 저로서는 가장 적성에 맞고 보람 있는 직업입니다. 죄송하지만 판사나 의사가 부럽지 않습니다.

가난한 집 자녀 여러분, 혹은 부모님이 계시지 않아서 어린 나이에 혼자서 인생의 험난한 파도를 헤쳐나가야 하는 여러분. 사람의 95%는 환경의 지배를 받고 5% 혹은 그 이하의 사람만이 그 환경을 극복하고 지배합니다. 여러분도 그 5% 미만의 사람이 되어주십시오. 지금은 암담하고 길이 보이지 않더라도 열심히 살면서 자기 개선을 해나가면 성공합니다. 저는 영어공부라는 것을 통하여 성공했지만 다른 길도 많습니다. 제가 건축을 계속했더라면 아마 성공하지 못했을 것입니다. 어떤 분야에서라도 열심히 하고 그 일을 더 잘 할 수 있는 능력을 쌓아주십시오. 열심히 노력하고 저축하고 건강관리 잘 하면 누구나 성공할 수 있습니다. 먹고살기도 힘든데 저축하라니? 저는 저의 어머니의 경험과 저의 경험을 통해서 말씀드립니다. 근검절약하면 어려운 중에도 조금씩 저축할 수 있습니다. 술, 담배 끊고 기름지고 단 것 위주가 아니라 담백하고 몸에 좋으면서 싼 음식을 장만해서 먹으면 돈도 적게 들고 몸에도 좋습니다. 현미쌀, 콩, 야채, 콩나물, 된장, 초고추장, 멸치 등은 그렇게 비싸지 않습니다. 그런 것이 몸에도 좋습니다. 물론 부양가족이 많거나 건강이 나쁘시다면 혹은 장애인이시라면 불가항력일 수도 있습니다. 그런 분은 국가가 보살펴드려야 합니다. 그렇지 않은 분들은 본인이 열심히 노력하면 뚫고 나갈 수 있습니다. 폭풍우가 아무리 심하더라도 그 위에는 밝은 태양이 빛나고 있습니다. 저도 한참 어렵고 되는 것이 없을 때에는 "이 먹구름이 언제가 걷힐까? 내 평생에 걷히지 않을 거야."라는 생각이 든 적도 많은 정도가 아니고 늘 그런 생각만 들었습니다. 이제 조금 형편이 나아지고 나니까 언제 그렇게 힘들었나? 하는 생각이 들고 한편의 영화를 본 것 같은 생각도 듭니다. 고생하시는 여러분에게 약올리는 이야기를 한 것이 아닌지 몹시 걱정스럽습니다. 단지 저도 고생을 좀 해 본 사람으로서 열심히 노력하는 것만 터득하면 여러 가지 길이 있고 반드시 성공할 수 있으므로 절망하지 말고 노력하시라는 것을 정말 간곡히 말씀드리고 싶을 뿐입니다. 마음 상하신 분이 계시면 용서해주십시오.

불우 이웃을 돕는 일에 관심 많으신 선하신 분들에게 부탁드리는 말씀

주제넘지만 꼭 하고 싶은 말씀이 있습니다. 저는 대학에서 사회사업을 전공했고 사회사업 기관에서 2년 동안 일했습니다. 언젠가는 다시 그런 방면으로 나가고 싶습니다. 제가 배운 중요한 것은 사회사업기관들의 가장 큰 애로 사항은 그 기관 자체의 운영비를 조달하는 일이라는 것입니다. 불우한 사람들을 돕기 위한 기금을 모으는 것은 넉넉하지는 않지만 어느 정도 해낼 수 있습니다. 선하신 분들은 어려운 사람 돕는 기금은 선뜻 기부하십니다. 그러나 사회사업 기관 운영비는 왠지 주기 싫고 사회사업 기관에서도 달라고 하기가 미안해서 말을 잘 못합니다. 또 많은 분들이 사회사업 기관들은 가난한 사람을 이용해서 도둑질해먹는 놈들의 집단이라고 생각하십니다. 그런 기관이 아직도 있는지 모르지만 제 경험으로는 사회가 많이 투명해졌고 감시도 철저하기 때문에 그렇지는 않습니다. 자체 운영만 걱정 없이 조달할 수 있다면 많은 훌륭한 사업을 할 수 있습니다. 그래서 제일 좋은 방법은 어려운 사람을 위하여 기부하시는 금액의 일정 부분을 그 기관 운영비로 기부해주시는 것입니다. 만약 많은 분들이 그렇게 해주신다면 우리나라의 불우한 이웃을 위한 사업이 대 도약을 할 수 있습니다. 감사합니다.

Part2

영어 공부 교재

이제 영어 공부에 들어갑시다. 알파벳만 간신히 아는 수준이신 분은 여기에서 시작해주세요. 그렇지는 않고 어중간하지만 영어로 간단한 자기소개 정도는 할 수 있는 분은 기초 과정(6과)부터 시작하셔도 됩니다. 일단 기초 과정을 해보시고 조금 부담스러우시면 다시 이 입문과정으로 오셔도 됩니다. 이미 유창하신 분도 기초과정부터 다시 해주시면 그 속에 가끔 모르시는 것이 조금씩 해결되시는 것이 있습니다. 시간도 얼마 걸리지 않으므로 기초과정부터 하시는 것이 좋고 입문과정부터 시작하시면 더 좋습니다. 기초 과정도 유치하게 느끼시는 분은 23과부터 시작하셔도 됩니다. 이제 가장 기본적인 문법부터 다음과 같이 정리하고 암기합시다.

• Lesson1
Be동사 현재형 활용 입문

• Lesson2
Be동사 과거형 활용 입문

• Lesson3
일반 동사 활용 입문

• Lesson4
현재진행형 및 과거진행형 입문

• Lesson5
부가 의문문 입문

Lesson1 Be동사 현재형 활용

Lesson1-1 Be동사가 있는 평서문

문법 정리
• am, is, are을 be동사라고 하며 우리 말로 '이다, 있다, --하다'에 해당된다.
• 영어의 문장순서는 평서문(나는 소년이다 - I am a boy 등등)일 때는 주어(I)가 먼저 나오고 그 다음에는 동사(am))가 오고 그 다음에 주격보어(boy)가 온다.
• I(나)는 1인칭 단수이고 we(우리)는 일인칭 복수이고 you(당신, 당신들: 단수도 되고 복수도 되는 단어)는 2인칭 단수 및 복수이고 그 이외에는 모두 삼인칭이다.
• 주어가 1인칭 단수(I:나)일 때 동사는 am을 쓰고 3인칭 단수(he, she, it, this 등)일 때는 is를 쓰고 그 이외에는 (we, you, they, those 등) are를 쓴다.
• 우리 말로 '누구 누구는 —이다, 에 있다, 하다.'(예를 들어 나는 소년이다. 그는 서울에 있다. 너는 행복하다 등등)라고 하는 문장을 영어로 옮기면 be동사가 있는 긍정적인 평서문이 되며 주어 + be동사 + 주격보어로 한다.
• 참고 사항으로써 '--은', '--는' 같은 토씨(혹은 조사)에 해당되는 영어 단어는 없다.

문법암기확인 문제
1) 평서문(나는 소년이다 등등)일 때 영어의 문장순서는?
2) 우리 말로 "이다, 있다, --하다"에 해당되는 영어 단어는?
3) 주어가 1인칭 단수(I:나)일 때 그것에 맞춰서 써야하는 be동사는?
4) 주어가 3인칭 단수(he, she, it, this 등)일 때 써야하는 be동사는?
5) 주어가 그 이외의 것일 때 써야하는 be동사는? (we, you, they, those 등)

문법암기확인 답
1) 주어가 먼저 나오고 그 다음에 동사가 나온다.
2) am, is, are(be동사라고 함)이다.
3) am이다.
4) is를 쓴다.
5) are를 쓴다.

이제 위의 문법들을 깊이 생각하고 응용하면서 다음 문장들을 영작해주세요. 이 문장들은 초등학교 3학년에 다녀 본 적이 있으면 누구나 아는 단어들로 구성되어 있습니다.

1. 나는 소년이다.	1. I am a boy.
2. 너는 소녀이다.	2. You are a girl.
3. 그는 소년이다.	3. He is a boy.
4. 그녀는 소녀이다.	4. She is a girl.
5. 이것은 펜이다.	5. This is a pen.
6. 그것은 책이다.	6. It is a book.
7. 이것들은 펜들이다.	7. These are pens.
8. 그것들은 책들이다.	8. Those are books.
9. 나는 행복하다.	9. I am happy.
10. 당신은 행복하다.	10. You are happy.
11. 그는 행복하다.	11. He is happy.
12. 그녀는 행복하다.	12. She is happy.
13. 나는 한국에 있다.	13. I am in Korea.
14. 너는 한국에 있다.	14. You are in Korea.
15. 그는 한국에 있다.	15. He is in Korea.
16. 그녀는 한국에 있다.	16. She is in Korea.

참고단어

나	I	이것	this	이것들	these	책들	books
너	you	펜	pen	그것들	they,	행복한	happy
그	he	그것	it		those	한국	Korea
그녀	she	책	book	펜들	pens	에	in

문법응용 보충 설명

• 1번부터 6번까지는 소년, 소녀, 펜, 책 앞에 반드시 a를 붙여야 합니다. 7번, 8번에는 반드시 pen과 book 다음에 복수를 나타내는 s가 있어야 합니다.
• 9번부터 12번까지에는 happy 앞에 a가 없어야 합니다.
• 13번부터 16번까지는 Korea 앞에 in이 있어야 합니다.

말하기 연습

수정이 끝나면 1번부터 16번까지 한글을 보고 영어로 말하는 연습을 해주세요.
영어 기초가 약하신 분들은 발음도 매우 약하고 우선 영어로 말하는 것이 어색하고 겁날 것입니다. 걱정마시고 다음 설명대로 해주세요.

• 천천히 한 단어씩 따로따로 발음한다.(당부 말씀:고급 실력자가 될 때까지는 연음으로 발음하지 말고 한 단어씩 천천히 또박또박 발음해주세요. 그래야 차츰차츰 응용이 되고 영어가 쉬워집니다. 또 상대방이 나의 신통찮은 영어를 잘 알아듣습니다.)
• I am a boy의 경우 관사 a는 앞의 be동사(am)와는 한참 떨어지게 발음하고 뒤의 명사와 붙여서 발음해주세요. 처음에는 어색하겠지만 차츰 그것이 자연스럽다는 것을 아시게 됩니다.
• 13번의 I am in Korea의 경우에도 전치사 in을 앞의 be동사(am)과는 한참 떼고 뒤의 Korea와 붙여서 발음해주세요. 16번까지 모두 그렇게 해주세요.
• 발음을 모르시는 것이 있으면 전자 사전이나 인터넷 사전에서 발음이 나오니까 듣고서 따라하는 연습을 해주세요.

Be동사 현재형이 있는 부정문

문법 정리

• 부정문의 문장 순서는 주어 + 동사 + not + 주격 보어.

• 우리 말로 '이지 않다. 있지 않다(없다), 하지 않다'로 끝나는 문장을 영작하면 be동사가 있는 부정적인 평서문이 되며 문장의 순서는 주어 + be동사 + not + 주격보어로 한다.

1.나는 행복하지 않다.	1.I am not happy.
2.너는 행복하지 않다.	2.You are not happy.
3.그는 행복하지 않다.	3.He is not happy.
4.그녀는 행복하지 않다.	4.She is not happy.
5.이것은 펜이 아니다.	5.This is not a pen.
6.그것은 책이 아니다.	6.It is not a book.
7.이것들은 펜들이 아니다.	7.These are not pens.
8.그것들은 책들이 아니다.	8.Those are not books.

말하기 연습

역시 영작이 끝나고 나면 한글을 보고 말하는 연습을 철저하게 해주세요.

Lesson1-3 **Be동사 현재형의 긍정적인 의문문**

문법 정리

• 긍정적인 의문문일 때(나는 소년이냐? 등등)는 동사가 먼저 나오고 그 다음에 주어가 나온다.
• 우리 말로 '――이니, 있니, 하니?'로 끝나는 문장을 영작하면 be동사가 있는 긍정적인 의문문이 되며 문장의 순서는 be동사 + 주어 + 주격보어로 한다.

1.나는 소년인가?	1.Am I a boy?
2.너는 소녀인가?	2.Are you a girl?
3.그는 소년이냐?	3.Is he a boy?
4.그녀는 소녀이냐?	4.Is she a girl?
5.이것은 펜이냐?	5.Is this a pen?
6.그것은 책이냐?	6.Is it a book?
7.이것들은 펜들이냐?	7.Are these pens?
8.그것들은 책들이냐?	8.Are those books?
9.내가 행복한가?	9.Am I happy?
10.너는 행복하니?	10.Are you happy?
11.그는 행복하니?	11.Is he happy?
12.그녀는 행복하니?	12.Is she happy?
13.내가 한국에 있나?	13.Am I in Korea?
14.너는 한국에 있나?	14.Are you in Korea?
15.그는 한국에 있나?	15.Is he in Korea?
16.그녀는 한국에 있나?	16.Is she in Korea?

말하기 연습
역시 영작이 끝나고 나면 한글을 보고 말하는 연습을 철저하게 해주세요.

Be동사가 있는 부정적인 의문문

문법 정리

• 부정적인 의문문일 때(나는 소년이 아니냐? 등등)는 동사 + 주어 + not + 주격보어 혹은 동사와 not를 합친 준말 + 주어 + 주격보어의 순서로 한다. (isn't는 is not의 준말이며 이즌트라고 발음합니다. aren't는 are not의 준말로서 안트라고 발음합니다. ain't는 am not의 준말로써 에인트로 발음합니다. 회화체에서는 주로 준말로 합니다.)

1.나는 소년이 아닌가?

2.너는 소녀가 아니냐?

3.그는 소년이 아니냐?

4.그녀는 소녀가 아니냐?

5.이것은 펜이 아니냐?

6.그것은 책이 아니냐?

7.이것들은 펜들이 아니냐?

8.그것들은 책들이 아니냐?

9.너는 행복하지 않니?

10.그녀는 행복하지 않니?

1.Am I not a boy?
　Ain't I a boy?

2.Are you not a girl?
　Aren't you a girl?

3.Is he not a boy?
　Isn't he a boy?

4.Is she not a girl?
　Isn't she a girl?

5.Is this not a pen?
　Isn't this a pen?

6.Is it not a book?
　Isn't it a book?

7.Are these not pens?
　Aren't these pens?

8.Are those not books?
　Aren't those books?

9.Are you not happy?
　Aren't you happy?

10.Is she not happy?
　Isn't she happy?

말하기 연습 각 문장을 반드시 두 가지 형태로 모두 연습해주세요.

Lesson2 Be동사 과거형 활용

문법 정리1
• am, is(이다, 있다, 하다)의 과거형(이었다, 있었다, 했다)은 was.
• are의 과거형은 were.

문법암기확인 문제
1) 이다, 있다, 하다(am, is)의 과거형은?
2) are의 과거형은?

문법암기확인 답
1) was
2) were

문법 정리2
• 우리 말로 '--이었다, 있었다, 했다'로 끝나는 문장을 영작하면 be동사가 있는 과거형 긍정적인 평서문이 되며 문장의 순서는 주어 + be동사 과거+ 주격보어로 한다.
• 우리 말로 "--아니었다(이지 않았다), 있지 않았다(없었다), 하지 않았다"로 끝나는 문장을 영작하면 be동사가 있는 과거형 부정적인 평서문이 되며 문장의 순서는 주어 + be동사 과거 + not + 주격보어로 한다.
• 우리 말로 '--이었니, 있었니, 했니?'로 끝나는 문장을 영작하면 be동사가 있는 과거형 긍정적인 의문문이 되며 문장의 순서는 be동사 과거 + 주어 + 주격보어로 한다.
• '--이 아니었니?, 있지 않았니?, 하지 않았니?'로 끝나는 문장을 영작하면 be동사가 있는 과거형 부정적인 의문문이 되며 문장의 순서는 be동사 과거 + 주어 + not + 주격보어 혹은 be동사와 not를 합친 단어(wasn't, weren't) + 주어 + 주격보어의 순서로 한다.

문법암기확인 문제

1) 우리 말로 '--이었다, 있었다, 했다.'로 끝나는 문장을 영작하면?

2) 우리 말로 '이지 않았다. 있지 않았다(없었다), 하지 않았다"로 끝나는 문장을 영작하면?

3) 우리 말로 '--이었니, 있었니, 했니?'로 끝나는 문장을 영작하면?

4) '--이 아니었니, 있지 않았니? 하지 않았니?'로 끝나는 문장을 영작하면?

문법암기확인 답

1) be동사의 과거형이 있는 긍정적인 평서문이 되며 문장의 순서는 주어 + be동사 과거 + 주격보어로 한다.

2) be동사의 과거형이 있는 부정적인 평서문이 되며 문장의 순서는 주어 + be동사 과거 + not + 주격보어로 한다.

3) be동사의 과거형이 있는 긍정적인 의문문이 되며 문장의 순서는 be동사 과거 + 주어 + 주격보어로 한다.

4) be동사의 과거형이 있는 부정적인 의문문이 되며 문장의 순서는 be동사 과거 + 주어 + not + 주격보어 혹은 be동사와 not를 합친 단어 + 주어 + 주격보어의 순서로 한다.

다음 50문장을 영작하고 맞춰보고 틀린 것은 다시 영작하고 다 맞으면 편안하게 말 할 수 있을 때까지 반복 연습해주세요. (41번부터 50번까지는 be동사+주어+not와 be동사와 not를 합친 축약어 + 주어의 두 가지 형태로 영작해주세요)

1.나는 소년이었다.	1.I was a boy.
2.너는 소녀였다.	2.You were a girl.
3.그는 소년이었다.	3.He was a boy.
4.그녀는 소녀였다.	4.She was a girl.
5.이것은 펜이었다.	5.This was a pen.
6.그것은 책이었다.	6.It was a book.
7.이것들은 펜들이었다.	7.These were pens.
8.그것들은 책들이었다.	8.Those(They) were books.
9.나는 행복했다.	9.I was happy.
10.너는 행복했다.	10.You were happy.
11.그는 행복했다.	11.He was happy.
12.그녀는 행복했다.	12.She was happy.
13.나는 한국에 있었다.	13.I was in Korea.
14.너는 한국에 있었다.	14.You were in Korea.
15.그는 한국에 있었다.	15.He was in Korea.
16.그녀는 한국에 있었다.	16.She was in Korea.
17.나는 행복하지 않았다.	17.I was not happy.
18.너는 행복하지 않았다.	18.You were not happy.
19.그는 행복하지 않았다.	19.He was not happy.
20.그녀는 행복하지 않았다.	20.She was not happy.
21.이것은 펜이 아니었다.	21.This was not a pen.
22.그것은 책이 아니었다.	22.It was not a book.
23.이것들은 펜들이 아니었다.	23.These were not pens.
24.그것들은 책들이 아니었다.	24.Those were not books.
25.나는 소년이었나?	25.Was I a boy?
26.너는 소녀였니?	26.Were you a girl?
27.그는 소년이었나?	27.Was he a boy?
28.그녀는 소녀였니?	28.Was she a girl?

29.이것은 펜이었니?	29.Was this a pen?
30.그것은 책이었니?	30.Was it a book?
31.이것들은 펜들이었니?	31.Were these pens?
32.그것들은 책들이었니?	32.Were those books?
33.내가 행복했니?	33.Was I happy?
34.너는 행복했니?	34.Were you happy?
35.그는 행복했니?	35.Was he happy?
36.그녀는 행복했니?	36.Was she happy?
37.나는 한국에 있었니?	37.Was I in Korea?
38.너는 한국에 있었니?	38.Were you in Korea?
39.그는 한국에 있었니?	39.Was he in Korea?
40.그녀는 한국에 있었니?	40.Was she in Korea?
41.나는 소년이 아니었니?	41.Was I not a boy?
	Wasn't I a boy?
42.너는 소녀가 아니었니?	42.Were you not a girl?
	Weren't you a girl?
43.그는 소년이 아니었니?	43.Was he not a boy?
	Wasn't he a boy?
44.그녀는 소녀가 아니었니?	44.Was she not a girl?
	Wasn't she a girl?
45.이것은 펜이 아니었니?	45.Was this not a pen?
	Wasn't this a pen?
46.그것은 책이 아니었니?	46.Was it not a book?
	Wasn't it a book?
47.이것들은 펜들이 아니었니?	47.Were these not pens?
	Weren't these pens?
48.그것들은 책들이 아니었니?	48.Were those not books?
	Weren't those books?
49.너는 행복하지 않았니?	49.Were you not happy?
	Weren't you happy?
50.그녀는 행복하지 않았니?	50.Was she not happy?
	Wasn't she happy?

Lesson 3

Lesson3 일반 동사 활용

Lesson3-1 일반동사가 있는 긍정적인 평서문

문법 정리
• 일반 동사(be동사가 아닌 love, study 등등)가 있는 긍정문은 "---한다"로 해석되며 문장의 순서는 주어 + 일반 동사로 하고 주어가 3인칭 단수일 때는 동사에 's'를 붙인다.

문법 및 단어암기 문제	문법 및 단어암기 답
1) 일반 동사(be동사가 아닌)가 있는 긍정문에서 주어가 3인칭 단수일 때 동사에는?	1) 동사에 's'를 붙인다.
2) 우리 말로 '--한다.'로 끝나는 문장을 영작하면?	2) 일반동사가 있는 긍정적인 평서문이 되며 문장의 순서는 주어 + 동사로 한다.
3) 1인칭(나)의 주격은?	3) I
4) 목적격은?	4) me
5) 소유격(나의)은?	5) my
6) 일인칭 복수(우리)의 주격은?	6) we
7) 목적격은?	7) us
8) 소유격(우리의)은?	8) our
9) 이인칭(당신, 당신들)의 주격은?	9) you
10) 목적격은?	10) you
11) 소유격(너의)은?	11) your
12) 삼인칭 단수 중에서 그(그 남자의 뜻)의 주격은?	12) he
13) 목적격은?	13) him
14) 소유격(그의)은?	14) his
15) 그녀의 주격은?	15) She
16) 목적격은?	16) her
17) 소유격은	17) her
18) 그것의 주격은?	18) it
19) 목적격은?	19) it

50 Part2 영어 공부 교재 - 입문

20) 소유격은?	20) its
21) 삼인칭 복수인 그들(그 사람들도 되고 그 물건들도 됨)의 주격은?	21) they
22) 목적격은?	22) them
23) 소유격(그들의)은?	23) their
24) 소유대명사 중에서 '나의 것'은?	24) mine
25) '너의 것'은?	25) yours
26) '그의 것'은?	26) his
27) '그녀의 것'은?	27) hers
28) '그들의 것'은?	28) theirs
29) '우리의 것'은?	29) ours

문법 연구 문제

"--하다"와 "--한다"의 차이는?

문법 연구 답

"--하다"는 상태를 나타내는 be동사(행복하다 등)이고 "한다"는 동작을 나타내는 일반 동사(사랑한다, 공부한다 등)입니다. "나는 행복한다." "나는 너를 좋아하다"라고 하면 말이 안되지요? 그래서 "나는 행복하다" "나는 너를 좋아한다."처럼 "하다"로 끝나는 말은 "be동사"가 들어있는 문장이고 "한다"로 끝나는 말은 "일반동사"가 있는 문장이 됩니다.

의문문으로 할 때는 "너는 행복하니?" "너는 나를 좋아하니?"라고 할 때 말 끝이 똑같습니다. 이럴 때는 평서문일 때 어떻게 끝나는지 생각해보고 그것에 맞춰서 be동사인지 일반동사인지 판단해야 합니다.

1.나는 너를 사랑한다.	1.I love you.
2.너는 나의 누이를 사랑한다.	2.You love my sister.
3.그는 나를 사랑한다.	3.He loves me.
4.그녀는 너의 형제를 사랑한다.	4.She loves your brother.
5.그들은 너를 사랑한다.	5.They love you.
6.그녀는 그의 형제를 사랑한다.	6.She loves his brother.
7.나는 그를 사랑한다.	7.I love him.
8.그는 그녀의 누이를 사랑한다.	8.He loves her sister.
9.나는 그녀를 사랑한다.	9.I love her.
10.나는 행복하다.	10.I am happy.
11.나는 영어를 공부한다.	11.I study English.
12.그는 행복하다.	12.He is happy.
13.그녀는 영어를 공부한다.	13.She studies English.
14.그들은 행복하다.	14.They are happy.
15.그는 영어를 공부한다.	15.He studies English.

말하기 연습

영작이 끝나면 한글을 보고 영어로 입에서 술술 나올 때까지 소리내서 암기하는 것 잊지 마세요.

Lesson3-2 일반동사가 있는 부정문

문법 정리

• 일반 동사가 있는 문장으로 부정문을 만들 때는 주어 다음에 조동사(주어가 3인칭단수이면 does, 그 이외에는 do) + not + 동사원형의 순서로 한다.
• 일반동사와 be동사를 구분하여 영작하기 위한 주의 사항
 1)"――하지 않는다."로 끝나면 일반 동사가 있는 부정적인 문장으로써 문장의 순서는 주어 + 조동사 + not + 동사원형.
 2)"――하지 않다."로 끝나면 be동사가 있는 부정적인 문장으로써 문장의 순서는 주어 + be동사 + not + 주격보어.

1.나는 너를 사랑하지 않는다.
2.나는 행복하지 않다.
3.너는 나의 누이를 사랑하지 않는다.
4.너는 행복하지 않다.
5.그는 나를 사랑하지 않는다.
6.그는 행복하지 않다.
7.그녀는 너의 형제를 사랑하지 않는다.
8.그녀는 행복하지 않다.
9,그들은 너를 사랑하지 않는다.
10.그들은 행복하지 않다.
11.그녀는 그의 형제를 사랑하지 않는다.
12.그녀는 건강하지 않다(healthy).
13.나는 그를 사랑하지 않는다.
14.나는 건강하지 않다.
15.그는 그녀의 누이를 사랑하지 않는다.
16.그는 건강하지 않다.
17.나는 그녀를 사랑하지 않는다.

1.I do not(don't) love you.
2.I am not(ain't) happy.
3.You do not(don't) love my sister.
4.You are not(aren't) happy.
5.He does not(doesn't) love me.
6.He is not(isn't) happy.
7.She does not(doesn't) love your brother.
8.She is not(isn't) happy.
9.They do not(don't) love you.
10.They are not(aren't) happy.
11.She does not(doesn't) love his brother.
12.She is not(isn't) healthy.
13.I do not(don't) love him.
14.I am not(ain't) healthy.
15.He does not(doesn't) love her sister.
16.He is not(isn't) healthy.
17.I do not(don't) love her.

Lesson3-2 일반 동사가 있는 긍정적인 의문문

문법 정리

• 일반 동사(be동사 이외의 동사)가 있는 문장을 긍정적인 의문문으로 만들 때는 주어 앞에 조동사(주어가 3인칭 단수이면 does, 그 이외에는 do)를 붙인다.

• 일반동사와 be동사를 구별하기 위한 유의 사항

1) "--한다."의 의문문으로써 "--하니?"로 끝나면 일반 동사가 있는 긍정적인 의문문으로써 문장의 순서는 조동사 + 주어 + 동사원형.

2) "--하다"의 의문문으로써 "하니?" 혹은 "이니? 있니?"로 끝나면 be동사가 있는 긍정적인 의문문으로써 문장의 순서는 be동사 + 주어 + 주격보어.

1.내가 너를 사랑하니?	1.Do I love you?
2.너는 나의 누이를 사랑하니?	2.Do you love my sister?
3.그가 나를 사랑하니?	3.Does he love me?
4.그녀가 너의 형제를 사랑하니?	4.Does she love your brother?
5.그들이 너를 사랑하니?	5.Do they love you?
6.그녀가 그의 형제를 사랑하나?	6.Does she love his brother?
7.내가 그를 사랑하나?	7.Do I love him?
8.그가 그녀의 누이를 사랑하나?	8.Does he love her sister?
9.내가 그녀를 사랑하나?	9.Do I love her?

Lesson3-3 일반 동사가 있는 부정 의문문

문법 정리

• 일반동사가 있는 부정 의문문은 "--하지 않니?"("한다"의 부정의문문으로써)로 끝나며 조동사(주어가 3인칭 단수이면 does, 그 이외에는 do) + 주어 + not + 동사원형의 순서로 한다. 혹은 조동사와 not를 합친 것(주어가 3인칭 단수면 Doesn't, 그 이외에는 don't) + 주어 + 동사원형의 순서로 한다.
• 조동사가 있을 때에는 동사는 항상 원형 그대로 쓰고 주어가 삼인칭 단수이더라도 s를 붙이지 않는다.

1.내가 너를 사랑하지 않나?

2.너는 나의 누이를 사랑하지 않나?

3.그가 나를 사랑하지 않나?

4.그녀가 너의 형제를 사랑하지 않나?

5.그들이 너를 사랑하지 않나?

6.그녀가 그의 형제를 사랑하지 않나?

7.내가 그를 사랑하지 않나?

8.그가 그녀의 누이를 사랑하지 않나?

9.내가 그녀를 사랑하지 않나?

1.Do I not love you? Don't I love you?

2.Do you not love my sister? Don't you love my sister?

3.Does he not love me? Doesn't he love me?

4.Does she not love your brother? Doesn't she love your brother?

5.Do they not love you? Don't they love you?

6.Does she not love his brother? Doesn't she love his brother?

7.Do I not love him? Don't I love him?

8.Does he not love her sister? Doesn't he love her sister?

9.Do I not love her? Don't I love her?

Lesson3-4 Be동사와 일반동사 구분하는 연습

1.이것은 나의 것이다.	1.This is mine.
2.나는 영어를 공부한다.	2.I study English.
3.그것은 너의 것이다.	3.It is yours.
4.그는 영어를 공부한다.	4.He studies English.
5.그것들은 그들의 것들이다.	5.They(Those) are theirs.
6.그녀는 영어를 공부한다.	6.She studies English.
7.이것들은 그의 것이다.	7.These are his.
8.그들은 영어를 공부한다.	8.They study English.
9.그것은 그녀의 것이다.	9.It is hers.
10.너는 영어를 공부한다.	10.You study English.
11.이것은 나의 것이냐?	11.Is this mine?
12.너는 영어를 공부하니?	12.Do you study English?
13.그것은 너의 것이냐?	13.Is it yours?
14.그는 영어를 공부하니?	14.Does he study English?
15.그것들은 그들의 것들이냐?	15.Are those(they) theirs?
16.그들은 나를 사랑하나?	16.Do they love me?
17.이것들은 그의 것이냐?	17.Are these his?
18.그녀는 그를 사랑하니?	18.Does she love him?
19.그것은 그녀의 것이냐?	19.Is it hers?
20.그는 그녀를 사랑하니?	20.Does he love her?
21.이것은 나의 것이 아니냐?	21.Is this not mine? Isn't this mine?
22.너는 나를 사랑하지 않니?	22.Do you not love me? Don't you love me?
23.그것은 너의 것이 아니냐?	23.Is it not yours? Isn't it yours?
24.그는 그녀를 사랑하지 않니?	24.Does he not love her? Doesn't he love her?
25.그것들은 너의 것들이 아니냐?	25.Are they(those) not yours? Aren't they yours?
26.그들은 그녀를 사랑하지 않니?	26.Do they not love her? Don't they love her?
27.이것들은 그의 것이 아니냐?	27.Are these not his? Aren't these his?
28.너는 영어를 공부하지 않니?	28.Do you not study English? Don't you study English?

Lesson4 현재진행형 및 과거진행형

Lesson4-1 현재 진행형 평서문

> **문법 정리**
> • 현재 진행형은 우리 말로 (--하고 있다)이며 문장은 주어 + be동사의 현
> 재형(am, is, are) + 본동사(일반 동사)의 ing형이고 과거 진행형은 우리 말
> 로 (--하고 있었다)이며 주어 + be동사의 과거형 (was, were) + 본동사(일
> 반 동사)의 ing형이다.

1.나는 영어를 공부한다.

2.나는 영어를 공부하고 있다.

3.너는 영어를 공부한다.

4.너는 영어를 공부하고 있다.

5.그는 영어를 공부한다.

6.그는 영어를 공부하고 있다.

7.그녀는 영어를 공부한다.

8.그녀는 영어를 공부하고 있다.

9.그들은 영어를 공부한다.

10.그들은 영어를 공부하고 있다.

1.I study English.

2.I am studying English.

3.You study English.

4.You are studying English.

5.He studies English.

6.He is studying English.

7.She studies English.

8.She is studying English.

9.They study English.

10.They are studying English.

Lesson4-2 현재 진행형 의문문

문법 정리

• 의문문인 현재진행형은 우리 말로 (--하고 있니?)이고 문장 구성은 be동
사의 현재형(am, is, are) + 주어 + 본동사(일반 동사)의 ing형이고 의문문인
과거진행형은 우리 말로 (--하고 있었니?)이고 문장구성은 be동사의 과거
형(was, were) + 주어 + 일반 동사의 ing형이다.

1.나는 영어를 공부하나?	1.Do I study English?
2.나는 영어를 공부하고 있나?	2.Am I studying English?
3.너는 영어를 공부하나?	3.Do you study English?
4.너는 영어를 공부하고 있나?	4.Are you studying English?
5.그는 영어를 공부하나?	5.Does he study English?
6.그는 영어를 공부하고 있나?	6.Is he studying English?
7.그녀는 영어를 공부하나?	7.Does she study English?
8.그녀는 영어를 공부하고 있나?	8.Is she studying English?
9.그들은 영어를 공부하나?	9.Do they study English?
10.그들은 영어를 공부하고 있나?	10.Are they studying English?

문법 정리

• 부정적인 현재 진행형은 (--하고 있지 않다, --하지 않고 있다)이고 문
장구성은 주어 + be동사 현재형(am, are, is) + not + 본동사(일반동사)의
ing형이며
부정적인 과거진행형 (--하고 있지 않았다, ---하지 않고 있었다)이고 문
장구성은 주어 + be동사 과거형(was, were) + not + 본동사(일반 동사)의
ing형이다.

1.나는 영어를 공부하지 않는다.
2.나는 영어를 공부하고 있지 않다.
3.너는 영어를 공부하지 않는다.
4.너는 영어를 공부하고 있지 않다.
5.그는 영어를 공부하지 않는다.
6.그는 영어를 공부하고 있지 않다.
7.그녀는 영어를 공부하지 않는다.
8.그녀는 영어를 공부하고 있지 않다.
9.그들은 영어를 공부하지 않는다.
10.그들은 영어를 공부하고 있지
않다.

1.I do not study English.
2.I am not studying English.
3.You do not study English.
4.You are not studying English.
5.He does not study English.
6.He is not studying English.
7.She does not study English.
8.She is not studying English.
9.They do not study English.
10.They are not studying English.

Lesson4-4 현재진행형 부정 의문문

문법 정리

• 부정적인 현재진행형의 의문문은 (하고 있지 않니? 하지 않고 있니?)이고 문장구성은 be동사 현재형 + 주어 + not (혹은 be동사와 not를 합친 꼴, aint', isn't. aren't + 주어) + 본동사(일반 동사)의 ing 형이다.

1.나는 영어를 공부하지 않나?

1.Do I not study English?
Don't I study English?

2.나는 영어를 공부하고 있지 않나?

2.Am I not studying English?
Ain't I studying English?

3.너는 영어를 공부하지 않나?

3.Do you not study English?
Don't you study English?

4.너는 영어를 공부하고 있지 않나?

4.Are you not studying English?
Aren't you studying English?

5.그는 영어를 공부하지 않나?

5.Does he not study English?
Doesn't he study English?

6.그는 영어를 공부하고 있지 않나?

6.Is he not studying English?
Isn't he studying English?

7.그녀는 영어를 공부하지 않나?

7.Does she not study English?
Doesn't she study English?

8.그녀는 영어를 공부하고 있지 않나?

8.Is she not studying English?
Isn't she studying English?

9.그들은 영어를 공부하지 않나?

9.Do they not study English?
Don't they study English?

10.그들은 영어를 공부하고 있지 않나?

10.Are they not studying English?
Aren't they studying English?

Lesson4-5 과거진행형의 부정문

문법 정리

• 부정적인 과거진행형은 "하고 있지 않았다. 하지 않고 있었다."이고 문장 구성은 주어 + be동사 과거형(was, were) + not + 본동사(일반 동사)의 ing. 이다.

• 부정적인 과거는 "하지 않았다."이고 문장 구성은 주어 + did not + 동사 원형이다.

Lesson4-6 단순 과거 부정문과 과거진행형 부정문 구분

1. 나는 영어를 공부하지 않았다.
2. 나는 영어를 공부하고 있지 않았다.

3. 너는 영어를 공부하지 않았다.

4. 너는 영어를 공부하고 있지 않았다.

5. 그는 영어를 공부하지 않았다.

6. 그는 영어를 공부하고 있지 않았다.

7. 그녀는 영어를 공부하지 않았다.

8. 그녀는 영어를 공부하고 있지 않았다.

9. 그들은 영어를 공부하지 않았다.

10. 그들은 영어를 공부하고 있지 않았다.

1. I did not(didn't) study English.
2. I was not(wasn't) studying English.
3. You did not(didn't) study English.
4. You were not(weren't) studying English.
5. He did not(didn't) study English.
6. He was not(wasn't) studying English.
7. She did not(didn't) study English.
8. She was not(wasn't) studying English.
9. They did not(didn't) study English.
10. They were not(weren't) studying English.

Lesson4-7 단순 과거형과 과거 진행형 구분 연습

1.나는 영어를 공부했다.	1.I studied English.
2.나는 영어를 공부하고 있었다.	2.I was studying English.
3.너는 영어를 공부했다.	3.You studied English.
4.너는 영어를 공부하고 있었다.	4.You were studying English.
5.그녀는 영어를 공부했다.	5.She studied English.
6.그녀는 영어를 공부하고 있었다.	6.She was studying English.
7.그들은 영어를 공부했다.	7.They studied English.
8.그들은 영어를 공부하고 있었다.	8.They were studying English.

Lesson4-8 단순 과거 의문문과 과거 진행 의문문

문법 정리

• 긍정적 의문문인 과거진행형은 "--하고 있었니?"로 해석하며 문장구성은 be동사의 과거형(was, were) + 주어 + 일반동사의 ing형이다. 긍정적 의문문인 과거형은 "--했니?"로 해석하며 문장구성은 Did + 주어 + 동사 원형이다.

1.나는 영어를 공부했나?	1.Did I study English?
2.나는 영어를 공부하고 있었나?	2.Was I studying English?
3.너는 영어를 공부했나?	3.Did you study English?
4.너는 영어를 공부하고 있었나?	4.Were you studying English?
5.그는 영어를 공부했나?	5.Did he study English?
6.그는 영어를 공부하고 있었나?	6.Was he studying English?
7.그녀는 영어를 공부했나?	7.Did she study English?
8.그녀는 영어를 공부하고 있었나?	8.Was she studying English?
9.그들은 영어를 공부했나?	9.Did they study English?
10.그들은 영어를 공부하고 있었나?	10.Were they studying English?

Lesson4-9 단순 부정 의문문과 과거진행형 부정 의문문

문법 정리

• 부정적인 과거진행형의 의문문은 (하고 있지 않았니? 하지 않고 있었니?)이고 문장구성은 be동사 과거형 + 주어 + not(혹은 be동사와 not를 합친 꼴, wasn't, weren't + 주어) + 본동사(일반 동사)의 ing 형이다.
• 부정적인 과거형 의문문은 (하지 않았니?)는 Did + 주어 + not + 동사원형 혹은 Didn't + 주어 + 동사 원형이다.

1.나는 영어를 공부하지 않았나?

2.나는 영어를 공부하고 있지 않았나?

3.너는 영어를 공부하지 않았나?

4.너는 영어를 공부하고 있지 않았나?

5.그는 영어를 공부하지 않았나?

6.그는 영어를 공부하고 있지 않았나?

7.그녀는 영어를 공부하지 않았나?

8.그녀는 영어를 공부하고 있지 않았나?

9.그들은 영어를 공부하지 않았나?

10.그들은 영어를 공부하고 있지 않았나?

11.내가 그를 돕지 않았나?(돕다:help)

1.Did I not(Didn't I) study English?

2.Was I not(Wasn't I) studying English?

3.Did you not(Didn't you) study English?

4.Were you not(Weren't you) studying English?

5.Did he not(Didn't he) study English?

6.Was he not(Wasn't he) studying English?

7.Did she not(Didn't she) study English?

8.Was she not(Wasn't she) studying English?

9.Did they not(Didn't they) study English?

10.Were they not(Weren't they) studying English?

11.Did I not help(Didn't I help) him?

12.내가 그를 돕고 있지 않았나?

13.너는 그를 돕지 않았나?

14.너는 그를 돕고 있지 않았나?

15.그는 너를 돕지 않았나?

16.그는 너를 돕고 있지 않았나?

17.그녀는 그를 돕지 않았나?

18.그녀는 그를 돕고 있지 않았나?

19.그들은 그녀를 돕지 않았나?

20.그들은 너를 돕고 있지 않았나?

21.네가 그것을 사용했나?(사용하다:use)

22.네가 그것을 사용하나?

23.네가 그것을 사용하고 있었나?

24.네가 그것을 사용하고 있나?

25.네가 그것을 사용하지 않았나?

26.네가 그것을 사용하지 않나?

27.네가 그것을 사용하고 있지 않았나?

28.네가 그것을 사용하고 있지 않나?

29.그들이 펜을 사용했나?

30.그들이 펜을 사용하나?

31.그들이 펜을 사용하고 있었나?

32.그들이 펜을 사용하고 있나?

33.그들이 펜을 사용하고 있지 않았나?

34.그들이 펜을 사용하고 있지 않나?

35.그들이 펜을 사용하지 않았나?

36.그들이 펜을 사용하지 않나?

12.Was I not helping(Wasn't I helping) him?

13.Did you not help him(Didn't you help him)?

14.Were you not (Weren't you) helping him?

15.Did he not(Didn't he) help you?

16.Was he not(Wasn't he) helping you?

17.Did she not (Didn't she) help him?

18.Was she not(Wasn't she) helping him?

19.Did they not(Didn't they) help her?

20.Were they not(Weren't they) helping you?

21.Did you use it?

22.Do you use it?

23.Were you using it?

24.Are you using it?

25.Did you not(Didn't you) use it?

26.Do you not(Don't you) use it?

27.Were you not(Weren't you) using it?

28.Are you not(Aren't you) using it?

29.Did they use a pen?

30.Do they use a pen?

31.Were they using a pen?

32.Are they using a pen?

33.Were they not(Weren't they) using a pen?

34.Are they not(Aren't they) using a pen?

35.Did they not(Didn't they) use a pen?

36.Do they not(Don't they) use a pen?

Lesson5 부가 의문문

Lesson5-1 긍정적인 부가 의문문

문법 정리

• 긍정적인 부가의문문은 (이지? 하지? 있지? 혹은 --이다, 그렇지 않니? 로도 표현함)이며 문장 구성은 쉼표 앞에는 긍정문(평서문)을 쓰고 쉼표 다음에는 부정적인 의문문이 온다.

• ain't I? aren't you? isn't he(she, it)?
aren't they?
don't I(they, you)? doesn't he(she, it)?
wasn't I?
weren't you?
wasn't he(she, it)?
weren't they?
didn't I(he, she, it, they)
중에서 앞의 문장의 동사와 일치하는 것을 추가로 덧붙인다.

1.나는 소년이지?
2.너는 소녀이지?
3.그는 소년이지?
4.그녀는 소녀이지?
5.이것은 펜이지?
6.그것은 책이지?
7.이것들은 펜들이지?
8.그것들은 책들이지?
9.나는 행복하지?
10.너는 행복하지?
11.그는 행복하지?
12.그녀는 행복하지?
13.나는 한국에 있지?

1.I am a boy, ain't I?
2.You are a girl, aren't you?
3.He is a boy, isn't he?
4.She is a girl, isn't she?
5.This is a pen, isn't this?
6.It is a book, isn't it?
7.These are pens, aren't these?
8.Those are books, aren't those?
9.I am happy, ain't I?
10.You are happy, aren't you?
11.He is happy, isn't he?
12.She is happy, isn't she?
13.I am in Korea, ain't I(am I not)?

14.너는 한국에 있지?

14.You are in Korea, aren't you(are you not)?

15.그는 한국에 있지?

15.He is in Korea, isn't he(is he not)?

16.그녀는 한국에 있지?

16.She is in Korea, isn't she(is she not)?

17.이것은 책이지?

17.This is a book, isn't this(is this not)?

18.그것은 펜이지?

18.It is a pen, isn't it(is it not)?

19.이것들은 책들이지?

19.These are books, aren't these(are these not)?

20그것들은 펜들이지?

20.Those are pens, aren't those?(are those not)?

21.너는 학생이니?

21.Are you a student?

22.그것은 책이냐?

22.Is it a book?

23.그는 행복하니?

23.Is he happy?

24.그녀는 한국에 있니?

24.Is she in Korea?

25.너는 나의 누이를 사랑하니?

25.Do you love my sister?

26.너는 나의 누이를 사랑하지?

26.You love my sister, don't you?

27.그는 나를 사랑하니?

27.Does he love me?

28.그는 나를 사랑하지?

28.He loves me, doesn't he?

29.그녀는 너의 형제를 사랑하지?

29.She loves your brother, doesn't she?

30.그들은 너를 사랑하지?

30.They love you, don't they?

31.그녀는 그의 형제를 사랑하지?

31.She loves his brother, doesn't she?

32.그는 그녀의 누이를 사랑하지?

32.He loves her sister, doesn't he?

Lesson5-2 부정적인 부가의문문

문법 정리

• 부정적인 부가의문문은 (이지 않지? 하지 않지? 있지 않지? 혹은 ---이지 않다, 그렇지?로도 표현함)이며 문장 구성은 쉼표 앞에는 부정문을 쓰고 쉼표 다음에는 긍정적인 의문문을 붙인다.

• am I? are you? is he(she, it)? are they? do I(they, you)? does he(she, it)? was I? were you? was he(she, it)? were they? did I(he, she, it, they)중에 앞의 문장의 동사와 일치하는 것을 추가로 덧붙인다.

1.나는 행복하지 않지?
2.너는 행복하지 않니?
3.너는 행복하지 않지?
4.그는 행복하지 않지?
5.그녀는 행복하지 않지?
6.나는 한국에 있지 않지?
7.너는 한국에 있지 않지?
8.그는 한국에 있지 않지?
9.그녀는 한국에 있지 않지?
10.나는 소년이 아니지?
11.너는 소녀가 아니지?
12.그는 소년이 아니지?
13.그녀는 소녀가 아니지?
14.이것은 펜이 아니지?
15.그것은 책이 아니지?
16.이것들은 펜들이 아니지?
17.그것들은 책들이 아니지?
18.우리는 행복하지 않지?
19.그들은 행복하지 않지?
20.너는 나의 누이를 사랑하지 않지?
21.그는 나를 사랑하지 않지?
22.그녀는 너의 형제를 사랑하지 않지?
23.그들은 너를 사랑하지 않지?
24.그녀는 그의 형제를 사랑하지 않지?
25.너의 누이는 나의 형제를 사랑하지 않지?

1.I am not happy, am I?
2.Aren't you happy?
3.You are not happy, are you?
4.He is not happy, is he?
5.She is not happy, is she?
6.I am not in Korea, am I?
7.You are not in Korea, are you?
8.He is not in Korea, is he?
9.She is not in Korea, is she?
10.I am not a boy, am I?
11.You are not a girl, are you?
12.He is not a boy, is he?
13.She is not a girl, is she?
14.This is not a pen, is this?
15.It is not a book, is it?
16.These are not pens, are these?
17.Those are not books, are those?
18.We are not happy, are we?
19.They are not happy, are they?
20.You do not love my sister, do you?
21.He does not love me, does he?
22.She does not love your brother, does she?
23.They do not love you, do they?
24.She does not love his brother, does she?
25.Your sister does not love my brother, does she?

• Lesson6
Be동사 현재형 활용

• Lesson7
Be동사 과거형 활용

• Lesson8
Be동사와 일반 동사 구분 활용

• Lesson9-22
평서문, 부정문, 의문문,
현재진행형, 부가의문문 활용

Lesson6 Be동사 현재형 활용

다음 문장을 영작해주세요. 너무 쉽게 느껴지는 분은 바로 말하기 연습해도 되고 그렇지 않은 분은 공책에 적어서 영작하고 맞춰보고 말하기 연습해주세요. 꼭 각 문장의 번호를 적어주셔야 실수가 없습니다. 모르는 단어는 다음 페이지 참조.

1.나는 한국인이다.	1.I am (a) Korean.
2.그는 일본인이다.	2.He is (a) Japanese.
3.당신은 미국인이다.	3.You are (an) American.
4.그녀는 필리핀 사람이다.	4.She is (a) Filipina.
5.우리는 학생이다.	5.We are students.
6.그들은 근로자들이다.	6.They are workers.
7.이것은 나의 자동차다.	7.This is my car.
8.이것들은 너의 연필들이다.	8.These are your pencils.
9.그것들은 그들의 펜들이다.	9.Those are their pens.
10.나의 얼굴은 붉다.	10.My face is red.
11.그것은 당신의 것이다.	11.It is yours.
12.이것은 나의 것이다.	12.This is mine.
13.나는 안전한가?	13.Am I safe?
14.그는 행복하니?	14.Is he happy?
15.그녀는 결혼했니(기혼이니)?	15.Is she married?
16.당신은 부유한가?	16.Are you rich?
17.나의 얼굴은 붉은가?	17.Is my face red?
18.그들은 건강한가?	18.Are they healthy?
19.너의 이름은 무엇이냐?	19.What is your name?
20.너는 어디에 있나?	20.Where are you?
21.내가 어디에 있나(여기가 어디냐)?	21.Where am I?
22.그는 어디에 있나?	22.Where is he?
23.너는 누구냐?	23.Who are you?
24.그는 무엇이냐(신분이나 직업)?	24.What is he?
25.그녀는 너의 여자 친구냐?	25.Is she your girlfriend?

26.그들은 너의 친구들이냐?	26.Are they your friends?
27.이 소년들은 너의 급우들이냐?	27.Are these boys your classmates?
28.이것은 누구의 펜이냐?	28.Whose pen is this?
29.그녀는 아름답니?	29.Is she beautiful?
30.이 펜은 너의 것이냐?	30.Is this pen yours?
31.이것들은 너의 것들이냐?	31.Are these yours?
32.이것은 나의 것이냐?	32.Is this mine?
33.그들은 어디 있나?	33.Where are they?
34.그녀는 어디에 있나?	34.Where is she?
35.우리는 어디에 있나(여기가 어디냐)?	35.Where are we?
36.너의 어머니는 어떠시니?	36.How is your mother?
37.그는 너의 상사냐?	37.Is he your boss?
38.지금은 몇시냐?	38.What time is it?
39.지금은 7시다.	39.It is seven.(o'clock).
40.날씨가 춥니?	40.Is it cold?
41.아니, 날씨가 춥지 않아.	41.No, it is not cold.
42.날씨가 따뜻해.	42.It is warm.

참고단어

한국인	Korean	근로자	worker	건강한	healthy
일본인	Japanese	붉은	red	급우	classmate
미국인	American	안전한	safe	아름다운	beautiful
필리핀 사람	Filipina	결혼한	married	상사	boss

영작하고 맞춰보시고 틀린 것은 다시 영작해주세요. 모두 다 올바르게 영작이 되면 한글을 보고 영어로 말하기 연습하세요. 급하게 빨리 하려하지 마시고 한 단어 한 단어를 길게 발음하고 단어와 단어 사이는 연결이 되도록 연습해 주세요. 그래야 상대방이 내 말을 잘 알아듣습니다. 중간에 버벅대는 부분이 생기면 그 문장을 여러 번 더 연습하셔서 천천히 깔끔하게 발음할 수 있을 때까지 연습해주세요. 잘 되면 다음 설명을 읽어주세요.

영작 보충 설명

1. Korean은 형용사도 되고 명사도 되는데 형용사일 때는 "한국의, 한국인의", 명사일 때는 "한국인, 한국어" 라는 뜻입니다. I am a Korean 에서는 명사로 씌었고 I am Korean에서는 형용사로 쓰인 용법인데 둘 다 괜찮고 두번째 문장을 좀 더 많이 씁니다.

2. Japanese 는 일본의, 일본인의, 일본어라는 뜻. 기타 사항은 1번과 같습니다.

3. American은 미국의, 미국인의, 미국영어라는 뜻입니다.

4. Filipino는 필리핀인, 필리핀의, 필리핀인의 라는 뜻이고 여성을 가리킬 때는 Filipina입니다.

5. 명사가 복수일 때는 끝에 (-s)를 붙이게 되어 있습니다. 복수이기 때문에 student에 s를 붙여야 합니다.

6. 복수이기 때문에 worker에 s를 붙여야 합니다.

7. My는 '나의' 라는 뜻의 소유격이라고 합니다.

8. Your는 '너의' 라는 소유격 pencil은 복수니까 s를 붙여야 합니다.

9. Those는 '그' 라는 형용사로도 쓰고 '그들 혹은 그것들' 이라는 명사로도 씁니다. 여기에서는 명사로써 주격으로 쓰였습니다. Their는 '그들의' 라는 소유격. pen은 복수니까 s를 붙여주어야 합니다.

11. Yours는 '너의 것' 이라는 대명사인데 소유의 성격이 강하기 때문에 소유대명사라고 합니다.

12. Mine은 '나의 것' 이라는 소유대명사.

13번부터는 18번까지의 문장처럼 be동사가 있는 문장을 의문문으로 만들 때는 이렇게 be동사와 주어의 순서를 바꾸어주게 되어 있습니다.

15번은 현재 결혼해있는 상태이냐고 묻는 말입니다. 우리 말이 결혼했니?라고 하면 과거를 묻는 말도 되고 현재의 상태를 묻는 말도 됩니다.

19. What (무엇) 은 명사이면서 의문사이기도 합니다.

20번부터 25번까지는 문장 끝의 명사가 주어입니다. 그래서 be동사는 문장 끝의 명사에 따라서 정해집니다. Where는 '어디에' 라는 장소를 말하는 부사이면서 의문사라고 하는데 의문사는 주어가 아니라도 제일 앞에 옵니다. Are는 '이다, 있다' 가 대표적인 용법인데 이때 '어디에 이다' 라고 하면 어색하죠? '어디에 있다' 라고 말해야 됩니다.

21. 직역은 내가 어디에 있나? 가 되는데 실제로 뜻은 "여기가 어디냐?" 로 씁니다. 주어가 I이기 때문에 be동사는 am.

23. Who는 '누구' 라는 명사이기도 하고 의문사이기도 합니다. 주어가

you이기 때문에 be동사는 are.

24. 그는 무엇이냐? 가 직역이고 그는 뭐하는 사람이냐? 가 의역

25. She가 3인칭 단수이기 때문에 be동사는 is를 쓰고 의문문이기 때문에 is가 문장의 앞에 왔습니다.

27. These는 이것들이라는 명사도 되고 '이' 라는 형용사도 됩니다. 여기서는 boys(소년들) 이라는 명사를 수식하는 형용사입니다. "명사를 수식하는 단어를 형용사" 라고 합니다. 지금 잠깐 눈을 떼고 "명사를 수식하는 단어는 형용사이다." 라고 약 다섯 번 복창해주세요. classmates는 급우의 복수형.

28. Whose는 pen을 수식하는 의문사이면서 또 소유격이기도 합니다.

30. This는 '이것' 이라는 명사도 되고 '이' 라는 형용사도 되는데 이 문장에서는 pen을 수식하기 때문에 형용사입니다. Yours는 너의 것이라는 소유대명사입니다.

36. How는 '어떻게' 혹은 '얼마나'라는 부사로도 쓰이고 '어떤' 이라는 형용사로도 쓰입니다. 여기에서는 mother를 서술 혹은 설명하는 형용사로 씌어서 '어떠시니' 라는 뜻이 됩니다.

38. What은 '무엇' 이라는 명사도 되고 '무슨' 이라는 형용사도 됩니다. 여기에서는 time을 수식하는 형용사로 씌었고 뜻은 '무슨 시' 가 직역인데 의역하면 '몇 시' 가 됩니다. 이 때 it는 관용어법이라고 합니다. 특별한 뜻은 없고 관용적으로 쓰인다고 해서 관용어법이라고 합니다. 이 문장에서는 '지금, 지금 시간' 이라는 뜻입니다. 이 때 "now" 를 써도 되지만 보통 넣지 않습니다.

40. 이 때 it는 '지금, 오늘, 날씨' 라는 뜻입니다. Today를 넣어도 되지만 보통 넣지 않습니다.

문법 요약 암기

"Be동사는 am, is, are가 있고 뜻은 '이다' '있다' '하다' 이다. 주어가 1인칭단수일 때는 am을 쓰고 3인칭 단수일 때는 is를 쓰고 나머지는 모두 are를 쓴다. 의문문을 만들 때는 be동사가 주어 앞에 온다."

Lesson7 Be동사 과거형 활용

1.나는 가난했다.	1.I was poor.
2.그는 부유했다.	2.He was rich.
3.너는 행복했다.	3.You were happy.
4.그녀는 슬펐다.	4.She was sad.
5.우리는 학생들이었다.	5.We were students.
6.그들은 근로자들이었다.	6.They were workers.
7.이것은 나의 차였다.	7.This was my car.
8.이것들은 너의 연필들이었다.	8.These were your pencils.
9.그것들은 그들의 펜들이었다.	9.Those were their pens.
10.나의 얼굴은 빨갰다.	10.My face was red.
11.그것은 너의 것이었다.	11.It was yours.
12.이것은 나의 것이었다.	12.This was mine.
13.나는 안전했나?	13.Was I safe?
14.그는 행복했나?	14.Was he happy?
15.그녀는 결혼했나(기혼이었나)?	15.Was she married?
16.너는 부유했니?	16.Were you rich?
17.나의 얼굴은 빨갰니?	17.Was my face red?
18.그들은 건강했니?	18.Were they healthy?
19.그녀의 처녀 때의 성(maiden name)은 무엇이었니?	19.What was her maiden name?
20.너는 어디 있었니?	20.Where were you?
21.나는 어디 있었니?	21.Where was I?
22.그는 어디 있었니?	22.Where was he?
23.너는 누구였니?	23.Who were you?
24.그녀는 어디 있었니?	24.Where was she?
25.그녀는 너의 여자 친구였니?	25.Was she your girlfriend?
26.그들은 너의 친구들이었니?	26.Were they your friends?
27.이 소년들은 너의 급우들이었니?	27.Were these boys your classmates?
28.이것은 누구의 펜이었니?	28.Whose pen was this?
29.그녀는 아름다웠니?	29.Was she beautiful?

30.이 펜은 너의 것이었니?   30.Was this pen yours?

31.이것들은 너의 것들이었니?   31.Were these yours?

32.이것은 나의 것이었니?   32.Was this mine?

33.그들은 어디에 있었니?   33.Where were they?

34.그것은 어디에 있었니?   34.Where was it?

35.우리는 어디에 있었니?   35.Where were we?

36.너의 어머니는 어떠셨니?   36.How was your mother?

37.그는 너의 상사였니?   37.Was he your boss?

38.그때는 몇시였니?   38.What time was it?

39.그때는 7시였다.   39.It was seven (o'clock).

40.어제는 날씨가 추웠니?   40.Was it cold yesterday?

41.아니, 어제는 춥지 않았어.   41.No, it was not cold yesterday.

42.어제는 따뜻했다.   42.It was warm yesterday.

영작 보충 설명

family name은 성씨를 말합니다. 미국인은 성씨가 끝에 오기 때문에 last name이라는 말을 많이 씁니다. 또 미국인은 여성의 성씨가 결혼하면 바뀌기 때문에 그 이전의 처녀 때 성씨를 maiden name이라고 합니다.

Lesson8 Be동사와 일반 동사 구분 활용

1.이것은 하나의 펜이다.
2.하나의 펜이 있다.
3.펜들이 있었다.
4.한 소년이 있다.
5.소년들이 있다.
6.나는 한 꿈이 있다. (한 꿈을 갖고 있다)
7.너는 꿈이 있다. (한 꿈을 갖고 있다.)
8.그는 꿈이 있다. (한 꿈을 갖고 있다.)
9.그들은 꿈이 있다. (한 꿈을 갖고 있다.)
10.나는 한 꿈이 있었다.
(한 꿈을 갖고 있었다.)
11.너는 한 꿈이 있었다.
(한 꿈을 갖고 있었다.)
12.그는 한 꿈이 있었다.
(한 꿈을 갖고 있었다.)
13.한 소년이 있었니?
14.소년들이 있었니?
15.한 소년이 있니?
16.소년들이 있니?
17.나에게 한 꿈이 있니?
(내가 꿈을 갖고 있니?)
18.너에게 한 꿈이 있니?
(네가 꿈을 갖고 있니?)
19.그에게 한 꿈이 있니?
(그가 꿈을 갖고 있니?)
20.그들에게 한 꿈이 있니?
(그들이 꿈을 갖고 있니?)
21.나에게 한 꿈이 있었니?
(내가 꿈을 갖고 있었니?)

1.This is a pen.
2.There is a pen.
3.There were pens.
4.There is a boy.
5.There are boys.
6.I have a dream.
7.You have a dream.
8.He has a dream.
9.They have a dream.
10.I had a dream.

11.You had a dream.

12.He had a dream.

13.Was there a boy?
14.Were there boys?
15.Is there a boy?
16.Are there boys?
17.Do I have a dream?

18.Do you have a dream?

19.Does he have a dream?

20.Do they have a dream?

21.Did I have a dream?

22.너에게 한 꿈이 있었니?
(네가 꿈을 갖고 있었니?)
23.그에게 한 꿈이 있었니?
(그가 꿈을 갖고 있었니?)
24.나는 너를 안다.
25.그는 그것을 좋아한다.
26.그들은 그것을 좋아한다.
27.너는 나를 안다.
28.내가 너를 아니
(댁이 나를 아세요)?
29.그는 그것을 좋아하나?
30.그들은 그것을 좋아하나?
31.너는 그것을 좋아하나?
32.나는 그를 알았다.
33.그는 그것을 좋아했다.
34.그들은 그것을 좋아했다.
35.너는 나를 알았다.
36.내가 그를 알았나?
37.그가 그것을 좋아했나?
38.그들이 그것을 좋아했나?
39.한 소년이 없었니?
(있지 않았니?)
40.소년들이 없었니?
(있지 않았니?)
41.나에게 꿈이 없었니?
(내가 꿈을 갖고 있지 않았니)?
42.너는 꿈을 갖고 있지 않았니?

43.그가 꿈을 갖고 있지 않았니?

22.Did you have a dream?

23.Did he have a dream?

24.I know you.
25.He likes it.
26.They like it.
27.You know me.
28.Do I know you?

29.Does he like it?
30.Do they like it?
31.Do you like it?
32.I knew him.
33.He liked it.
34.They liked it.
35.You knew me.
36.Did I know him?
37.Did he like it?
38.Did they like it?
39.Wasn't there a boy(Was there not a boy?)

40.Weren't there boys(Were there not boys)?

41.Didn't I have a dream(Did I not have a dream)?

42.Didn't you have a dream(Did you not--)?

43.Didn't he have a dream(Did he not --)?

영작 보충 설명

2.There는 거기에라는 부사로 쓰일 때도 있고 지금처럼 아무 뜻도 없는 경우도 있습니다. 이 경우에는 유도부사라고 하며 아무런 뜻이 없습니다. There 다음에 be동사가 오면 그렇게 됩니다.

다시 요약해서 "There는 거기에라는 부사로 쓰일 때도 있고 아무 뜻도 없는 유도부사로도 쓰이는데 이럴 때는 be동사가 뒤에 온다." 라고 암기해 주세요.

3. 마찬가지인데, pen이 복수이고 과거이기 때문에 동사가 were가 됩니다.

6. have는 기본적으로 "가지다" 라는 뜻입니다. 이 문장을 한글로 직역하면 '나는 하나의 꿈을 가지다' 가 되는데 이상한 말입니다. 우리말답게 하면, "나는 하나의 꿈을 갖고 있다" 혹은 "나에게는 하나의 꿈이 있습니다." 로 해야 합니다. 앞으로 have가 나오면 '가지다' 로 번역하지 말고 "갖고 있다" 혹은, "있다" 로 해석해주세요. 매우 중요합니다. 요약해서 "have는 원래의 뜻은 가지다 이지만 갖고 있다 혹은 있다로 번역해야 한다."라고 꼭 암기 해주세요.

8. 주어가 3인칭 단수인 경우에는 have가 아니라 has를 쓰게 되어 있습니다.

10. 과거일 때는 have를 had로 바꿉니다.

17-23번: 조동사는 do (does), did, can, may, must 등과 같이 의문문이나 부정문을 만들기 위하여 동사를 도와주는 역할을 합니다. 16번부터 22번까지는 have가 동사입니다.

Have(가지다) 를 동사로 쓰는 문장을 의문문으로 만들어줄 때는 앞에 Do나 does라는 조동사를 붙여주는 방식도 있고 (미국식) 순서만 바꿔주는 have I같은 방식으로 해주는 방식도 있습니다 (영국식). 일단 여기에서는 미국식으로 공부합시다.

25번 주어가 3인칭 단수이고 시제가 현재면 동사에 "s"를 붙여주게 되어 있습니다. 암기해주세요.

28-31번 be동사 이외의 동사가 쓰인 경우에는 조동사인 do나 does (주어가 3인칭 단수이고 시제가 현재일 때) 를 앞에 붙여서 의문문을 만듭니다. 조동사가 있으면 주어가 3인칭 단수이든지 시제가 과거이든지 상관없이 동사는 원형을 씁니다. 암기해주세요.

참고: 주어는 be동사와 do중에서 어느 것을 쓰는가 하는 문제와는 상관없는데 가끔 혼동하시는 분이 있습니다. Be동사와 일반 동사를 구분하는데 어려움이 있으신 분은 Lesson3을 공부해주세요.

39-43. "ㅡ하지 않았니?"로 끝나는 부정문인 의문문 즉 부정 의문문을 만들 때는 Wasn't, Weren't, Didn't, Don't로 시작하는 것은 회화체이고 괄호 안의 문장은 문장체입니다.

Lesson9 평서문, 부정문, 의문문, 현재진행형, 부가의문문 활용

1.왜 너는 영어를 공부하니?	1.Why do you study English?
2.이 사람은 나의 친구이다.	2.This is my friend.
3.이 책은 비싸다.	3.This book is expensive.
4.이것들은 나의 책들이다.	4.These are my books.
5.이 책들은 싸다.	5.These books are cheap.
6.그것들은 너의 책들이다.	6.Those(They) are your books.
7.그 책들은 그들의 것들이다.	7.The books are theirs.
8.그것은 그의 책이다.	8.It is his book.
9.그것은 너의 차다.	9.It is your car.
10.저 집은 나의 것이다.	10.The(That) house is mine.
11.이 신사가 그것을 했다.	11.This gentleman did it.
12.왜 너는 영어를 공부했니?	12.Why did you study English?
13.너는 어떻게 영어를 공부하고 있니?	13.How are you studying English?
14.너는 어디에서 영어를 공부하고 있었니?	14.Where were you studying English?
15.언제 그는 영어를 공부하고 있었니?	15.When was he studying English?
16.그녀는 어디에서 영어를 공부하고 있었니?	16.Where was she studying English?
17.그들은 어디에서 영어를 공부하고 있었니?	17.Where were they studying English?
18.왜 너는 행복하니?	18.Why are you happy?
19.언제 그녀는 슬펐니?	19.When was she sad?
20.왜 그는 행복하니?	20.Why is he happy?
21.언제 그는 행복하니?	21.When is he happy?
22.너는 누구냐?	22.Who are you?
23.그는 누구냐?	23.Who is he?
24.그들은 누구냐?	24.Who are they?

25.그는 누구였니?   25.Who was he?

26.너는 무엇을 아니?   26.What do you know?

27.그는 누구를 아니?   27.Whom does he know?

28.그들은 누구를 아나?   28.Whom do they know?

29.그는 어디에서 사나?   29.Where does he live?

30.그들은 어디에 가나?   30.Where do they go?

31.왜 너는 달리고 있나?   31.Why are you running?

32.왜 너는 나를 보나?   32.Why do you look at me?

33.누가 그것을 좋아했나? 33.Who liked it?

34.누가 그것을 좋아하나? 34.Who likes it?

35.너는 언제 그를 보았니? 35.When did you see him?

36.누가 그것을 했니?   36.Who did it?

37.누가 그것을 좋아하니? 37.Who likes it?

38.너는 무엇을 원하나?   38.What do you want?

39.내가 너를 위하여 무엇을 할 수 있니?   39.What can I do for you?

40.왜 너는 여기에 앉아있나? 40.Why are you sitting here?

41.너는 언제 여기에 왔니? 41.When did you come here?

42.이것은 누구의 책이냐?   42.Whose book is this?

43.그것들은 누구의 책들인가? 43.Whose books are those?

44.너는 누구를 사랑하나? 44.Whom do you love?

45.누가 너를 사랑하니?   45.Who loves you?

비싼:expensive. 싼:cheap. 보다:look at. see

영작 보충 설명

1. Why는 왜라는 의문사이면서 이유를 말하는 부사입니다. 부사란? 동사나 형용사나 다른 부사를 수식하는 단어입니다. 이 문장에서는 study 라는 동사를 수식하는 부사라고 합니다. 좀 난해하죠? 문장 구성상 복잡한 품사 중에서 명사(man, I 등), 동사(love, make, am등), 형용사(pretty, interesting등) 를 제외한 나머지는 거의 다 부사입니다. 접속사(and, but 등등), 전치사(on, in, by등), 관사(a, an, the), 감탄사(Oh! 등등) 는 성격이 전혀 다르기 때문에 어느 정도 쉽게 구분이 됩니다. 나중에 좀더 실력이 좋아지고 나면 다시 상세히 설명드리겠습니다. 그때까지는 why는 부사라고 그냥 외워주세요. 그래서 의문문으로 만들기 위하여 주어가 2인칭이기 때문에 do라는 동사를 앞에 놓았습니다.

2. This는 이것이라는 명사도 되고 '이' 라는 형용사도 되는데 이 경우에는 명사로 씌었습니다.우리말로 '이것은' 이라고 하면 실례가 되니까 '이 사람' 으로 하는 것이 좋습니다.

3.이 경우에 this는 book이라는 명사를 수식하는 형용사입니다. 명사를 수식하는 품사는 형용사라고 합니다. This는 명사로 쓰이면 "이것" 이라는 뜻이고 형용사로 쓰이면 "이" 라는 뜻입니다. Expensive도 명사를 서술하는 형용사입니다.

12. 1번과 동일한 문장 구성이지만 시제가 과거이기 때문에 "did"를 씁니다.

13.번부터 17번까지는 현재진행형입니다. 잘 모르시는 분은 Lesson4를 공부해주세요.

18-25번까지는 형용사가 있는 문장이기 때문에 "--하다"라는 상태를 나타내는 be동사를 써야 함. 잘 모르시는 분은 Lesson1부터 Lesson3까지 공부해 주세요.

26. What은 '무엇' 이라는 뜻의 의문사이며 명사로써 know의 목적어.

27. Whom은 '누구' 라는 뜻의 의문사이며 명사로써 역시 know의 목적

어. 주어가 3인칭단수이기 때문에 조동사 does를 씀. 미국인이 회화 때 Who does he know?라고도 하는데 문법적으로 틀린 영어입니다. 우리는 문법에 맞게 공부해야 합니다.

32.look at는 의지를 갖고 보는 것을 표현할 때 쓰는 숙어이고 see는 자신의 의지와는 상관없이 보는 것을 의미합니다. 즉 I saw a beautiful girl.이라고 하면 꼭 보려고 한 것이 아니라 그냥 예쁜 여성이 눈에 띄었다는 뜻입니다. I looked at a beautiful girl.이라고 하면 내가 의지를 갖고 (영감쟁이가 체통도 없이) 예쁜 소녀를 보았다는 뜻입니다.

33. Who가 의문사이며 명사로써 이 문장의 주어입니다. "be동사가 아닌 일반동사가 있는 문장을 '-하니?' 라는 의문문을 만들 때는 주어 앞에 do나 does를 쓰게 되어 있으나 지금처럼 의문사가 주어인 경우에는 조동사를 붙이지 않습니다." 중요한 원칙입니다. 꼭 외워주세요.

36.이때 did는 조동사가 아니고 본동사입니다. do는 조동사로 많이 쓰이는데 본동사로 "한다"라는 뜻으로 많이 씁니다. 예를 들어 Just do it!라는 말이 젊은 사람들 티셔츠에도 씌어있는 것을 가끔 보는데 직역은 "단지 그것을 하라." 즉 알았으면 그것을 실천하라 라는 뜻입니다. 이때 do는 조동사가 아니고 본동사로 '하다'라는 뜻입니다.

39.이때에도 do는 '하다'라는 뜻의 본동사입니다. can이 조동사입니다.

Lesson10 평서문, 부정문, 의문문, 현재진행형, 부가의문문 활용

1.너는 어느 책을 원하나?
2.너는 어떤 것을 원하나?
3.이것은 너의 책이지?
4.그녀는 너를 사랑하지?
5.너는 점심을 먹지 않았지?
 (안 먹었지?)
6.그는 많은 돈을 원하지?
7.그녀는 약간의 돈을 필요로 하
 지?
8.그녀는 돈이 거의 필요없지?
9.나는 사과를 원한다.
10.그도 그래.
11.나는 행복하다.
12.그녀도 그래.
13.그녀는 아름답지?

14.누가 그것을 좋아하지 않나?
15.그녀는 그것을 좋아하지 않는다.
16.나도 그래.
17.모든 사람이 그것을 좋아한다.

18.그는 핸섬하고, 친절하고 또
 영리하기도 하다.
19.나는 집에 있다(나는 집에 왔다).
20.나도 그래.
21.그는 집으로 오고 있다.
22.그녀도 집으로 오고 있니?
23.나는 그것을 좋아하지 않는다.
24.나도 그래.

1.Which(or What) book do you want?
2.Which(or What) do you want?
3.This is your book, isn't this(or it)?
4.She loves you, doesn't she?
5.You didn't eat(have) lunch, did you?
6.He wants much money, doesn't he?
7.She needs a little money, doesn't she?
8.She needs little money, doesn't she?
9.I want an apple(I want apples).
10.So does he.
11.I am happy.
12.So is she.
13.She is(looks) beautiful, isn't(doesn't) she?
14.Who doesn't like it?
15.She doesn't like it.
16.I don't, either(Neither do I).
17.All people like it.
 Everybody(Anybody) likes it.
18.He is handsome, kind, and clever, too.
19.I am home.
20.So am I(Me, too).
21.He is coming home.
22.Is she coming home, too?
23.I don't like it.
24.Neither do I(I don't, either)

25.누구는 좋아하나?
26.모든 학생이 각각 자기 자신의 방을 갖고 있다.

27.그는 매년 그곳에 간다.

28.그는 그의 아들의 각각에게 돈을 주었다.

29.그들은 서로를 사랑했다.
30.그는 모든 면에서 신사였다.

31.너는 사과를 원하지?

32.너는 그것을 좋아하지 않지?
33.그녀는 그것을 좋아하지 않지?
34.그는 핸섬하고, 친절하고 또 영리하기도 하나?

35.그는 집으로 오고 있지?
36.모든 학생이 각각 자기 자신의 방을 갖고 있지?

37.그는 매년 그곳에 가지?

25.Who does?
26.Each(Every) student has his own room.
All students have their own room.

27.He goes there every(each) year.

28.He gave money to each of his sons.

29.They loved each other.
30.He was a gentleman in every way.

31.You want an apple(You want apples), don't you?

32.You don't like it, do you?
33.She doesn't like it, does she?
34.Is he handsome, kind, and clever, too?

35.He is coming home, isn't he?
36.Each(Every) student has his own room, doesn't he?
All students have their own room, don't they?

37.He goes there every(each) year, doesn't he?

원하다:want. 위하여:for. 앉다:sit. 먹다:eat, have. 점심:lunch.
필요하다:need. 숙녀:lady. 사과:apple. --도 —하지 않다:neither.
아무도 —하지 않다:nobody. 누구나:anybody. 모두:everybody.
친절한:kind. 현명한:clever. 매년:each year, every year. 모두 각각:each.
미워하다:hate. 모든 면에서:in every way. 신사:gentleman.

영작 보충 설명

1. Which (what) 는 '어느 것' 이라는 명사와 '어느, 어떤' 이라는 형용사로도 쓰이는데, 여기에서는 "book"을 수식하는 형용사로써 '어느' 라는 의미로 쓰였음.

2. 여기에서 which (what) 는 명사임. Which는 보통 확정된 몇 가지 중의 어떤 것. What은 확정되지 않은 어떤 것.

3-8번까지는 부가 의문문입니다. 혹시 잘 모르시는 분은 Lesson5를 공부해 주세요.

7번과 8번에서 little 앞에 a가 있으면 약간은 필요로 한다는 말이고 a가 없으면 거의 필요없다는 뜻.

9번에서는 하나의 사과를 원할 수도 있고 여러 개의 사과를 원할 수도 있습니다. 우리 말은 한 개 혹은 여러 개를 그렇게 따지지 않는데 영어에서는 꼭 따집니다.

10번. "역시 그래" 라고 할 때는 앞의 문장이 긍정문일 때 So를 쓰고 앞문장의 동사가 be동사가 아니고 일반 동사 want이고 주어가 3인칭 단수이기 때문에 does를 씀.

12번. 앞 문장(11번) 의 동사가 be동사인(am) 이기 때문에 뒷 문장(12번)에서 be동사를 쓰는데 주어가 3인칭 단수(she)기 때문에 is를 씀.

14번. 의문사가 주어이지만 부정적으로 물어보는 의문문이기 때문에 조동사 doesn't를 써야 함.

16. 부정의 의미에서 '나도 그래' 라고 할 때는 neither+동사+주어를 쓰거나 주어+동사+not, either를 씀.

17.모든 사람이 그렇게 한다 일 때는 All, everybody (또는 everyone) 를 씀.

18. 3가지가 나열될 때에는 A, B, and C로 and를 마지막 단어 앞에 두며 too는 "一도 역시" 라는 뜻.

21. home은 '집'이라는 명사도 되고 '집에, 집으로' 라는 부사도 되는데 여기에서는 부사로 씌었음.

25.Who likes it?로도 할 수 있고 Who does?로도 할 수 있음. like를 대신 하는 대동사라고 함. 23, 24번 문장과 연결되는 문장.

26. Each(Every)로 시작하면 소유격에 his라고 단수로 하며 성이 확실하 지 않을 때는 his로 함. 혹은 his or her own room이라고도 함. All로 시 작하면 their own room으로 함. Each는 '각각의' 라는 형용사도 되고, ' 각각' 이라는 명사도 되는데, 여기서는 형용사이며 뒤의 명사와 함께 단수 취급을 한다.

27. each year는 직역하면 '각각의 해' 라는 뜻이고 의역하면 '매년'. every year라고도 함.

29. each other '각각의 다른 사람' 이라는 뜻. 의역하면 '서로' 라는 뜻.

30. in every way는 모든 면에서라는 뜻. Way는 길이라는 뜻도 있고 방식 이라는 뜻도 있고 면이라는 뜻도 있음.

Lesson11 평서문, 부정문, 의문문, 현재진행형, 부가의문문 활용

1.당신은 얼마나 많은 돈을 필요로 하나?

1.How much money do you need?

2.나는 너보다 더 많은 돈을 갖고 있다.

2.I have more money than you.

3.당신은 좀 더 갖고 있나?

3.Do you have some more?

4.나는 사과를 더 많이 좋아한다.

4.I like apples more.

5.그는 가능한 한 빨리 그것을 끝냈다.

5.He finished it as soon as possible.

6.너는 어떻게 영어를 공부하니?

6.How do you study English?

7.어떻게 거기에 가나?

7.How do you go there?

8.얼마나 많은 소년이 있었나?

8.How many boys were there?

9.너는 얼마나 많이 그를 사랑하나?

9.How much do you love him?

10.그는 얼마나 많이 그녀를 사랑하나?

10.How much does he love her?

11.너의 휴가는 얼마나 기나?

11.How long is your vacation?

12.너는 몇 번 그녀를 보았나?

12.How many times did you see her?

13.그녀는 몇시에 자나?

13.What time does she go to bed?

14.교실에 얼마나 많은 소녀가 있었나?

14.How many girls were (there) in the classroom?

15.얼마나 많은 소녀가 그곳에 갔나?

15.How many girls went there?

16.언제 그 모든 소녀들이 그곳에 갔나?

16.When did all the girls go there?

17.모든 그 소녀들이 어떻게 그곳에 갔나?

17.How did all the girls go there?

18.언제 그 모든 소녀들이 웃었나?

18.When did all the girls laugh?

19.너는 훌륭한 저녁 식사를 했니?

19.Did you have a good(nice) dinner?

20.너는 그것을 얼마나 많이 좋아했니?

20.How much did you like it?

21.누가 그것에 대하여 지불했니?

21.Who paid for it?

22.너는 몇 시간 공부했니?

22.How many hours did you study?

88 Part2 영어 공부 교재 - 초급

23.너는 며칠 미국에 있었니?

23.How many days were you in the U.S.A.?

24.그는 매일 얼마나 오래 영어를 공부하니?

24.How long does he study English everyday?

25.모든 소년이 상을 받지는 않는다.

25.All boys do not receive a prize. Every(Each) boy does not receive a prize.

26.어떤 소년도 상을 받지 않는다.

26.No boy receives a prize. No boys receive a prize.

27.그들 모두가 오지는 않았다.

27.All of them did not come.

28.그들 중 아무도 오지 않았다.

28.None of them came.

29아무도 그것을 좋아하지 않는다.

29.Nobody(No one) likes it.

30.그들의 모두가 그것을 좋아하지 는 않는다.

30.All of them don't like it.

31.그들의 모두가 아침을 먹지는 않는다.

31.All of them don't eat(have) breakfast.

32.아무도 점심을 먹지 않았다.

32.Nobody had(ate) lunch.

33.당신은 얼마나 많은 친구가 있나?

33.How many friends do you have?

34.당신은 많은 친구가 있지?

34.You have many friends, don't you?

35.그녀는 영어를 열심히 공부하지?

35.She studies English hard, doesn't she?

36.그는 영어를 열심히 공부하지 않지?

36.He doesn't study English hard, does he?

37.그의 휴가는 얼마나 기나?

37.How long is his vacation?

38.너는 몇 번 그녀를 만났니?

38.How many times did you meet her?

39.지금은 몇 시냐?

39.What time is it?

40.그녀는 몇 시에 자나?

40.What time does she go to bed?

41.너는 몇 번 그를 도와 주었니?

41.How many times did you help him?

42.너는 몇 시에 아침을 먹었니?

42.What time did you have breakfast?

영작 보충 설명

이제 문장의 기본적인 서술문, 부정문, 의문문, 현재, 과거, 현재진행형, 과거진행형을 마무리 짓습니다. 이것만 완전히 외우고 그 원리를 알고 응용할 수 있으면, 기본적인 회화는 됩니다. 미래형은 아직 다루지 않았는데 will, shall, 용법이 좀 복잡해서 다음에 다루려고 합니다. Every, each, all은 뜻은 거의 같습니다. "모두"라는 뜻인데 each가 "각자"라는 뜻이 가장 강합니다. Every는 "하나 하나"라는 뜻이 강합니다. All은 "모두, 전체"라는 뜻이 강합니다. Each와 every는 단수 취급합니다. All은 복수 취급합니다.

2, 3, 4번에서 more가 여러 번 나오는데 명사로 쓰면 "더 많은 것," 형용사로 쓰면 "더 많은" 부사로 쓰면 "더 많이"로 해석합니다.
25번은 "모든 소년이 다 받지는 않는다"라는 부분 부정입니다. Prize는 복수로 할 수도 있고 단수로도 할 수 있습니다. 27, 30. 31번 모두 부분부정.
26번이 "어떤 소년도 받지 않는다"는 전체 부정입니다. No 다음에는 boy라는 단수가 와도 되고 boys로 복수가 와도 됩니다. 28, 29, 32번은 모두 전체 부정.

이 전체부정과 부분부정은 나중에 실력이 늘어도 자꾸 실수하는 부분입니다. 영어를 유창하게 말하는 학생들도 이 문제가 나오면 자꾸 틀려서 지적당합니다. 여기 나오는 전체부정과 부분부정을 의미를 깊이 생각하면서 완전히 외워주세요.

다시 한번 정리하면 전체부정은 우리 말로는 '아무도 --하지 않는다.'이고 영어로는 no나 none으로 시작하고 뒤에는 긍정문이 옵니다. 부분부정은 우리 말로는 '모두 다 --하지는 않는다.'이고 영어로는 all, every, each로 시작하고 뒤에는 부정문이 옵니다.

7번에 you가 나오는데 조심해야 합니다. You는 "당신"이라는 뜻으로 쓰일 때도 있지만 막연하게 쓰이는 경우가 더 많습니다. 이때는 우리말로 해석하지 않고 생략하는 것이 좋습니다. 생략하는 것이 좋은지 "당신"이라는 말을 써야 하는지 신중하게 고려해야 합니다.

요약 암기:you는 '당신'이라는 뜻으로 쓰일 때도 있지만 막연하게 쓰는 경우가 더 많고 이럴 때는 해석하지 말고 생략하는 것이 좋다.

6번부터 12번까지 How가 많이 나옵니다. How는 따로 쓰일 때는 '어떻게'로, 다른 부사나 형용사를 수식할 때는 '얼마나'로 해석됩니다.
19, 31, 32번에 식사가 나옵니다. 원래 lunch, dinner에는 관사가 안붙습니다. 관사가 뭡니까? '모자' 라는 뜻의 '관' 과 '품사' 라는 뜻의 '사'를 합친 단어입니다. A, An 을 부정관사라고 하고 the를 정관사라고 합니다. 나중에 25과에서 상세히 설명드리겠습니다. 이 단계에서는 그냥 외워주세요. A, An은 하나라는 뜻인데 a로 할 때도 있고(자음 앞에서), '모음' 앞에서는 an이라고 합니다. 뜻은 '하나의', '어떤' 등의 뜻입니다. 여기에서처럼 '맛있는' 같은 형용사가 붙으면 'a' 가 붙습니다. 왜? Lunch나 Dinner는 관사가 없으면 불가산명사(숫자를 셀 수 없는 명사) 이기 때문에 '하나' '둘' 같은 숫자로 셀 수 없습니다. 그래서 '하나' 라는 관사가 붙을 수 없습니다. 그러나 '맛있는 점심' 같은 단어는 '하나' 라는 관사가 붙습니다.

38, 39번에서 How many times는 얼마나 많은 횟수 즉 몇 번이고 What time은 몇 시입니다. 몇 번을 what time으로 생각하시는 분들이 많아서 썼습니다.

Lesson12 평서문, 부정문, 의문문, 현재진행형, 부가의문문 활용

이제부터는 그동안 공부하신 것을 좀 더 숙달하는 과정입니다. 문법은 이미 다 나온 것들이므로 더 설명하지 않습니다. 공부하시다가 이해가 되지 않는 것이 있으면 앞의 설명을 다시 복습해주세요

1.나는 행복하다.
2.그는 슬프다.
3.너는 가난하다.
4.그녀는 건강하다.
5.우리는 젊다.
6.그들은 학생들이다.
7.이것은 나의 모자다.
8.이것들은 너의 구두들이다.
9.그것들은 그들의 총들이다.
10.나의 고양이는 귀엽다.
11.이것은 너의 것이다.
12.그것은 나의 것이다.
13.나는 건강한가?
14.그는 유명한가?
15. 그녀는 늙은가?
16.너는 슬프니?
17.나의 차는 좋나?
18.그들은 강한가?
19.그녀의 이름은 무엇이냐?
20.그 학생들은 어디에 있나?
21.그 소녀는 어디에 있나?
22.나의 차는 어디에 있나?
23.나의 안경은 어디에 있나?
24.그녀는 무엇이냐?

1.I am happy.
2.He is sad.
3.You are poor.
4.She is healthy.
5.We are young.
6.They are students.
7.This is my hat.
8.These are your shoes.
9.Those are their guns.
10.My cat is cute.
11.This is yours.
12.It is mine.
13.Am I healthy?
14.Is he famous?
15.Is she old?
16.Are you sad?
17.Is my car good?
18.Are they strong?
19.What is her name?
20.Where are the students?
21.Where is the girl?
22.Where is my car?
23.Where are my glasses?
24.What is she?

25.그는 너의 남자친구냐?   25.Is he your boyfriend?

26.그들은 너의 선생님들이냐?   26.Are they your teachers?

27.이 소녀들은 너의 친구들이냐?   27.Are these girls your friends?

28.그것은 누구의 차냐?   28.Whose car is it?

29.너의 어머니는 행복하니?   29.Is your mother happy?

30.이 건물은 너의 것이냐?   30.Is this building yours?

31.그것들은 너의 것이냐?   31.Are those yours?

32.그것은 나의 것이냐?   32.Is it mine?

33.너의 형제들은 어디에 있나?   33.Where are your brothers?

34.너의 누이는 어디에 있나?   34.Where is your sister?

35. 너의 부모님은 어디에 계시니?   35.Where are your parents?

36.너의 부인은 어떠시니?   36.How is your wife?

37.그녀는 너의 딸이니?   37.Is she your daughter?

38.지금은 여덟시냐?   38.Is it eight (o'clock)?

39.지금은 아홉시다.   39.It is nine (o'clock).

40.날씨가 덥니?   40.Is it hot?

41.아니, 날씨는 덥지 않아.   41.No, it is not hot.

42.날씨가 시원하다.   42.It is cool.

Lesson13 평서문, 부정문, 의문문, 현재진행형, 부가의문문 활용

1.나는 부유했다.	1.I was rich.
2.그는 가난했다.	2.He was poor.
3.그녀는 행복했다.	3.She was happy.
4.너는 강했다.	4.You were strong.
5.그들은 군인들이었다.	5.They were soldiers.
6.우리는 근로자들이었다.	6.We were workers.
7.이것들은 나의 개들이었다.	7.These were my dogs.
8.이것은 나의 연필이었다.	8.This was my pencil.
9.그것들은 그들의 소들이었다.	9.Those were their cows.
10.나의 차는 파랬다.	10.My car was blue.
11.그것은 나의 것이었다.	11.It was mine.
12.이것은 너의 것이었다.	12.This was yours.
13.내가 인기있었나?	13.Was I popular?
14.그는 유명했나?	14.Was he famous?
15.그녀는 부유했나?	15.Was she rich?
16.너는 기혼이었니?	16.Were you married?
17.나의 손이 차가왔니?	17.Was my hand cold?
18.그들은 병들어 있었니(그들은 아팠니)?	18.Were they sick?
19.그녀의 꿈은 무엇이었니?	19.What was her dream?
20.그들은 어디에 있었니?	20.Where were they?
21.그는 어땠니?	21.How was he?
22.그녀는 어디에 있었니?	22.Where was she?
23.그는 누구였니?	23.Who was he?
24.그녀는 무엇이었니?	24.What was she?
25.그는 그녀의 남자 친구였니?	25.Was he her boyfriend?
26.이 소년들은 그녀의 급우들이었니?	26.Were these boys her classmates?
27.그들은 그녀의 선생님들이었니?	27.Were they her teachers?

28.이것들은 누구의 책들이었니?   28.Whose books were these?

29.그는 핸섬했니?   29.Was he handsome?

30.이 가방은 너의 것이었니?   30.Was this bag yours?

31.그것들은 그녀의 것이었니?   31.Were those hers?

32.그것은 나의 것이었니?   32.Was it mine?

33.그 소녀들은 어디에 있었니?   33.Where were the girls?

34.너의 어머니는 어디에 계셨니?   34.Where was your mother?

35.너의 누이들은 어디에 있었니?   35.Where were your sisters?

36.너의 가족은 어땠니?   36.How was your family?

37.그는 너의 학생이었니?   37.Was he your student?

38.어제는 날씨가 더웠니?   38.Was it hot yesterday?

39.아니, 어제는 날씨가 덥지 않았다.   39.No, it was not hot yesterday.

40.어제는 날씨가 추웠다.   40.It was cold yesterday.

Lesson14 평서문, 부정문, 의문문, 현재진행형, 부가의문문 활용

1.이것은 한 국가였다.	1.This was a country.
2.한 국가가 있었다.	2.There was a country.
3.학생들이 있었다.	3.There were students.
4.소녀들이 있다.	4.There are girls.
5.나는 하나의 비전을 갖고 있다.	5.I have a vision.
6.너는 하나의 차를 갖고 있다.	6.You have a car.
7.그는 하나의 자전거를 갖고 있다.	7.He has a bicycle.
8.그들은 하나의 집을 갖고 있다.	8.They have a house.
9.나는 한 가족이 있었다.	9.I had a family.
10.너는 한 차를 갖고 있었다.	10.You had a car.
11.그는 하나의 가방을 갖고 있었다.	11.He had a bag.
12.한 집이 있었니?	12.Was there a house?
13. 집들이 있었니?	13.Were there houses?
14.한 마리의 개가 있니?	14.Is there a dog?
15.꿈들이 있니?	15.Are there dreams?
16.내가 한 기회를 갖고 있니?	16.Do I have a chance?
17.너는 여자 친구를 갖고 있니?	17.Do you have a girlfriend?
18.그는 한 가족을 갖고 있었니?	18.Did he have a family?
19.그들은 친구들을 갖고 있니?	19.Do they have friends?
20.니는 한 기회를 갖고 있었니?	20.Did I have a chance?
21.너는 남자 친구가 있었니?	21.Did you have a boyfriend?
22.그는 차가 있었니?	22.Did he have a car?
23.나는 그녀를 안다.	23.I know her.
24.그는 그것을 안다.	24.He knows it.
25.그들은 나를 안다.	25.They know me.
26.너는 그를 안다.	26.You know him.
27.내가 그를 아니?	27.Do I know him?
28.그가 그것을 원하니?	28.Does he want it?

29.너는 그것을 원하니?   29.Do you want it?
30.나는 그것을 원했다.   30.I wanted it.
31.나는 그를 사랑했다.   31.I loved him.
32.그는 그것을 알았다.   32.He knew it.
33.그들은 그것을 원했다.   33.They wanted it.
34.너는 나를 사랑했다.   34.You loved me.
35.내가 그것을 원했나?   35.Did I want it?
36.그가 돈을 원했나?   36.Did he want money?
37.그들은 물을 원했나?   37.Did they want water?
38.물이 있지 않았나?   38.Wasn't there water?
39.소녀들이 있지 않았나?   39.Weren't there girls?
40.내가 돈을 갖고 있지 않았나?   40.Didn't I have money?
41.너는 비전을 갖고 있지 않았나?   41.Didn't you have a vision?
42.그는 점심을 먹지 않았나?   42.Didn't he have lunch?
43.그들은 저녁을 먹지 않았나?   43.Didn't they have dinner?
44.너는 그녀를 사랑하지 않았나?   44.Didn't you love her?
45.그는 그녀를 알지 않았나?   45.Didn't he know her?
46.그들은 나를 알지 않았나?   46.Didn't they know me?

Lesson15 평서문, 부정문, 의문문, 현재진행형, 부가의문문 활용

1. 왜 그녀는 거기에 가니?
2. 이 사람은 나의 아내이다.
3. 이 책은 싸다.
4. 이것들은 나의 연필들이다.
5. 이 펜들은 싸다.
6. 그것들은 그녀의 책들이다.
7. 그 연필들은 그들의 것들이다.
8. 그것은 그녀의 차다.
9. 그것은 너의 개다.
10. 그 차는 나의 것이다.
11. 이 숙녀가 그것을 했다.
12. 왜 그는 그것을 공부했나?
13. 왜 너는 그것을 공부하고 있나?
14. 왜 너는 영어를 공부하고 있지 않았나?
15. 그들은 언제 영어를 공부하고 있었나?
16. 그들은 어디에서 영어를 공부하고 있었나?
17. 그는 어디에서 영어를 공부하고 있었나?
18. 왜 그는 행복한가?
19. 왜 너는 슬펐나?
20. 왜 그녀는 슬픈가?
21. 언제 그들은 슬픈가?
22. 너는 누구였나?
23. 그녀는 누구였나?
24. 그들은 누구였나?

1. Why does she go there?
2. This is my wife.
3. This book is cheap.
4. These are my pencils.
5. These pens are cheap.
6. Those are her books.
7. The pencils are theirs.
8. It is her car.
9. It is your dog.
10. The car is mine.
11. This lady did it.
12. Why did he study it?
13. Why are you studying it?
14. Why weren't you studying English?
15. When were they studying English?
16. Where were they studying English?
17. Where was he studying English?
18. Why is he happy?
19. Why were you sad?
20. Why is she sad?
21. When are they sad?
22. Who were you?
23. Who was she?
24. Who were they?

25.그는 무엇을 아나?	25.What does he know?
26.그녀는 누구를 아나?	26.Whom does she know?
27.그들은 무엇을 아나?	27.What do they know?
28.그녀는 어디에 사나?	28.Where does she live?
29.너는 어디에 사나?	29.Where do you live?
30.그는 어디에 가나?	30.Where does he go?
31.왜 그는 달리고 있나?	31.Why is he running?
32.왜 그는 그녀를 보나?	32.Why does he look at her?
33.누가 그것을 좋아하나?	33.Who likes it?
34.누가 그것을 원하나?	34.Who wants it?
35.그들은 누구를 원하나?	35.Whom do they want?
36.누가 이것을 했니?	36.Who did this?
37.그는 무엇을 원하나?	37.What does he want?
38.그가 나를 위해 무엇을 할수 있니?	38.What can he do for me?
39.왜 그녀가 거기에 앉아있니?	39.Why is she sitting there?
40.그는 언제 여기에 오니?	40.When does he come here?
41.그것은 누구의 차냐?	41.Whose car is it?
42.그것들은 누구의 연필들이냐?	42.Whose pencils are those?

Lesson16 평서문, 부정문, 의문문, 현재진행형, 부가의문문 활용

1. 그는 누구를 사랑하나?
2. 누가 그녀를 사랑하나?
3. 그녀가 어느 책을 원하나?
4. 그의 어머니는 어느 것을 원하나?
5. 그것은 너의 자동차이지?
6. 그는 그녀를 사랑하지?
7. 그는 아침을 안먹지?
8. 그녀는 저녁을 안 먹었지?
9. 그는 많은 물을 필요로 하지?
10. 그 병원은 많은 피를 원하지?

11. 그는 신사지?
12. 그는 사과를 원한다.

13. 나도 그래.
14. 나의 어머니도 그래.
15. 그녀는 피곤해 보이지?
16. 누가 그를 돕니?
17. 누가 그녀를 돕지 않나?
18. 그녀는 그것을 갖고 있지 않다.
19. 그는 집으로 오고 있다.
20. 그가 이곳으로 오고 있지 않나?
21. 그녀는 모든 면에서 숙녀였다.
22. 각 학생이 자기 자신의 아이디어를 갖고 있다.
23. 각 학생이 자기 자신의 계획을 갖고 있나?
24. 너는 행복하지 않나?

1. Whom does he love?
2. Who loves her?
3. Which book does she want?
4. Which does his mother want?
5. It is your car, isn't it?
6. He loves her, doesn't he?
7. He doesn't have breakfast, does he?
8. She didn't have dinner, did she?
9. He needs much water, doesn't he?
10. The hospital wants much blood, doesn't it?

11. He is a gentleman, isn't he?
12. He wants apples.(혹은 an apple)

13. So do I.
14. So does my mother.
15. She looks tired, doesn't she?
16. Who helps him?
17. Who doesn't help her?
18. She doesn't have it.
19. He is coming home.
20. Isn't he coming here?
21. She was a lady in every way.
22. Each student has his own idea.
23. Does each student have his own plan?
24. Aren't you happy?

25. 그녀가 그녀의 딸들 각자에게 돈을 주지 않나?

26.그는 매일 그곳에 가나?

27.그는 인기있지 않나?

28.그들은 인기있지 않았나?

29.나는 유명하지 않나?

30.그는 어떻게 그곳에 갔나?

31.그는 얼마나 빨리 그곳에 가나?

32.그 소녀는 얼마나 빨리 여기에 오나?

33.너는 얼마나 많이 원하나?

34.너는 얼마나 많은 돈을 필요로 하나?

35.그는 얼마나 많은 물을 필요로 하나?

36.그는 나보다 더 많은 돈을 갖고 있다.

37.너는 좀 더 원하나?

38.그는 가능한 한 빨리 여기에 왔다.

39.얼마나 많은 소녀가 있었나?

40.그녀는 얼마나 많이 그를 사랑 하나?

41.그 명절은 얼마나 긴가?

42.당신은 몇 번 그녀를 만났나?

43.그는 몇 시에 학교에 가나?

25.Doesn't she give money to each of her daughters?

26.Does he go there every day?

27.Isn't he popular?

28.Weren't they popular?

29.Ain't I famous?

30.How did he go there?

31.How fast does he go there?

32.How fast does the girl come here?

33.How much do you want?

34.How much money do you need?

35.How much water does he need?

36.He has more money than I.

37.Do you want some more?

38.He came here as soon as possible.

39.How many girls were there?

40.How much does she love him?

41.How long is the holiday?

42.How many times did you meet her?

43.What time does he go to school?

Lesson17 평서문, 부정문, 의문문, 현재진행형, 부가의문문 활용

1.왜 그 모든 소년들이 그곳에 갔나?

2.그는 매일 도서관에서 얼마나 오래 공부하나?

3.당신은 일본에서 몇 시간 있었나?

4.그 모든소년들이 어떻게 그곳에 가나?

5.당신은 좋은 저녁 식사를 했죠?

6.그 도서관에 얼마나 많은 소년들이 있었나?

7.얼마나 많은 소녀들이 그곳에 갔나?

8.그녀는 어떻게 그곳에 가나?

9.그는 어디에 가나?

10.그녀는 얼마나 자주 여기에 오나?

11.그녀는 어디에 사나?

12.누가 나보다 더 당신을 사랑하나?

13.왜 그는 나를 환영하지 않나?

14.그는 무엇을 아나?

15.당신은 그 여행의 매분을 즐기나?

16.어떤 소년도 그것을 좋아하지 않는다.

17.그들 모두가 그것을 좋아하지는 않는다.

18.내가 그녀를 위해 무엇을 할 수 있나?

19.이것은 너의 펜이냐?

20.이 펜은 너의 것이냐?

21.너의 아들은 건강한가?

22.이 소녀들은 누구의 급우들인가?

23. 그들은 너의 형제들이냐?

1.Why did all the boys go there?

2.How long does he study in the library every day?

3.How many hours were you in Japan?

4.How do all the boys go there?

5.You had a good dinner, didn't you?

6.How many boys were (there) in the library?

7.How many girls went there?

8.How does she go there?

9.Where does he go?

10.How often does she come here?

11.Where does she live?

12.Who loves you more than I?

13.Why doesn't he welcome me?

14.What does he know?

15.Do you enjoy every minute of the trip?

16.No boy likes it.

17.All of them don't like it.

18.What can I do for her?

19.Is this your pen?

20.Is this pen yours?

21.Is your son healthy?

22.Whose classmates are these girls?

23.Are they your brothers?

24.나의 아들은 건강한가?	24.Is my son healthy?
25.그 차는 너의 것이냐?	25.Is the(that) car yours?
26.이 신사들은 너의 친구들이냐?	26.Are these gentlemen your friends?
27.이것은 누구의 집이냐?	27.Whose house is this?
28.너의 어머니는 건강하시니?	28.Is your mother healthy?
29.너의 남편은 가난했니?	29.Was your husband poor?
30.그녀의 취미는 무엇이었니?	30.What was her hobby?
31.그 정치가들은 어디에 있었나?	31.Where were the politicians?
32.너의 할머니는 예쁘셨니?	32.Was your grandmother beautiful?
33.이것은 누구의 집이였니?	33.Whose house was this?
34.지난 주는 날씨가 더웠니?	34.Was it hot last week?
35.이것은 너의 연필이었니?	35.Was this your pencil?
36.이 연필은 너의 것이었니?	36.Was this pencil yours?
37.너의 어머니와 할아버지는 행복하셨니?	37.Were your mother and grandfather happy?
38.당신의 아버지는 당신의 어머니를 사랑하지 않습니까?	38.Doesn't your father love your mother?
39.당신의 상사가 그것을 좋아합니까?	39.Does your boss like it?
40.당신의 어머니는 그것을 좋아하지 않습니까?	40.Doesn't your mother like it?
41.당신의 부인은 그것을 좋아했습니까?	41.Did your wife like it?
42.당신의 어머니는 당신의 상사를 압니까?	42.Does your mother know your boss?
43.왜 그는 영어를 공부하지 않습니까?	43.Why doesn't he study English?
44.이 책은 비쌉니까?	44.Is this book expensive?
45.이것들은 당신의 책들입니까?	45.Are these your books?

Lesson18 평서문, 부정문, 의문문, 현재진행형, 부가의문문 활용

1. 왜 그들은 영어를 공부하고 있습니까?

1. Why are they studying English?

2. 언제 그는 영어를 공부하고 있었습니까?

2. When was he studying English?

3. 왜 당신의 어머니는 행복합니까?

3. Why is your mother happy?

4. 언제 당신의 부인은 행복했습니까?

4. When was your wife happy?

5. 왜 당신은 그녀를 보고 있습니까?

5. Why are you looking at her?

6. 얼마나 오래 그녀는 나를 보고 있었습니까?

6. How long was she looking at me?

7. 왜 당신은 나를 봅니까?

7. Why do you look at me?

8. 얼마나 빨리 그는 달리고 있나?

8. How fast is he running?

9. 그것들은 당신의 누이의 책들입니까?

9. Are those your sister's books?

10. 이 책들은 비쌉니까?

10. Are these books expensive?

11. 이 차는 비싸지 않습니까?

11. Isn't this car expensive?

12. 누가 영어를 열심히 공부합니까?

12. Who studies English hard?

13. 당신은 영어를 공부했지요?

13. You studied English, didn't you?

14. 그는 영어를 공부하지요?

14. He studies English, doesn't he?

15. 그는 매년 그곳에 가지요?

15. He goes there every(each) year, doesn't he?

16. 그녀는 행복하지요?

16. She is happy, isn't she?

17. 그는 가난하지 않죠?

17. He isn't poor, is he?

18. 그녀는 가난했죠?

18. She was poor, wasn't she?

19. 누구나 그 집을 좋아하죠 (Everybody)?

19. Everybody likes the house, don't they?

20. 누구나 그 집을 좋아했죠 (Everybody)?

20. Everybody liked the house, didn't they?

21. 아무도 그것을 좋아하지 않죠?

21. Nobody(No one) likes it, do they?

22.아무도 그것을 좋아하지 않았죠?	22.Nobody(No one) liked it, did they?
23.모든(All) 소년이 한 상을 받았죠?	23.All boys received a prize, didn't they?
24.각 소년이 한 상을 받았죠?	24.Each(Every) boy received a prize, didn't he?
25.그 모든 소년들이(All the boys) 한 상을 받았죠?	25.All the boys received a prize, didn't they?
26.각 소년이 한 상을 받지는 않았죠?	26.Each(Every) boy didn't receive a prize, did he?
27.그 모든 소년들이 한 상을 받지 는 않았죠?	27.All the boys didn't receive a prize, did they?
28.아무도 오지 않죠?	28.Nobody(No one) comes, do they?
29.아무도 오지 않았죠?	29.Nobody(No one) came, did they?
30.그 교실에 60명의 소녀가 있었 습니까?	30.Were there 60 girls in the classroom?
31.그 교실에는 60명의 소녀가 있었죠?	31.There were 60 girls in the classroom, weren't there?
32.그 교실에는 60명의 소녀가 있지 않았죠?	32.There weren't 60 girls in the classroom, were there?
33.많은 소녀들이 그곳에 갔습니까?	33.Did many girls go there?
34.많은 소녀들이 그곳에 가지 않았습니까?	34.Didn't many girls go there?
35.많은 소녀들이 그곳에 갔죠?	35.Many girls went there, didn't they?

영작 보충 설명

부가 의문문 중에서 everyone, everybody, nobody, no one 으로 시작하는 부가 의문문은 조심하셔야 됩니다. 이런 부가 의문문의 본문 즉 쉼표 앞까지는 단수로 취급하고 쉼표 뒷 부분은 복수로 취급합니다. 예를 들어 모든 사람이 그것을 좋아하죠?라고 하면 Everybody likes it, don't they? 라고 해서 본문에서는 주어를 삼인칭 단수로 취급해서 like에 s를 붙이지만 쉼표 다음에는 복수로 취급해서 don't they라고 하며 doesn't he?라고 하지 않습니다. 그러나 이 네 가지 이외의 것 즉 Every boy, Every girl 등은 쉼표 다음에도 단수로 취급합니다. 예를 들어 모든 소년이 그녀를 좋아하죠?라고 하면 Every boy likes her, doesn't he?라고 합니다. 저도 문법 공부할 때 이것을 배운 적이 없어서 몰랐고 통역 대학원 졸업하고 방송국에서 통역해서 PD들에게서 잘 한다는 칭찬도 받고 좀 잘난 척할 때도 이것을 몰랐습니다. 이 교재를 만들어서 미국인 두 사람에게 교정을 받으면서 알게된 사실입니다. 대부분의 영어 교수님들도 모르시는 새로운 사실입니다. 잘 숙지해주시고 고맙게 여겨주시기 바랍니다. 보통 사람들이 모르고 듣거나 배운 적이 없는 새로운 것을 말씀드리면 짜증내거나 화내시는 분들도 가끔 있기 때문에 이런 부탁을 드립니다.

Lesson19 평서문, 부정문, 의문문, 현재진행형, 부가의문문 활용

1.이것들은 너의 것들이다.	1.These are yours.
2.그것들은 그들의 장갑들이다.	2.Those are their gloves.
3.너의 얼굴은 창백하다.	3.Your face is pale.
4.이 땅은 나의 것이다.	4.This land is mine.
5.그는 큰가?	5.Is he big?
6.그녀는 귀여운가?	6.Is she cute?
7.이것은 나의 것인가?	7.Is this mine?
8.나의 얼굴이 초록색인가?	8.Is my face green?
9.이 고양이들은 그녀의 것이냐?	9.Are these cats hers?
10.그들은 똑똑하니?	10.Are they smart?
11.왜 그녀는 결석이니?	11.Why is she absent?
12.왜 그들은 늦니?	12.Why are they late?
13.나의 열쇠는 어디에 있니?	13.Where is my key?
14.너의 신발은 어디에 있니?	14.Where are your shoes?
15.이것은 누구의 우산이냐?	15.Whose umbrella is this?
16.이것들은 누구의 총들이냐?	16.Whose guns are these?
17.너희는 군인들이었니?	17.Were you soldiers?
18.그의 얼굴은 빨갰니?	18.Was his face red?
19.그녀의 별명은 무엇이었니?	19.What was her nickname?
20.그들은 경찰관들이었니?	20.Were they policemen?
21.나는 착한 소년이었습니까?	21.Was I a good boy?
22.그녀는 독신이었니?	22.Was she single?
23.너는 강했니?	23.Were you strong?
24.그는 너의 적이었니?	24.Was he your enemy?
25.그들은 너의 선생님들이었니?	25.Were they your teachers?
26.이것은 누구의 차였니?	26.Whose car was this?
27.그는 정직했니?	27.Was he honest?
28.그들은 죄수들이었니?	28.Were they prisoners?

29.그것은 누구의 땅이었니?
30.이 의자는 나의 것이었니?
31.그녀의 양말은 갈색이었니?
　(brown)
32.그들은 누구였니?
33.한 문제가 있었니?
34.이것은 너의 문제였니?
35.한 대답이 있니?
36.그들은 많은 돈을 갖고 있니?
37.너는 좋은 정책을 갖고 있었니?
38.그들은 그를 미워하니?
39.누가 그들을 미워하니?
40.한 그림이 있지 않았니?
41.왜 너는 그것을 좋아했나?
42.왜 그들은 그곳에 가지 않았나?
43.너의 어머니는 어디에 계셨니?
44.착한 소년들이 있지 않았니?
45.왜 너는 꿈을 갖고 있지 않았니?
46.언제 너는 놀랐나?

29.Whose land was it?
30.Was this chair mine?
31.Were her socks brown?

32.Who were they?
33.Was there a problem?
34.Was this your problem?
35.Is there an answer?
36.Do they have much money?
37.Did you have a good policy?
38.Do they hate him?
39.Who hates them?
40.Wasn't there a picture?
41.Why did you like it?
42.Why didn't they go there?
43.Where was your mother?
44.Weren't there good boys?
45.Why didn't you have a dream?
46.When were you surprised?

Lesson20 평서문, 부정문, 의문문, 현재진행형, 부가의문문 활용

1.너는 얼마나 오래 그를 기다리고 있니?
2.너는 그 특별한 책이 필요하니?
3.그녀가 한 책을 쓰고 있나?
4.너의 남편은 무슨 책을 쓰고 있나?

5.네가 어제 나에게 전화했니?
6.누가 지난 주에 너에게 전화했니?
7.이것은 진짜 인터뷰가 아니냐?
8.너는 똑같은 것을 느끼지 않니?
9.너는 그 밤을 기억하지 않니?
10.왜 너는 그것에 대하여 결코 말하지 않니?
11.누가 그것에 대하여 말하나?
12.나의 개가 그 뼈들을 다 먹었니?
13.너는 그 사고를 기억하나?

14.너는 농담하고 있니?
15.너는 언제 그 밤에 대하여 생각하나?
16.너는 누구를 만났니?
17.누가 그를 만났니?
18.너는 이해하지 않는다.
19.너의 선생님이 너를 이해하지 않니?
20.너는 그녀의 부모님을 만났니?
21.너는 이 주말에 일하니?
22.너의 대장은 언제 일하나?
23.누가 일요일에 일하나?
24.언제 우리가 이것에 대하여 이야기했나?
25.너의 어머니는 얼마나 많은 자매가 있니?

1.How long are you waiting for him?
2.Do you need the special book?
3.Is she writing a book?
4.What book is your husband writing?

5.Did you call me yesterday?
6.Who called you last week?
7.Isn't this a real interview?
8.Don't you feel the same (thing)?
9.Don't you remember the night?
10.Why do you never talk about it?
11.Who talks about it?
12.Did my dog eat all the bones?
13.Do you remember the accident?

14.Are you kidding?
15.When do you think about that night?
16.Whom did you meet?
17.Who met him?
18.You don't understand.
19.Doesn't your teacher understand you?
20.Did you meet her parents?
21.Do you work this weekend?
22.When does your boss work?
23.Who works on Sunday?
24.When did we talk about this?
25.How many sisters does your mother have?

26.너는 그 색깔을 좋아하지 않니?	26.Don't you like the color?
27.그가 그녀를 그리워하니?	27.Does he miss her?
28.그는 일찍 일어나나?	28.Does he get up early?
29.당신의 누이는 일찍 자나?	29.Does your sister go to bed early?
30.경찰이 얼마나 많은 사람을 체포했니?	30.How many people did the police arrest?
31.경찰이 15사람을 체포했죠?	31.The police arrested 15 people, didn't they?
32.경찰은 어디에서 15사람을 체포했나?	32.Where did the police arrest 15 people?
33.왜 경찰이 노동자들을 체포하고 있었나?	33.Why were the police arresting workers?
34.왜 경찰이 그 학생들을 체포하고 있니?	34.Why are the police arresting the students?
35.왜 더 많은 사람들이 그것을 하고 있지 않나?	35.Why aren't more people doing it?
36.그는 한 섬에서 약간의 시간을 보내지 않았나?	36.Didn't he spend some time on an island?
37.그들은 섬에서 약간의 시간을 보내고 있니?	37.Are they spending some time on an island?
38.그들은 섬에서 약간의 시간을 보냈지?	38.They spent some time on an island, didn't they?
39.그들은 섬에서 약간의 시간을 보내지 않았지?	39.They didn't spend some time on an island, did they?
40.그들은 섬에서 약간의 시간을 보내고 있지 않았다.	40.They were not spending some time on an island.
41.그들은 실험 결과를 기다리고 있나?	41.Are they waiting for test results?
42.그들은 실험 결과를 기다리지 않았니?	42.Didn't they wait for test results?
43.그가 그 문을 열지?	43.He opens the door, doesn't he?
44.그는 이것을 기억하지 않지?	44.He doesn't remember this, does he?
45.관리들이 스키 시합을 취소하고 있나?	45.Are officials cancelling ski races?

Lesson21 평서문, 부정문, 의문문, 현재진행형, 부가의문문 활용

1.얼마나 많은 군인들이 그 도시를 떠나고 있나?
2.얼마나 많은 군인들이 그 도시를 떠났나?
3.삼만명의 병력이 있죠?

4.해군이 그의 시체를 찾아냈지?

5.경찰이 그의 시체를 찾아내지 않았지?

6.그 유조선이 가라앉았지?

7.수백명의 군인들이 그 도시를 떠나고 있지?
8.증거가 없지?
9.적이 항복하지?
10.그들이 그 축구 경기를 보지 않았지?
11.한국인들은 숟가락을 사용하지?
12.그들은 한 유조선을 조사하고 있지?
13.그녀가 어떻게 그 질병에 걸렸나?
14..그가 무엇을 조사하고 있었나?
15.너는 어디에서 태어났니?(이제 자기소개 연습합시다).
16.나는 대한민국, 서울의 신촌에서 태어났다.
17.너는 어디에 사니?
18.나는 대한민국, 서울의 강남에서 산다.

1.How many soldiers are leaving the city?
2.How many soldiers left the city?
3.There are 30,000 troops, aren't there?
4.The navy found his body, didn't it?(navy는 단수)
5.The police didn't find his body, did they?(police는 복수)
6.The oil tanker went down(or sank), didn't it?
7.Hundreds of soldiers are leaving the city, aren't they?
8.There is no evidence, is there?
9.The enemy surrenders, doesn't it?
10.They didn't watch the soccer game, did they?
11.Koreans use spoons, don't they?
12.They are inspecting an oil tanker, aren't they?
13.How did she catch the disease?
14.What was he inspecting?
15.Where were you born?
16.I was born in Sinchon, Seoul, Korea.
17.Where do you live?
18.I live in Gangnam, Seoul, Korea.

19.너의 전공은 무엇이었니?
20.나의 전공은 건축이었다.
21.너는 언제 대학을 졸업했니?

22.나는 2010년에 대학을 졸업했다.

23.너의 취미는 무엇이니?
24.나의 취미는 음악을 듣는 것이다.

25.너는 주말에 무엇을 했니?

26.나는 토요일에 시내에서 친구를 만났다.
27.나는 친구와 함께 식당에서 점심을 먹었다.

28.나는 친구와 함께 극장에 갔다.

29.나는 도서관에 가서 책을 읽었다.

30.나는 자녀와 함께 공원에 갔다.
31.나는 삼각산을 하이킹했다.
32.나의 취미는 요리하는 것이다.
33.너의 특기는 무엇이니?
34.나의 특기는 프렌치토스트 만드는 것이다.

35.나의 가족은 일요일에 교회에 갔다.

36.예배 후에 우리는 집으로 돌아왔다.

37.우리는 텔레비전에서 축구 시합을 보았다.

38.나는 저녁 8시에 샤워를 했다.

39.나는 아침 7시에 일어났다.
40.나는 저녁 11시에 잠자리에 들었다.

19.What was your major?
20.My major was architecture.
21.When did you graduate from college?

22.I graduated from college in 2010.

23.What is your hobby?
24.My hobby is listening to music.

25.What did you do over the weekend?

26.I met a friend downtown on Saturday.
27.I had lunch with my friend in a restaurant.

28.I went to the theatre with my friend.

29.I went to the library and read books.

30.I went to a park with my children.
31.I went hiking to Mount Samgak.
32.My hobby is cooking.
33.What is your specialty?
34.My specialty is making French toast.

35.My family went to church on Sunday.

36.After the service, we came back home.

37.We watched a soccer game on TV.

38.I took a shower at eight in the evening.

39.I got up at seven in the morning.
40.I went to bed at 11 p.m.

Lesson22 평서문, 부정문, 의문문, 현재진행형, 부가의문문 활용

이제 꽤 어려운 단어를 쓰면서 그 동안 연습한 모든 기본 문형을 총복습도 하고 제23과를 공부하기 위한 기본 단어 암기도 합니다. 다음 문장들을 영작하고 대조 및 수정한 다음 틀린 것은 다시 영작하고 또 대조하고 또 틀린 것은 다시 영작하세요, 모두 다 맞게 영작한 다음에는 암기해주세요.

1.그 집이 그 강 너머에 있지 않나 (over the river)?

1.Isn't the house over the river?

2.그가 기차에서 내리지(get off)?

2.He gets off the train, doesn't he?

3.시간이 여덟시 반이지(half past eight)?

3.It is half past eight, isn't it?

4.그들이 파트너를 바꾸고 있나 (change)?

4.Are they changing partners?

5.너는 너의 얼굴을 씻지 않았나 (wash)?

5.Didn't you wash your face?

6.이것은 누구의 모자냐(hat)?

6.Whose hat is this?

7.하나님께서 모든 사람들을 사랑 하시지 않나?

7.Doesn't God love all men?

8.그가 자리를 얻었지(got a seat)?

8.He got a seat, didn't he?

9.그것은 충격이 아니었지(shock)?

9.It wasn't a shock, was it?

10.그것은 멋진 사격이었지(nice shot)?

10.It was a nice shot, wasn't it?

11.너는 이것을 하지 말아야 한다 (must, should).

11.You should(must) not do this.

12.쏘지 말아라(shoot).

12.Don't shoot.

13.누가 미국의 대통령이냐 (president)?

13.Who is the president of the U.S.A.?

14.당신은 한 아름다운 목소리 (voice)를 듣지(hear) 않았나?

14.Didn't you hear a beautiful voice?

15.너는 언제 이 셔츠를 샀니?

15.When did you buy this shirt?

16.그는 그의 페이스(pace)를 잃지 (lose) 않았지?

16.He didn't lose his pace, did he?

17.그가 일루(first base)에 진출했지(get to)?

17.He got to first base, didn't he?

18.이것은 누구의 화병(vase)이냐?

18.Whose vase is this?

19.그 비율(rate)이 매우 높지(very high) 않니?

19.Isn't the rate very high?

20.그녀는 언제 영어를 배우고 있었니?

20.When was she learning English?

21.모든 사람(everybody)이 그 풀장으로(pool) 가고 있었지?

21.Everybody was going to the pool, weren't they?

22.너는 그녀의 머리(hair)를 잡아당기지(pull) 않았지?

22.You didn't pull her hair, did you?

23.그 배가 전속력으로(at a full speed) 달리지 않았니?

23.Didn't the boat run at a full speed?

24.모든 사람(everyone)이 투표소 (the polls)로 갔지?

24.Everyone went to the polls, didn't they?

25.그가 그 커피를 조심스럽게 (carefully) 붓지 않았니(pour)?

25.Didn't he pour the coffee carefully?

26.그가 많은 아프리카인들을 (Africans) 빈곤(poverty)으로부터 구했지(relieve)?

26.He relieved many Africans from poverty, didn't he?

27.그가 그 마감 기한(deadline)을 맞추지(meet) 않았지?

27.He didn't meet the deadline, did he?

28.그는 영어를 유창하게(fluently) 말하지(speak)?

28.He speaks English fluently, doesn't he?

29.그가 곧(shortly) 돌아오지 (come back) 않았니?

29.Didn't he come back shortly?

30.너는 최근에(recently) 동물원 (zoo)에 갔지?

30.You went to the zoo recently, didn't you?

31.너는 근래에(lately) 그를 보았니(see)?

31.Did you see him lately?

32.그는 거기에 조용히(silently) 앉아있었니(sit)?

32.Was he sitting there silently?

33.그 배가 가라앉고(sink) 있었지?

33.The boat was sinking, wasn't it?

34.나는 네가 죽었다(were dead)고 생각했다(thought).

34.I thought you were dead.

35.그가 진실(truth)을 추구했지 (sought)?

36.그가 저자(author)가 아니냐?

37.너는 그를 재촉했지(urge)?

38.너는 교회에 가지 않지?

39.그는 대학(college)에 다니지 않나?

40.너는 그의 나이를(age) 모르지?

41.누가 판사냐(judge)?

42.너는 힘(energy)이 없지?

43.왜 너는 나의 아기를 보고 있니?

44.수십명의(dozens of) 사람들이 정부(government)를 고소하지 (sue)?

45.누가 이 구역(zone)에 살았나?

46.너의 전공(major)이 무어냐?

47.정부가 한 조처(measure)를 취하고 있지(take)?

48.그것은 나의 즐거움이다 (pleasure).

49.그는 상사(sergeant)가 아닌가?

50.그녀는 외과의사이지(surgeon)?

51.그 군대(army)가 얼마나 많은 군단(legion)을 갖고 있었나?

52.너는 종교(religion)를 갖고 있지 않나?

53.너는 그 지역(region)을 아나?

54.그 이유(reason)가 무엇이냐?

55.해가 솟았다(has risen).

56.네가 그를 격려(encourage)했지?

57.그것이 증가하고 있지(increase)?

58.그가 외롭지 않았나(lonely)?

59.너는 그를 보았지(saw)?

60.그녀가 그를 너무나 많이(so much) 사랑한다.

35.He sought the truth, didn't he?

36.Isn't he the author?

37.You urged him, didn't you?

38.You don't go to church, do you?

39.Doesn't he go to college?

40.You don't know his age, do you?

41.Who is the judge?

42.You have no energy, do you?

43.Why are you looking at my baby?

44.Dozens of people sue the government, don't they?

45.Who lived in this zone?

46.What is your major?

47.The government is taking a measure, isn't it?

48.It is my pleasure.

49.Isn't he a sergeant?

50.She is a surgeon, isn't she?

51.How many legions did the army have?

52.Don't you have religion?

53.Do you know the region?

54.What is the reason?

55.The sun has risen.

56.You encouraged him, didn't you?

57.It is increasing, isn't it?

58.Wasn't he lonely?

59.You saw him, didn't you?

60.She loves him so much.

61.그는 천천히 달리고 있지 않았
지(slowly)?

62.그는 법을 공부하고 있지 않았
나(law)?

63.그것은 낮지(low)?

64.그녀가 옷을 갈아입고 있었지
(change clothes)?

65.모든 사람(everybody)이 지난
달에 그를 보았지?

66.그는 문을 닫지 않았지(close)?

67.그 두 사람은 매우 가깝지 않지
(very close)?

68.그는 말과 행동에 있어서 친절
했지(word and deed)?

69.너는 그 더위를 느끼지 않았니
(feel the heat)?

70.이 코트가 나에게 맞지 않지
(coat. fit)?

71.그가 그의 발을 질질 끌고 있었
지(drag feet)?

72.너의 머리가 가려우냐(head.
itch).

73.나는 그것을 하지 않겠
다.(would not do)

74.너는 그 펠트 모자(거친 양털
로 만든 모자:wool-hat)를 샀지
(bought)?

75.너는 동물원에서 늑대를 보았지
(wolf. zoo)?

76.그는 얼마나 멀리 방황했나
(how far. wander)?

77.그것은 이상하지 않다. (no
wonder).

78.나는 그것을 하겠다.

61.He was not running slowly,
was he?

62.Wasn't he studying law?

63.It is low, isn't it?

64.She was changing clothes,
wasn't she?

65.Everybody saw him last
month, didn't they?

66.He didn't close the door, did he?

67.The two men aren't very close,
are they?

68.He was kind in word and
deed, wasn't he?

69.Didn't you feel the heat?

70.This coat doesn't fit me, does
it?

71.He was dragging his feet,
wasn't he?

72.Does your head itch?

73.I would not do that.

74.You bought the wool-hat,
didn't you?

75.You saw a wolf in the zoo,
didn't you?

76.How far did he wander?

77.It is no wonder.

78.I will(would) do that.

79.그가 언제 시(poem)를 인용 (quote)했나?

79.When did he quote a poem?

80.그가 깨어나고 있었지(wake up)?

80.He was waking up, wasn't he?

81.너는 한 필름을 샀지(bought)?

81.You bought a film, didn't you?

82.이것은 그의 영역(realm)이 아니지?

82.This is not his realm, is this?

83.그녀가 어디에서 그 진주(pearl)을 샀나?

83.Where did she buy the pearl?

84.그 전쟁은 끝났지(end)?

84.The war ended, didn't it?

85.그가 그의 약속을 지키지 않았니(keep his word)?

85.Didn't he keep his word?

86.이것은 작은 세상이지(small world)?

86.This is a small world, isn't this?

87.너는 장갑 한 켤레를 샀지 (bought a pair of gloves)?

87.You bought a pair of gloves, didn't you?

88.도서관에 지구의가 없었니 (globe)?

88.Wasn't there a globe in the library?

89.그는 대법원에 가고 있었지(the supreme court)?

89.He was going to the supreme court, wasn't he?

90.그는 수퍼맨이 아니지 (superman)?

90.He is not a superman, is he?

91.너는 양복을 입고 있지 않았지 (wear a suit)?

91.You weren't wearing a suit, were you?

92.그것은 신성하지 않니(sacred)?

92.Isn't it sacred?

93.그것은 비밀이지(secret)?

93.It is a secret, isn't it?

94.그는 언제 경제를 공부하고 있었니(economy)?

94.When was he studying economy?

95.너는 경제 문제를 갖고 있지 않았지(economic problem)?

95.You didn't have an economic problem, did you?

96.그것은 경제적인 방식이 아니니 (economical way)?

96.Isn't it an economical way?

97.우리의 국화가 무엇이냐 (national flower)?

97.What is our national flower?

98. 국제적인 시합이 없었니 (international game)?
99. 그는 장교(경찰관)이 아니었니 (officer)?
100. 그는 관리가 아니냐(official)?
101. 그는 교수가 아니지 (professor)?
102. 그녀는 모델이었지(model)?
103. 누가 그 공을 잡았나(caught)?
104. 그녀가 하나의 대접을 샀지 (bowl)?
105. 미우주항공국이 한 로켓을 발사했지(NASA launch rocket)?
106. 그가 그 위원회의 위원이 아니냐(member of the committee)?
107. 너는 한 재미있는 코미디를 보았지(comedy)?
108. 그는 손으로 그의 귀를 덮었지 (cover ears)?
109. 그가 작년에 여기에 오고 있지 않았니?
110. 그가 그 도시의 동쪽에 살지 않았니(the east of the city)?
111. 한국인들은 이스트를 사용하지 않았지(yeast)?
112. 그것은 죄가 아니니(sin)?
113. 너는 그것을 본 적이 있지 (have seen)?
114. 그것은 광택을 갖고 있지 않니 (sheen)?
115. 너는 크리스마스 씰을 샀지 (Christmas seal)?
116. 그는 방패를 갖고 있지 않니 (shield)?

98. Wasn't there an international game?
99. Wasn't he an officer?
100. Isn't he an official?
101. He is not a professor, is he?
102. She was a model, wasn't she?
103. Who caught the ball?
104. She bought a bowl, didn't she?
105. NASA launched a rocket, didn't it?
106. Isn't he a member of the committee?
107. You saw an interesting comedy, didn't you?
108. He covered his ears with hands, didn't he?
109. Wasn't he coming here last year?
110. Didn't he live in the east of the city?
111. Koreans didn't use yeast, did they?
112. Isn't it a sin?
113. You have seen it, haven't you?
114. Doesn't it have sheen?
115. You bought a Christmas seal, didn't you?
116. Doesn't he have a shield?

다 외우셨어요? 이번에는 단어 힌트가 없는 똑같은 문장을 보면서 암기해 주세요. 굉장히 중요합니다. 그렇게 하면 제23과의 받아적기에서 훨씬 편하게 할 수 있습니다.

1.그 집이 그 강 너머에 있지 않나?

2.그가 기차에서 내리지?

3.시간이 여덟시 반이지?

4.그들이 파트너를 바꾸고 있나?

5.너는 너의 얼굴을 씻지 않았나?

6.이것은 누구의 모자냐?

7.하나님께서 모든 사람들을 사랑하시지 않나?

8.그가 자리를 얻었지?

9.그것은 충격이 아니었지?

10.그것은 멋진 사격이었지?

11.너는 이것을 하지 말아야 한다.

12.쏘지 말아라.

13.누가 미국의 대통령이냐?

14.당신은 한 아름다운 목소리를 듣지 않았나?

15.너는 언제 이 셔츠를 샀니?

16.그는 그의 페이스를 잃지 않았지?

17.그가 일루에 진출했지?

18.이것은 누구의 화병이냐?

19.그 비율이 매우 높지 않니?

20.그녀는 언제 영어를 배우고 있었니?

21.모든 사람(everybody)이 그 풀장으로 가고 있었지?

1.Isn't the house over the river?

2.He gets off the train, doesn't he?

3.It is half past eight, isn't it?

4.Are they changing partners?

5.Didn't you wash your face?

6.Whose hat is this?

7.Doesn't God love all men?

8.He got a seat, didn't he?

9.It wasn't a shock, was it?

10.It was a nice shot, wasn't it?

11.You should(must) not do this.

12.Don't shoot.

13.Who is the president of the U.S.A.?

14.Didn't you hear a beautiful voice?

15.When did you buy this shirt?

16.He didn't lose his pace, did he?

17.He got to first base, didn't he?

18.Whose vase is this?

19.Isn't the rate very high?

20.When was she learning English?

21.Everybody was going to the pool, weren't they?

22.너는 그녀의 머리를 잡아당기지 않았지?

22.You didn't pull her hair, did you?

23.그 배가 전속력으로 달리지 않았니?

23.Didn't the boat run at a full speed?

24.모든 사람(everyone)이 투표소로 갔지?

24.Everyone went to the polls, didn't they?

25.그가 그 커피를 조심스럽게 붓지 않았니?

25.Didn't he pour the coffee carefully?

26.그가 많은 아프리카인들을 빈곤으로부터 구했지?

26.He relieved many Africans from poverty, didn't he?

27.그가 그 마감 기한을 맞추지 않았지?

27.He didn't meet the deadline, did he?

28.그는 영어를 유창하게 말하지?

28.He speaks English fluently, doesn't he?

29.그가 곧 돌아오지 않았니?

29.Didn't he come back shortly?

30.너는 최근에 동물원에 갔지?

30.You went to the zoo recently, didn't you?

31.너는 근래에 그를 보았니?

31.Did you see him lately?

32.그는 거기에 조용히 앉아있었니?

32.Was he sitting there silently?

33.그 배가 가라앉고 있었지?

33.The boat was sinking, wasn't it?

34.나는 네가 죽었다고 생각했다.

34.I thought you were dead.

35.그가 진실을 추구했지?

35.He sought the truth, didn't he?

36.그가 저자가 아니냐?

36.Isn't he the author?

37.너는 그를 재촉했지?

37.You urged him, didn't you?

38.너는 교회에 가지 않지?

38.You don't go to church, do you?

39.그는 대학에 다니지 않나?

39.Doesn't he go to college?

40.너는 그의 나이를 모르지?

40.You don't know his age, do you?

41.누가 판사냐?

41.Who is the judge?

42.너는 힘이 없지?

42.You have no energy, do you?

43.왜 너는 나의 아기를 보고 있니?

43.Why are you looking at my baby?

44.수십명의 사람들이 정부를 고소 하지?

44.Dozens of people sue the government, don't they?

45.누가 이 구역에 살았나?

45.Who lived in this zone?

46.너의 전공이 무어냐?

46.What is your major?

47.정부가 한 조처를 취하고 있지?

47.The government is taking a measure, isn't it?

48.그것은 나의 즐거움이다.

48.It is my pleasure.

49.그는 상사가 아닌가?

49.Isn't he a sergeant?

50.그녀는 외과의사이지?

50.She is a surgeon, isn't she?

51.그 군대가 얼마나 많은 군단을 갖고 있었나?

51.How many legions did the army have?

52.너는 종교를 갖고 있지 않나?

52.Don't you have religion?

53.너는 그 지역을 아나?

53.Do you know the region?

54.그 이유가 무엇이냐?

54.What is the reason?

55.해가 솟았다.

55.The sun has risen.

56.네가 그를 격려했지?

56.You encouraged him, didn't you?

57.그것이 증가하고 있지?

57.It is increasing, isn't it?

58.그가 외롭지 않았나?

58.Wasn't he lonely?

59.너는 그를 보았지?

59.You saw him, didn't you?

60.그녀가 그를 너무나 많이 사랑 한다.

60.She loves him so much.

61.그는 천천히 달리고 있지 않았지?

61.He was not running slowly, was he?

62.그는 법을 공부하고 있지 않았나?

62.Wasn't he studying law?

63.그것은 낮지?

63.It is low, isn't it?

64.그녀가 옷을 갈아입고 있었지?

64.She was changing clothes, wasn't she?

65.모든 사람(everybody)이 지난 달에 그를 보았지?

65.Everybody saw him last month, didn't they?

66.그는 문을 닫지 않았지?

66.He didn't close the door, did he?

67.그 두 사람은 매우 가깝지 않지? 　67.The two men aren't very close, are they?

68.그는 말과 행동에 있어서 친절했지? 　68.He was kind in word and deed, wasn't he?

69.너는 그 더위를 느끼지 않았니? 　69.Didn't you feel the heat?

70.이 코트가 나에게 맞지 않지? 　70.This coat doesn't fit me, does it?

71.그가 그의 발을 질질 끌고 있었지? 　71.He was dragging his feet, wasn't he?

72.너의 머리가 가려우냐? 　72.Does your head itch?

73.나는 그것을 하지 않겠다. 　73.I would not do that.

74.너는 그 펠트 모자(거친 양털로 만든 모자)를 샀지? 　74.You bought the wool-hat, didn't you?

75.너는 동물원에서 늑대를 보았지? 　75.You saw a wolf in the zoo, didn't you?

76.그는 얼마나 멀리 방황했나? 　76.How far did he wander?

77.그것은 이상하지 않다. 　77.It is no wonder.

78.나는 그것을 하겠다. 　78.I will(would) do that.

79.그가 언제 시를 인용했나? 　79.When did he quote a poem?

80.그가 깨어나고 있었지? 　80.He was waking up, wasn't he?

81.너는 한 필름을 샀지? 　81.You bought a film, didn't you?

82.이것은 그의 영역이 아니지? 　82.This is not his realm, is this?

83.그녀가 어디에서 그 진주를 샀나? 　83.Where did she buy the pearl?

84.그 전쟁은 끝났지? 　84.The war ended, didn't it?

85.그가 그의 약속을 지키지 않았니? 　85.Didn't he keep his word?

86.이것은 작은 세상이지? 　86.This is a small world, isn't this?

87.너는 장갑 한 켤레를 샀지? 　87.You bought a pair of gloves, didn't you?

88.도서관에 지구의가 없었니? 　88.Wasn't there a globe in the library?

89.그는 대법원에 가고 있었지?

89.He was going to the supreme court, wasn't he?

90.그는 수퍼맨이 아니지?

90.He is not a superman, is he?

91.너는 양복을 입고 있지 않았지?

91.You weren't wearing a suit, were you?

92.그것은 신성하지 않니?

92.Isn't it sacred?

93.그것은 비밀이지?

93.It is a secret, isn't it?

94.그는 언제 경제를 공부하고 있었니?

94.When was he studying economy?

95.너는 경제 문제를 갖고 있지 않았지?

95.You didn't have an economic problem, did you?

96.그것은 경제적인 방식이 아니니?

96.Isn't it an economical way?

97.우리의 국화(나라 꽃)가 무엇이냐?

97.What is our national flower?

98.국제적인 시합이 없었니?

98.Wasn't there an international game?

99.그는 장교(경찰관)이 아니었니?

99.Wasn't he an officer?

100.그는 관리가 아니냐?

100.Isn't he an official?

101.그는 교수가 아니지?

101.He is not a professor, is he?

102.그녀는 모델이었지?

102.She was a model, wasn't she?

103.누가 그 공을 잡았나?

103.Who caught the ball?

104.그녀가 하나의 대접을 샀지?

104.She bought a bowl, didn't she?

105.미우주항공국이 한 로켓을 발사했지?

105.NASA launched a rocket, didn't it?

106.그가 그 위원회의 위원이 아니냐?

106.Isn't he a member of the committee?

107.너는 한 재미있는 코미디를 보았지?

107.You saw an interesting comedy, didn't you?

108.그는 손으로 그의 귀를 덮었지?

108.He covered his ears with hands, didn't he?

109.그가 작년에 여기에 오고 있지 않았니?

109.Wasn't he coming here last year?

110.그가 그 도시의 동쪽에 살지 않았니?

111.한국인들은 이스트를 사용하지 않았지?

112.그것은 죄가 아니니?

113.너는 그것을 본 적이 있지?

114.그것은 광택을 갖고 있지 않니?

115.너는 크리스마스 씰을 샀지?

116.그는 방패를 갖고 있지 않니?

110.Didn't he live in the east of the city?

111.Koreans didn't use yeast, did they?

112.Isn't it a sin?

113.You have seen it, haven't you?

114.Doesn't it have sheen?

115.You bought a Christmas seal, didn't you?

116.Doesn't he have a shield?

• Lesson23
단어 발음

• Lesson24
문장 발음(강약, 붙이고 떼기)

• Lesson25
관사의 원칙

• Lesson26
부사의 위치

Lesson23 단어 발음

공부 방법

먼저 받아적기부터 합니다. 본 교재의 보충자료 중 MP3 합성단어 발음에 나오는 단어를 하나하나 받아 적기 해주세요. 끝날 때까지 답을 보지 말고 해주세요. 그런 다음 자신이 받아 적은 것을 다음 정답과 대조해보세요. 처음부터 백점되는 사람은 아무도 없습니다. 그런 다음 다시 받아적기 하고 또 대조하고 또 받아 적기를 계속해서 완전하게 될 때까지 하신 후에 다음 설명을 잘 보세요. 다른 사람에게 발음을 가르칠 수 있도록 그 설명을 완전히 자기 것으로 만든 다음 그 설명이 어떻게 적용되는지 깊이 생각하면서 한 단어씩 듣고 따라 해주세요. 다시 부탁드립니다. 받아적을 때는 적기만 하고 듣고 따라하거나 왜 그런지 연구하지 마세요. 부지런히 받아적기 하는 것이 제일 빨리 끝내는 방식입니다. 받아적기가 완성된 다음에 설명을 읽고 자기의 것으로 소화해주세요. 보고 이해하는 것으로 자기 것이 되는 것이 아니고 다른 사람을 가르칠 수 있도록 완전히 소화해주셔야 자기 실력이 됩니다.

of	base	colleges	encourage	wander	fifteen
over	vase	age	increase	wonder	fifty
off	late	ages	on	want	sixteen
have	rate	judge	own	won't	sixty
half	learn	judges	lonely	coat	seventeen
change	run	judged	don't	quote	seventy
wash	pool	orange	saw	woke	thirteen
had	pull	oranges	so	film	thirty
hat	fool	energy	no	realm	fourteen
god	full	baby	slowly	pearl	forty
got	poor	babies	law	war	eighteen
shock	pulling	happy	low	word	eighty
shot	polling	happiest	cloth	world	nineteen
should	pouring	these	clothes	girl	ninety
shoot	walk	this	month	glove	ball
want	work	doesn't	months	globe	bowl
wants	relieve	dozens of	close(vt.)	supreme	bought
president	deadline	sue	close(adv.)	super	boat
presidents	fluently	zoo	did	suit	launch
friend	shortly	John	deed	shoot	lunch
friends	recently	Jones	it	sacred	committee
ask	lately	zone	eat	secret	comedy
asks	silently	major	hit	economy	ear
desk	think	measure	heat	economies	year
desks	sink	pleasure	live	economic	east
boys	thought	vision	leave	economical	yeast
voice	sought	television	fit	nation	see
shot	author	sergeant	feet	national	she
shirt	other	surgeon	itch	international	sin
shirts	urge	legion	each	officer	seen
sport	urges	religion	which	official	sheen
sports	church	region	would	professor	seal
pace	churches	reason	wool	model	shield
face	college	risen	wolf	mother	

발음 설명

Of, over, off, have, half, (이 다섯 단어에서 공통점은 자음 f와 v를 발음할 때 윗니와 아랫입술이 닿게 하고 마찰음을 내야 한다는 것입니다. 거울을 보면서 자신의 윗니가 보이게 해주세요. 윗니와 아랫입술이 닿기는 했는데 그 위로 윗입술과 아랫입술이 닿으면 허사입니다.)

change, wash, had, hat, god, got, shock, shot, should, shoot, want, (여기에서 공통점은 각 단어의 끝이 자음으로 끝난다는 점입니다. 끝의 자음은 너무 크고 뚜렷해도 안되고 들리지 않아도 안됩니다. 상대방의 귀에 들리는 범위 내에서 가장 약하게 발음해야 합니다. 다르게 표현하면 속삭이는 허스키 소리로 발음해야 합니다.)

wants (여기에서는 끝부분을 '트스' 로 발음하는 것이 아니고 '츠' 로 발음.)

friend, friends (끝에 '드스' 가 아니고 '즈' 로 발음.)

ask, asks, desk, desks(끝에 '크스' 에서 '크' 를 매우 약하게 하고 뒤의 s를 k 보다 강하게 발음.)

boys ('보이' 는 입술끼리 닿아야 하고 끝은 '즈' 로.)

voice ('보이' 는 윗니와 아랫입술이 닿게 하고 끝은 '스' 로.)

shot,(쇼트가 아니라 샤트로 하면서 끝의 자음은 속삭이는 허스키로 발음)

shirt ('셔' 다음에 'r' 받침을 넣고 끝에 '츠' 가 아니라 매우 약한 '트' 로 발음합니다.)

shirts(셔트스가 아니고 셔츠로 발음)

sport (끝에 '츠' 가 아니고 '트' 로 발음.)

sports(끝을 트스가 아니고 츠로 발음),

pace (입술끼리.) face (윗니가 앞에서 보이도록 하고 윗니와 아랫 입술을 닿게 하고 마찰음.)

base (입술끼리.) vase (윗니가 거울 속에서 보이도록 하고 아랫 입술에 닿고 마찰음)

late (혀가 입천장에 닿았다가 떨어지면서 발음. 잘 안 되는 사람은 혀를 입천장에 대고 을-----레이트라고 연습하다가 잘 되면 을-레이트로 조금씩 짧게 연습하세요.)

rate (혀가 이빨이나 입천장에 닿지 않게 허공에 띄운 채로 '레이트' 라고 발

음. 자꾸 혀가 입천정이나 이에 닿는 사람은 입을 둥글게 오므리고 앞으로
쭉 내밀고 발음하면 혀가 입천정에 닿지 않게 됩니다.)

learn ('을러' 로 발음한 다음 '른' 으로 연결하는 것 비슷합니다.)

run (혀가 입천장이나 윗니에 닿지 않은 상태로 '런' 이라고 발음. 우리나라
말의 '런' 은 혀가 입천장 앞쪽에 닿는데 미국 영어에서는 혀를 약간 꼬부려
서 아무 데도 닿지 않게 발음합니다. 역시 잘 안되는 분은 입술을 둥글게 모
으고 앞으로 최대로 내밀고 발음하면 혀가 닿지 않게 됩니다. 우리에게 'r, l'
이 어려운 것만큼 미국인이 우리 말을 배울 때는 'ㄹ' 이 들어가는 단어를 발
음하는 것을 매우 어려워합니다.)

pool (우리 말의 '푸-을' 과 비슷합니다.)

pull (조금 짧게 발음하면서 우리 말의 '풀' 과 '펄' 중간 발음 비슷합니다.)

fool, full, poor, pulling,(앞의 두 단어와 마찬가지입니다)

polling, pouring,(엘과 알의 발음을 확실히 구분해 주세요)

walk (우리 말의 '워크' 와 '와크' 중간쯤 되며 '엘'은 묵음으로써 발음하지
않습니다. l 발음이 들어가면 틀립니다.) work (혀를 꼬부려서 안으로 말고
'r' 받침이 들어가게 발음해야 합니다.)

relieve,('알'과 '엘'과 '브이' 발음을 확실히 구분해서 발음해주셔야 합니다.

deadline (중간에 두 개의 자음 'd' 와 'l' 이 연속해서 있는데 이럴 경우는 뒤
의 자음을 확실히 발음해주어야 하고 앞의 자음은 거의 발음하지 않습니다.
완전히 빼도 됩니다. 왜 그런가 하면 자음이란 원래 홀로서는 거의 발음하
지 않고 모음이 따라 올 때만 확실하게 발음하게 되어있기 때문입니다. d는
뒤에 자음이 있고 l은 뒤에 모음이 있기 때문에 뒤의 l을 크고 확실하게 발음
해주어야 합니다.)

fluently(f보다 l을 강하게, t보다 l을 강하게), shortly, recently, lately,
silently (끝에서 t보다 l을 강하게)

think, sink, thought, sought, author, other ('th' 가 들어있는 단어는 혀를
미리 앞으로 많이 내 민 상태에서 윗니와 혀가 가볍게 닿게 한 다음 마찰을
시키면서 안으로 끌어 당기면서 발음합니다. 혀를 이빨 사이에 물면서 발음
하는 분이 많은데 거북하기도 하고 발음이 너무 탁해집니다.)

urge (끝의 모음 e는 묵음으로써 발음하지 않고 자음 g는 속삭이는 허스키

같은 소리로 약하게 하되 혀 끝이 입천장에 닿게 해야 됩니다. 닿지 않으면 마찰음이 되어서 z음으로 바뀝니다.)

urges(뒤에 s나 d가 오게 되면 모음 e를 확실하게 발음을 해주고 끝의 s나 d 를 속삭이는 허스키같은 작은 소리로 발음합니다),

church, churches, college, colleges, age, ages, judge. Judges, judged, orange, oranges(모두 앞의 것과 같은 경우입니다)

energy, baby(이 두 단어의 끝의 y는 묵음이 아니고 확실하게 조금 길게 발음해서 묵음인 e와 구분해주어야 합니다.) babies, happy, happiest,

these (우리 말의 '디- - 즈' 와 비슷합니다.) this (짧게 발음하는데 '디스와 데스' 의 중간쯤 됩니다.)

doesn't, dozens of, sue, zoo (네 단어의 'z' 와 's' 에 해당되는 단어들은 모두 혀를 입천장이나 이에 닿지 않도록 하고 마찰음을 길게 내야 합니다.)

John(존이 아니고 잔으로 발음하고 앞의 J를 발음할 때는 혀가 입천장에 닿아야 합니다),

Jones (J는 혀가 입천장에 닿아야 하며 존스가 아니고 조운즈로 발음합니다.)

zone (z는 혀가 입천장에 닿지 않아야 하고 존이 아니고 조운으로 발음합니다.)

major (메이저로 발음하되 j는 혀가 입천장에 닿아야 합니다.)

measure, pleasure, vision, television (이 4 단어는 마지막 음절-sure, -sion 을 발음할 때 혀가 입천장에 닿지 않아야 합니다. 그리고 끝의 모음을 '저, 저, 전, 전,' 으로 하지 말고 '겨, 겨, 젼, 젼' 으로 해 주세요.)

sergeant, surgeon, legion, religion, region (이 다섯 단어에서 g를 발음할 때 는 혀가 입천정에 닿아야 하고 끝의 모음을 '전' 으로 하지 말고 '젼' 으로 해 주세요. 이 부분에서 '즌'으로 발음하시는 분이 많은데 잘 안되시는 분은 action을 생각해주세요. 액션을 액슨으로 발음하면 좋지 않죠? 끝의 ion을 은으로 발음하지 말고 연으로 발음해주세요.)

reason, risen (이 두 단어의 s는 혀가 입천장에 닿지 않고 마찰음을 내고 앞 단어의 모음은 길게 뒤의 단어의 모음은 짧게 발음.)

encourage (마지막 음절에서 혀가 입천장에 닿아야 함.)

increase (마지막 음절에서 혀가 입천장에 닿지 않고 마찰음.)

on (미국식 영어는 '안'에 가깝게 발음함.)

own, lonely, don't (이 세 단어는 모두 모음을 '오'가 아니고 '오우'로 해서 오운, 로운리, 도운트로 발음함.)

saw (길게 발음하는데 '오'와 '아'의 중간 음에서 '오'에 더 가까움.)

so, no, slowly (세 단어 모두 모음이 '오'가 아니고 '오우'로 해서 쏘우, 노우, 슬로울리로 발음.)

law (미국식 영어에서는 '라'에 가까움.) low (로우.)

cloth (클라스인데 끝의 자음은 혀를 미리 앞으로 많이 내밀고 윗니에 가볍게 대고 끌어당기면서 마찰음으로 발음함.) clothes (자음이 겹치면 앞의 자음 th는 매우 약해지고 끝의 'z'가 중요하며 '클로욷즈' 비슷한 발음이 됨.)

month, months (끝에 '만드스'가 아니고 '만스'로 발음함.)

close (vt: 동사일 때는 클로우즈.) close (adv: 부사일 때는 클로우스.)

did, deed, it, eat, hit, heat, live, leave, fit, feet, itch, each, (위의 this와 these의 차이와 마찬가지.)

which (휘치에 가까운 발음.)

would, wool, wolf (이 세 단어는 우리 말에 비슷한 발음이 없기 때문에 발음하기 어려운 단어입니다. 우드, 울, 울프로 만족하지 말고 워우-드, 워우-을, 워우-프로 접근합니다. 워는 매우 짧고 약하게 우는 길고 강하게 발음하는 연습을 수십번 해서 익숙해지면 음악에서 slur처럼 부드럽게 연결하는 연습을 하고 듣고 따라하세요. 음악의 slur가 무엇인지 모르는 분은 그냥 부드럽게 끊기지 않게 연결해서 발음한다고 생각해주세요.)

wander(완더에 가깝게), wonder(원더에 가깝게),

want(원트와 완트의 중간 발음), won't (워오운트 비슷하게 연습하는데 역시 워는 짧고 약하게 하고 오운트를 길고 강하게 연습한 후 원어민 발음을 듣고 따라 하세요. '오운트'로 만족하지 마세요.)

coat (코우트.) quote (쿼오우트로 한참 연습한 후 듣고 따라 하세요. '코우트'로 만족하지 마세요.) woke (워오우크로 많이 연습한 후에 듣고 따라 하세요.)

film (피음, 필름의 중간쯤 됩니다. 많이 듣고 따라 하세요.) realm (레음과 렐름의 중간쯤 됩니다.)

pearl (퍼를이라고 많이 연습한 후에 듣고 따라 하세요.)

war, word(이 두 단어는 끝 부분에 혀를 꾸부리고 r발음을 받침으로 넣어서 발음해주세요),

world (워를드라고 많이 연습한 후에 듣고 따라 하세요.) girl (거를이라고 많이 연습 한 후에 듣고 따라 하세요.)

glove (글라브에 가까움.) globe (글로우브에 가까움.)

supreme, super, suit, (이 세 단어의 u는 '슈' 로 나가는 것이 아니라 '수, 서' 중간음 비슷하게 나갑니다.) shoot, sacred(쎄이크리드로 발음), secret,

economy, economies, economic, economical (이 형용사는 액센트 조심, 명사의 엑센트와 위치가 다름.)

nation, national, international. (명사는 '네이션'으로 발음하나 두 형용사는 '네이셔널'이 아니고 '내셔널' 로 '인터내이셔널'이 아니고 '인터내셔널'로 발음.)

officer, official (이 두 단어는 액센트와 끝의 자음이 다름.) professor (끝에 '셜' 이 아니고 '서'.)

model, mother, fifteen, fifty, sixteen, sixty, seventeen, seventy, thirteen, thirty, fourteen, forty, eighteen, eighty, nineteen, ninety,

ball (볼과 발의 중간쯤 됨.) bowl (보울.) bought (미국식 영어는 바트.) boat (보우트.) launch (론과 란의 중간 발음으로 길게 발음하고 'ch' 를 약하게 갖다 붙임.) lunch,

committee (두 번째 음질에 액센트.) comedy (첫 음절에 액센트.)

ear, year (우리 말에 없는 발음으로써 어렵습니다. '예이-어'로 예는 짧고 약하게 발음하고 이는 길고 강하게 발음하는 것을 수십번 연습해서 익숙해지면 예이어를 부드럽게 연결하는 연습을 하고 듣고 따라 함. 주의 사항으로써 많은 분들이 예를 강하고 이를 약하게 발음하는데 그 반대로 예를 약하고 짧게 이를 강하고 길게 발음하도록 연습해주세요.)

east, yeast (마찬가지로 '예이-스트' 비슷하게.)

see, she (쉬 비슷하게.) sin, seen, sheen (쉰 비슷하게.) seal, shield (쉴드 비

숫하게)

수고하셨습니다. 다시 한번 부탁드립니다. 여기에 나오는 설명을 완전히
자기의 것으로 만들어서 다른 사람에게 설명할 수 있도록 공부해주세요.
많은 분들이 보고 이해가 되면 만족하시는데 그것은 아직 자기의 실력이
아닙니다. 남에게 가르칠 수 있도록 완전히 자기 것으로 만들어야 자신의
실력입니다. 그리고 나중에 발음하다가 문제가 되는 것이 나올 때 이론적
으로 확실한 분은 빨리 해결이 되는데 그렇지 않은 분은 점점 더 괴상하게
발음하게 됩니다.

Lesson24 문장 발음(강약, 붙이고 떼기)

공부 방법

앞에서는 단어 발음 방법을 공부하셨고 이제는 문장 발음 방법을 공부하시 겠습니다. 각 문장에는 여러 단어들이 나열되어 있는데 모든 단어를 똑같은 강세와 속도로 모두 붙여서 발음하는 것은 아닙니다. 그 중에서 강하고 길 게 발음해야 할 것이 있고 짧고 약하게 발음할 것이 있고 여러 단어를 붙여 서 발음해야 할 것도 있고 떼서 발음해야 될 것도 있습니다. 대부분 발음할 때 짧은 단어들(관사, 전치사, 접속사)은 앞에 붙이는 습관이 굳어 있는데 매우 잘못된 습관입니다. 이런 단어들은 의도적으로 앞의 단어와는 떼서 발 음하고 뒤의 단어와 붙여서 생각하고 함께 발음해주어야 합니다. 왜냐하면 관사, 전치사, 접속사는 뒤의 단어 때문에 결정되는 단어들이기 때문에 그 렇습니다. 처음에는 이렇게 하면 매우 어색한데 익숙해지면 훨씬 더 자연스 럽게 되고 올바른 회화를 하게 됩니다. 아마도 이 자료가 전혀 고맙게 여겨 지지 않을 분이 많을 것입니다. 나중에 고급실력자가 되면 매우 고맙게 생 각하시게 됩니다.

1.강약과 길이.

A.강하고 길게 발음해야 하는 단어:명사, 동사, 형용사, 부사, 이 강하게 발음하는 단어가 두개가 연속으로 있을 때는 앞의 것보다 뒤의 것을 조금 더 강하고 길게 발음한다.

B.약하고 짧게 발음해야 하는 단어:대명사, 조동사, be동사, have 동사, 전치사, 접속사, 관사.

2.붙이기와 떼기

전치사, 접속사, 관사는 앞의 단어와는 떼서 발음하고 뒤의 단어와 붙여서 발음한다. 전치사, 접속사, 관사의 앞의 단어와 뒤의 단어는 좀 길게 발음한다. 특히 전치사, 접속사, 관사 앞의 단어의 끝을 올리지 말고 낮추어서 발음한다.

위의 원칙을 이용하여 다음 문장에서 강하고 길게 발음해야 하는 단어 위에는 강세(stress)를 표시하고 끊어야 하는 단어 앞에는 사선을 그어주세요.

I met a girl in the U.S.A.
The girl was born in the Philippines.
She was wearing a pink shirt and a blue skirt.
She was living in Washington D.C.
She was working for the White House.
She had a cute dog.
She bought the dog at a pet shop downtown.
She said she did not have a boyfriend. It was a long time ago.
I wish I could see the girl again.

반드시 본인이 한번 연습장에 적어서 연습하시고 다음 설명을 봐주세요.

I(대명사는 약하게) met(동사니까 강하고 길게 발음) /a(관사는 앞의 것

과 떼어서 약하고 짧게 뒤의 단어와 붙여서 발음) girl(명사니까 강하고 길게) /in(전치사는 앞의 것과 떼어서 약하고 짧게 뒤의 단어와 붙여서 발음) the(관사 약하고 짧게 하지만 앞의 전치사와는 떼지 않고 붙여서 발음) U.S.A.(명사 강하고 길게)

The(관사 짧고 약하게 뒤에 붙여서) girl(명사 강하고 길게) was(be동사 약하고 짧게 앞의 단어와 뒤의 단어와 붙여서 발음) born(동사 강하고 길게) /in the(전치사와 관사는 묶어서 앞의 단어와는 떼고 뒤의 단어와 붙여서 짧고 약하게) Philippines(명사 강하게).

She(대명사 약하고 짧게) was(be동사 짧고 약하게 앞의 단어와 뒤의 단어와 붙여서 발음) wearing(일반 동사 강하고 길게) /a(관사 앞의 단어와는 떼고 짧고 약하게 뒤의 단어와 붙여서 발음) pink shirt(형용사와 명사를 강하고 길게 발음하는데 앞의 것 보다 뒤의 것을 조금 더 강하고 길게) /and a(접속사 전치사는 하나로 묶어서 앞의 단어와는 떼고 약하고 짧게 뒤의 단어와 붙여서) blue skirt(형용사 명사를 강하고 길게 하는데 뒤의 단어를 조금 더 길고 강하게.)
She was(대명사와 be동사를 짧고 약하게 뒤의 단어와 붙여서) living(동사를 강하고 길게) /in(전치사 짧고 약하게 하면서 앞의 단어와는 떼고 뒤의 단어와 붙여서 발음) Washington D.C.(명사 강하고 길게) She was(대명사 be동사 짧고 약하게 앞뒤의 단어와 붙여서) working(동사 강하고 길게) /for the(전치사와 관사를 묶어서 짧고 약하게 앞의 단어와는 떼고 뒤의 단어와 붙여서) White House(둘 다 강한데 뒤의 것을 조금 더 길고 강하게).

She had(대명사와 have동사는 짧고 약하게) /a(관사는 짧고 약하게 앞의 단어와는 떼고 뒤의 단어와 붙여서) cute dog(형용사와 명사는 둘 다 강하고 긴데 뒤의 것을 조금 더 길고 강하게). She(대명사 약하게) bought(동사 강하게) /the(관사는 짧고 약하게 앞의 단어와는 떼고 뒤의 단어와 붙여서) dog(명사는 강하고 길게) /at a(전치사와 관사는 짧고 약하게 앞의 단어와는 떼고 뒤의 단어와 붙여서) petty shop(형용사와 명사는 강하고 길게 하는데 뒤의 단어를 조금 더 길고 강하게) /downtown(부사는 강하게 발음하고 앞의 단어와는 조금 떼고 발음합니다. 부사는 앞의 단어와 떼서 발음한다는 원칙은 없습니다. 이 경우에는 이 부사가 petty shop을 수식하지 않고 좀 더 앞의 bought를 수식하기 때문에 petty shop과 떼고 발음합니다. 이 수식한 다는 말이 골치 아프고 잘 모르시는 분은 앞으로 37과에 가면 상세히 설명 되어 있습니다. 여기서는 아직 발음 공부하는 단계이므로 상세하게는 설명 드리지 못합니다. 나중에 아시게 됩니다. 조금만 더 설명하면 샀는데 어디 에서 샀는가 하면 시내에서 샀다 라는 뜻으로써 시내에서 라는 단어가 샀다 라는 동사를 수식한다고 합니다. 그래도 잘 모르시면 걱정마시고 그냥 떼서 발음한다고 외우시면 됩니다. 결론적으로 부사는 수식하는 단어가 바로 앞 이나 뒤에 있으면 붙여서 발음하고 다른 단어가 끼어있어서 떨어져 있으면 떼어서 발음합니다.

She(대명사 약하고 짧게) said(동사는 강하고 길게) /(여기에서는 접속사 that가 생략되어 있어서 앞의 단어와는 뗍니다) she did(대명사와 조동사는 짧고 약하게) not(부사는 강하게 앞뒤의 단어와 붙여서 발음) have(have 동 사는 짧고 약하게) /a(관사는 짧고 약하게 발음하며 앞의 단어와는 떼고 뒤 의 단어와는 붙여서) boyfriend(명사는 강하고 길게).

It was(대명사와 be동사는 짧고 약하게) /a(관사는 짧고 약하게 앞의 단어와 떼고 뒤의 단어와 붙여서) long time ago(형용사, 명사, 부사는 길고 강하게 발음하는데 뒤의 단어들을 앞의 단어보다 조금 더 길고 강하게).

I(대명사 약하게) wish(동사 강하게) /(접속사 that이 생략되어 있어서 조금 떼고 발음) I could(대명사 조동사 짧고 약하게 뒤의 단어와 붙여서) see(동 사는 강하고 길게) /the(관사는 앞의 단어와 떼고 짧고 약하게 뒤의 단어와 붙여서) girl again(명사, 부사 길고 강하게 하며 앞의 단어와는 조금 떼서 발 음합니다. 역시 조금 떨어진 see를 수식하기 때문입니다.)

Lesson25 관사의 원칙

공부 방법

대부분의 수강생들은 이 자료를 받고 전혀 고맙게 느끼시지 않으십니다. 다른 문법 책에서 그 원리를 별로 상세히 다루고 있지 않고 강의도 별로 들어 보신 적이 없어서 관심도 없고 중요한 줄도 모르실 것입니다. 그러나 고급 실력자가 되어서 영작하고 말하시게 되면 매우 중요하고 어렵습니다. 이 부분은 앞으로 고급 실력자가 되면 매우 고맙게 생각하시게 되는 자료입니다.

영작하실 때 명사를 써야 할 경우에는 반드시 이 원리를 보고 어디에 해당되는지 연구하고 관사를 붙이든지 떼든지 해주세요. 어딘지 편하고 불편한 것에 따라서 느끼는 대로 하지 않도록 해주세요. 영어를 모국어로 하는 사람은 그렇게 합니다만 우리 같은 외국인들이 영어를 공부할 때는 문법과 논리로 해야 합니다. 영어가 외국어인데 우리에게 자연스럽게 되는 경우는 없습니다.

관사의 일반 원칙

1.관사에는 부정관사 a,an과 정관사 the가 있다.

2.가산명사의 단수 앞에는 반드시 관사가 붙는다.

3.불특정한 단수 앞에는 부정관사 a,an이 붙고 특정한 단수와 복수 앞에는 정관사 the가 붙는다.

4.추상명사에는 관사를 붙이지 않지만 특정한 것을 말할 때는 the를 붙인다.

5.불특정한 복수 앞에는 관사를 붙이지 않는다.

6.고유명사, 대명사, 소유격이 있는 명사 앞에는 관사를 붙이지 않는다.

7.불특정하다는 말은 그것이 아직 언급되지 않은, 혹은 청자나 독자가 모르는 "다수 중의 하나"를 뜻한다는 말이다.

8.특정하다는 말은 화자와 청자 혹은 저자와 독자 사이에 이미 언급이 된 존재 혹은 아직 언급된 적은 없지만 피차에 알고 있는 존재를 뜻한다. (예를 들면 the sun, the moon, the sky 등등)

위의 일반원칙 이외에도 반드시 the가 붙도록 정해진 것들이 많이 있다.

1.강 이름에는 the가 붙는다. The Nile, The Amazon. 등

2.바다 이름에는 the가 붙는다. The Pacific, The Atlantic 등

3.사막 이름에는 the가 붙는다. The Sahara Desert 등

4.섬 이름에는 the가 붙는다. The Philippines, The Falkland Islands(82년에 영국과 아르헨티나 사이의 전쟁의 원인이 되었던 섬)

5.반도에는 the가 붙는다. The Korean Peninsula.

6.국제조직의 경우에 발음이 되지 않고 spelling을 읽어야 하는 명사에는 the가 붙는다. 예를 들면 the U.N. the E.U. the FBI, the CIA 등

7.국제조직의 경우에 발음이 되는 것은 고유명사 취급해서 the가 붙지 않는다. NATO, OPEC, NASA, ASEAN 등등.

8.보통명사가 특정한 고유명사로 바뀐 경우는 the가 붙는다. the Far East(극동). the United States(미합중국) the Pentagon(국방부:원래는 5각형이라는 뜻인데 미국방부 건물이 상공에서 보면 5각형이기 때문에 그런 이름이 붙었음) the White House, the Capitol Hill(영국 및 미국의 국회의사당:원래

는 Capitol은 고대 로마 쥬피터 신전을 말하고 Hill은 언덕을 말하는데 영국의 국회의사당이 언덕 위에 있어서 그런 이름이 붙었고 미국의 국회의사당은 평지에 있는데 영국의 흉내를 내서 그런 이름이 붙었음) 등.

9.산맥의 이름은 the가 붙는다. the Himalaya, the Rocky mountains 등

10.산의 이름은 the가 붙지 않는다. Mount Everest, Mount 금강, Mount 백두 등.

11.대륙의 이름에는 the가 붙는다. the African continent.

다음 예문을 보고 위의 원리를 응용하여 관사를 붙여보세요.

I met girl in U.S.A.
Girl was born in Philippines.
She was wearing pink shirt and blue skirt.
She was living in Washington D.C.
She was working for White House.
She had cute dog.
She bought dog at pet shop downtown.
She said she did not have boyfriend.
It was long time ago.
I wish I could see girl again.

I met a girl in the U.S.A. girl은 많은 여성 중의 불특정한 한 사람이기 때문에 a가 붙어야 합니다. U.S.A.는 보통 명사가 고유명사로 된 경우이기 때문에 the가 붙습니다.

The girl was born in the Philippines. girl은 앞에 한 번 나온 그 특정한 여성이기 때문에 the가 붙습니다. Philippines는 나라의 이름이기도 하지만 섬의 이름이기 때문에 the가 붙습니다.

She was wearing a pink shirt and a blue skirt. pink shirt와 blue skirt는 많은 셔츠와 스커트 중의 하나인 불특정한 것이기 때문에 a가 붙습니다.

She was living in Washington D.C. 워싱턴은 고유명사이기 때문에 관사가

붙지 않습니다.

 She was working for the White House. 백악관은 보통명사가 고유명사가 된 경우이기 때문에 정관사 the가 붙습니다. 이때 만일 a white house라고 하면 세상의 많은 하얀색 집 중의 하나라는 불특정한 명사가 됩니다.

She had a cute dog. 귀여운 개는 세상에 많은데 그 중의 불특정한 하나이기 때문에 부정관사 a가 붙습니다.

She bought the dog at a petty shop downtown. 앞에 언급된 특정한 그 개를 말하기 때문에 the dog이 되고 애완견가게는 아직 언급되지 않은 불특정한 많은 가게 중의 하나이기 때문에 부정관사 a가 붙습니다. downtown은 부사이기 때문에 관사가 붙지 않습니다. 관사는 명사 앞에만 붙습니다. 혹은 the + 형용사로 해서 the rich라고 하면 부자라는 뜻이 되기도 합니다.

She said she did not have a boyfriend. 아직 언급되지 않은 불특정한 남자친구이기 때문에 부정관사 a를 씁니다.

It was a long time ago. 긴 시간 앞에는 늘 a가 붙습니다.

 I wish I could see the girl again. 앞에 언급된 그 특정한 여성이기 때문에 the girl이라고 합니다.

이런 원리를 이해하시고 앞으로 계속 응용해주세요.

한 개 더 해보시겠습니다. 역시 관사가 필요하다고 생각되는 곳에 붙여주세요.

Finally I got new job today.

I had been unemployed and looking for job for quite while.

I listed my name at few employment agencies and was given information about several positions but I wasn't interested in any of these jobs.

Last week, I filled out application form for new company in town and arranged for personal interview.

Several men were interviewed for this job, and I didn't know if I would get it.

This morning, someone from company called up and asked to see me at two o'clock.

Finally I got a new job today. 많은 일자리 중의 하나.

I had been unemployed and looking for a job for quite a while. for a while은 숙어로써 늘 관사를 붙입니다.

I listed my name at a few employment agencies. a few는 '몇몇의 고용기관에'라는 뜻이 되고 a가 없이 few라고 하면 거의 없다는 뜻이 되어서 거의 고용 기관에 이름을 올리지 않았다는 뜻이 됩니다.

and was given information about several positions but I wasn't interested in any of these jobs.

Last week, I filled out an application form for a new company in town and arranged for a personal interview. 신청서 양식은 셀 수 있는 것 중의 불특정한 하나이기 때문에 a가 붙고 새로운 회사가 여럿 있는 것 중의 불특정한 하나이기 때문에 a가 붙습니다. in town은 관사없이 '시내의'라는 뜻이 됩니다. in a town이라고 하면 '어떤 마을(혹은 도시)'에서 라는 뜻이 됩니다. in the town이라고 하면 '그 마을에서'라는 뜻이 됩니다. interview는 가산 명사이고 세상의 많은 것 중의 하나이기 때문에 a가 붙습니다.

Several men were interviewed for this job, and I didn't know if I would get it. This morning, someone from the company called up and asked to see me at two o'clock. 그 회사는 내가 이력서를 내고 면접을 본 그 특정한 회사이기 때문에 the가 붙습니다.

앞으로 명사를 보실 때마다 관사가 어떻게 처리되어 있는지 유심히 봐 주시기 바랍니다.

Lesson26 **부사의 위치**

공부 방법

영작할 때 부사는 기본적으로 수식하는 단어 가까이, 문장의 맨 앞 혹은 맨
뒤에 옵니다. 반드시 정해진 원칙을 따라야 할 때가 있고 이래도 좋고 저래
도 좋은 때도 있습니다. 다음에 나오는 기본 원칙을 외워주세요. 그리고 부
사가 이 기본 원칙과는 다른 위치에 있는 문장을 보시면 그냥 case by case
로 암기해주세요. 단 그 문장이 영어 원어민이 쓴 믿을 만한 문장일 경우에
만 그렇습니다. 많은 문장을 접하면서 외우다 보면 신경쓰지 않아도 맞게
되는 때가 옵니다.

부사의 위치

1.부사는 형용사나 부사를 수식할 때는 그 수식받는 단어 바로 앞에 온다.
He was very strong.
I studied English very hard.

2.원칙적으로 빈도와 정도를 나타내는 부사(often, always, never, almost, nearly, probably, perhaps 등)가 일반동사를 수식할 때는 그 동사 앞에 두지만 제일 앞이나 뒤에 두기도 한다.
He always smiles.
He went to the library sometimes.
Sometimes, he went to the library.
He sometimes went to the library.

3.빈도와 정도를 나타내는 부사를 be동사의 경우에는 be동사의 앞이나 뒤에, 조동사와 함께 쓸 때는 그 조동사 다음에 둔다.
He is always happy.
I have never been overseas.

4.자동사를 수식하는 경우에는 바로 그 뒤에 온다.
He ran fast.

5.시간이나 상소를 나타내는 부사나 부사구는 문장의 맨 앞이나 뒤에 둔다.
Yesterday, he saw her.
I went to the hospital last month.

6.장소를 나타내는 부사구와 시간을 나타내는 부사가 한 문장에 있을 때는 원칙적으로 장소를 먼저하고 시간을 그 다음에 둔다. 주동목장시(주어+동사+목적어+장소+시간)으로 외우면 편리함.
I met her in the library yesterday.

7.시간을 나타내는 부사나 장소를 나타내는 부사가 여러 개 계속 나올 때는 작은 단위를 먼저 쓰고 큰 단위를 나중에 쓴다.

He went to Seoul, Korea.

Let's meet at 12 on Sunday.

8.문장 전체를 꾸미는 부사는 사실상 동사를 꾸미는 부사인데 문장의 맨 앞에 놓기도 하고 동사 앞에 놓기도 하고 드물지만 문장의 맨 끝에 놓기도 한다.

Really, I love her.

I really love her.

I love her really.

중급2

• Lesson27-33
전치사, 조동사, 접속사 활용

• Lesson34
분사구문

• Lesson35
관계대명사, 관계부사,
전치사+관계대명사

• Lesson36
시제

• Lesson37
많이 쓰는 부사 용법

• Lesson38
많이 쓰는 동사 용법

• Lesson39-49
문장의 5형식에 따른 문장 분석

• Lesson50
가주어 및 진주어

• Lesson51-56
to+부정사 활용

• Lesson57
사역동사

• Lesson58
지각동사, 분사구문, 동명사

• Lesson59
관계대명사,
전치사 + 관계대명사 심층분석

• Lesson60
관계대명사, 삽입절이 있는 문장

• Lesson61
등위접속사, 형용사절, 명사절

• Lesson62-66
종속절, 주절, 복문, 단문

• Lesson67
능동, 수동

• Lesson68
가정법

• Lesson69-70
직접화법, 간접화법

중급2 단계별 공부 방법

1단계 받아적기

한 문장을 다 듣고 나서 받아적는 것이 아니고 편리한 대로 3-4단어 듣고 정지시키고 받아적으세요. 필요하면 되돌아가서 다시 들어보셔도 좋습니다. 자신이 적은 것을 본 교재의 문장과 대조하고 틀린 것은 다시 받아적고 또 대조하고 또 받아적는 것을 계속해서 백점이 될 때까지 반복해주세요.

2단계 영한 번역

번역할 때는 38과 뒤의 '주요 단어 및 문법'을 참조하면서 직역을 해주시고 그곳에 없는 단어 중에서 모르는 단어들은 사전을 보면서 번역해주세요. 사전을 보면 어떤 단어는 뜻이 몇 개 밖에 없고 어떤 단어는 수십개 내지 수백개 용법이 있습니다. 그런 단어들을 사전을 보면서 번역하려면 너무나 힘들기 때문에 그 엄청나게 용법이 다양한 단어들을 실제로 많이 쓰는 용법만 압축해서 요약해두었습니다. 참고하시면 많이 편리하실 것입니다. 아름다운 의역은 이 책을 다 떼고 고급실력이 되었을 때 고민하시고 기초 공부하는 단계에서는 철저하게 직역을 해야 문법 실력을 쌓을 수 있습니다. 본인이 번역하신 것과 오른 쪽의 한글 문장을 대조해보고 똑같지 않은 문장은 다시 번역해주세요. 뜻은 같고 표현은 다르지만 본인이 번역하신 것이 더 훌륭한 경우는 사실 괜찮지만 처음에는 무조건 자신이 한 것이 더 훌륭하게 보이기 때문에 똑같이 해주셔야 합니다.

3단계 한영 영작

번역이 모두 완성되면 3단계 한글을 보고 영작합니다. 3단계에서는 거의 다 맞을 것입니다. 혹시 한 두 개 틀리는 것이 있으면 다시 해주세요.

주의 사항

1.한번만 번역하고 틀린 것을 수정하고는 다 되었다고 넘어가시는 분이 많은데 그렇게 하면 발전이 없습니다. 틀린 문장은 다시 번역해 주셔야 합니다. 본인이 번역한 것이 맞을 때까지 반복해서 해주셔야 합니다.

2.각 단계에서 완성될 때까지 하지 않고 1단계 한번, 2단계 한번, 3단계 한번, 다시 1단계 한번 이런 식으로 하시면 매우 결과가 좋지 않습니다. 각 단계에서 백점이 될 때까지 그 다음 단계로 넘어가지 마세요.

4단계 영한 및 한영으로 말하기
먼저 영어를 보고 한글로 말하는 연습을 해주세요. 쉬울 것 같지만 무척 어렵습니다. 백점이 되면 한글을 보고 영어로 말하는 연습을 해주세요. 이때는 23과 24과에서 공부한 발음 원리에 따라서 연습해주세요. 그렇게 해서 잘 되면 그 다음에 교재의 원어민 발음을 듣고 따라하는 연습을 해주세요.

주의 사항
처음부터 원어민 발음을 듣고 따라 하면 큰일 납니다. 아나운서의 입은 보이지 않고 속도는 빠르기 때문에 엉터리 발음이 됩니다. 한 단어 한 단어를 23과에서 공부한 것과 강약과 붙이고 떼는 것을 24과에서 공부한 대로 연구하면서 정확하게 발음하고 그것이 만족스럽게 되면 그 다음에 원어민 발음을 듣고 따라하셔야 됩니다.

5단계 문법 설명 공부 및 단어 암기
문법 설명을 구석구석까지 여러 번 읽어주세요. 멋진 이성으로부터 온 연애편지 읽는 것처럼 구석구석까지 여러 번 읽어주세요. 중요하다고 생각되는 부분만 읽으면 정말로 중요한 부분을 너무 많이 놓치게 됩니다. 그렇게 한 다음 문법과 단어를 후배에게 가르칠 수 있도록 완전히 숙지해주세요. 암기하는 것이 최고로 좋습니다.

6단계 응용 장문 번역
응용 장문 번역할 때는 반드시 38과 뒤의 단어 및 문법 정리를 보고 거기에 있는 뜻 중에서 골라서 쓰고 거기에 없는 단어는 사전을 보면서 정확하게 직역하고 나서 답과 대조하고 틀린 문장은 다시 번역해주세요. 답이 있는 문장은 그렇게 해서 똑같이 될 때까지 해주시고 답이 없는 문장은 본인이 틀림없다고 생각될 때까지 고민하면서 번역해주세요. 꼭 부탁드리는데 바로 답을 보시지 않도록 해주세요. 온갖 고민 다 하고 연구하면서 번역하고 저의 번역과 맞추어보시고 다시 고심하면서 번역하고 또 맞춰보고 또 틀린 것을 다시 번역하는 수고를 해주세요. 이렇게 부탁드려도 답을 바로 보시는 분이 많아서 답을 넣지 않는 문장을 각 과마다 몇 개씩 넣었습니다. 문법을 충분히 숙지하고 각 과의 문장을 충분히 고민하면서 스스로 해결해나가는 노력을 하신 분은 다 해결할 수 있는 수준의 문장입니다. 그리고 진도가 계속 나가면 스스로 다 해결하실 능력을 쌓으시게 됩니다.

전치사, 조동사, 접속사 활용

1. If you want to marry me, wait a little.
2. If you don't study hard, you will never speak English fluently.

3. Unless you work harder, you will never pass the examination.

4. She has been working in a bank since she left school.
5. Since she is ill, I can't take her with me.

6. You may watch TV after you finish your homework.
7. Though I love you, I can not do this.
8. Though he is young, he is very wise.
9. As you weren't there, I left a message.

10. I watched her as she combed her hair.
11. As he grew older, he lost interest in everything.

12. As before, he studied hard.

13. She likes music as much as I do.
14. Do as I say.
15. Leave the table as it is.

16. Young as I am, I know it.

1. 나와 결혼하기 원한다면, 조금 기다리세요.
2. 당신이 열심히 공부하지 않는다면, 당신은 결코 영어를 유창하게 말하지 않을(못할) 것입니다.
3. 당신이 더 열심히 공부하지 않는 한, 당신은 결코 그 시험을 통과하지 않을(못할) 것입니다.
4. 그녀는 학교를 떠난 이래로 은행에서 일해오고 있습니다.
5. 그녀가 아프기 때문에 나는 그녀를 나와 함께 데리고 갈 수 없습니다.
6. 당신은 숙제를 마친 후에 텔레비전을 보아도 좋습니다.
7. 나는 당신을 사랑하지만, 나는 이것을 할 수 없습니다.
8. 그는 어리지만, 그는 매우 현명합니다.
9. 당신이 그곳에 없었기 때문에, 나는 하나의 메시지를 남겨두었습니다.
10. 나는 그녀가 머리를 빗는 동안, 그녀를 지켜보았습니다.
11. 그는 더 늙어감에 따라, 그는 모든 것에 대한 흥미를 잃었습니다.
12. 이전처럼 그는 열심히 공부했습니다.
13. 그녀는 내가 하는 만큼(나만큼) 음악을 좋아합니다.
14. 내가 말하는 대로 하시오.
15. 탁자를 그것이 있는 그대로 두시오
16. 나는 젊지만 그것을 안다.

응용장문번역 문제

(다음 문장은 녹음되어 있지 않습니다. 위의 문장을 문법 공부까지
끝내신 후에 번역하세요)

1. The possibility of regime collapse in North Korea has been a topic of
discussion since rumors surfaced regarding North Korean leader Kim
Jong-il's worsening health after suffering a stroke.
가능성. 정권. 붕괴. 주제. 토론. 소문. 떠오르다. 관한. 악화되는 건강.
겪다. 뇌졸중.

2. More than 100 firms are doing business as online retail vendors.
회사. 사업 하다. 소매상.

3. Swiss bank accounts are no longer a safe place to hide illegal wealth
as the era of banking secrecy has ended.
계정. 더 이상 --아닌. 숨기다. 불법 부(재산). 시대. 은행 업무 비밀주의.

4. Seoul's Unification Ministry also threatened to "make a grave
decision" unless Pyongyang offers a firm guarantee that it won't close
the complex.

5. The proposal is nothing new, as North Korea made similar arguments
during its bilateral talks with the United States.
유사한 주장. 쌍무 회담.

응용장문번역 답

1. 북한에서의 정권 붕괴의 가능성은 뇌졸중을 겪은 후 북한 지도자 김
정일의 악화되는 건강에 대한 소문이 떠오른 이래로 토론의 주제이어
왔다.

2. 100개 이상의 회사들이 온라인 소매상으로써 사업하고 있다.

3. 은행 업무 비밀주의의 시대가 끝남에 따라 스위스 은행 계정들은 더
이상 불법적인 부를 숨기기 위한 안전한 장소가 아니다.

해설 강의

1. 만일 당신이 나와 결혼하고 싶다면 조금 기다리세요. 완전타동사에 걸리는 목적어에는 대부분 '을, 를'이라는 토씨(조사)를 붙여야 하지만 결혼한다는 동사만큼은 '와 결혼한다'라고 해야 자연스럽습니다. 이런 경우는 영어와 한글의 언어와 사고방식의 차이 때문입니다. 영작할 때 marry with라고 하면 틀립니다. 또 (조금만 기다리세요)라고 외우신 분은 (조금 기다리세요)라고 다시 외우세요. "조금만"이라고 하면 아주 짧은 시간으로써 just a little과 같이 강조하는 부사가 있어야 하며 "조금"이라고 하면 꽤 긴 시간도 될 수 있습니다. if는 '한다면, 이라면, 인지 아닌지'가 가장 많이 쓰는 뜻입니다.

2. if not는 "하지 않는다면, 이지 않다면"이 가장 많이 쓰이는 뜻입니다. 원래 조동사 will은 "-할 것이다" will not은 "-하지 않을 것이다"라는 뜻이고, 지금처럼 never가 들어가면 "결코 -하게 되지 않을 것이다"라고 번역해야 하는데 의역으로 "결코 -할 수 없을 것이다"라고 해도 크게 무리가 없습니다. 심각한 문제는 대부분의 학생들이 will과 can을 구별하지 않는다는 것입니다. I can drive "나는 운전할 수 있다" I will drive "나는 운전하겠다"는 전혀 다르죠? 아무리 문장이 복잡하더라도 구별해서 will은 "할 것이다, 하겠다" can은 "할 수 있다"라고 해석해 주세요.

3. unless는 '하지 않는 한' 이라는 매우 강한 뜻의 접속사 입니다. 몇년 전 중학교 영어 책에 if not와 똑같다고 되어있는 것을 보고 깜짝 놀랐습니다. if not은 '-하지 않는다면' 이라고 비교적 평범한 "추측이나 가정"의 뜻이고 unless는 '하지 않는 한'이라는 매우 강한 뜻입니다. (열심히 공부하지 않는다면)으로 외우신 분은 (더 열심히 공부하지 않는 한)으로 다시 외우세요.

4. since는(이래로), after는(이후로)로 구분해서 외워주세요. has been working은 현재완료진행형으로써 '일해오고 있다' is working은 현재진행으로써 '일하고 있다' has worked는 현재완료로써 '일해왔다, 일을 다 했다, 일한 적이 있다' 라는 세가지 중의 하나 입니다. 이 문장에서는 꼭 (해오고 있다)라고 외워주세요. 38과 이후의 단어 정리 부분 참조.

5. 이때 since는 '때문에' 입니다. take도 뜻이 무척 많은데 이 경우에는 '데려가다'입니다.

6. may는 '해도 좋다, 할지 모른다'가 기본입니다.

7. 번과 8번의 though는 '하지만' 입니다. if는 '한다면', though는 실제로 하지만입니다. 꼭 구분해서 암기해주세요. "할지라도"라고 해석하는 분이

대부분인데 "no matter how hard you may try"혹은 "however hard you may try"가 "아무리 열심히 노력할지라도" 입니다. even if가 "심지어(혹은 비록) -할지라도" 입니다.

9번부터 16번까지는 합쳐서 설명드리겠습니다. as는 전치사로도 많이 쓰고 접속사로도 많이 씁니다. 참고로 영한사전에서 as를 찾아보면 3페이지 반이나 깨알같은 글씨로 가득 설명이 되어 있습니다. 원래는 그것을 다 외워야 하지만, 너무 많고 또 실제로 많이 쓰이지 않는 용법도 많고 우리 말로 어색한 표현도 많습니다. 최대로 압축해서 "때문에, 따라, 처럼, 만큼, 대로, 하지만, 동안, 가운데"를 외워서 활용하면 95%이상 해결됩니다. 이것을 확실히 외우고 문장속에서 나오면, 이 암기한 뜻 중에서 그 상황에 적합한 단어를 골라서 써야 합니다.(많은 분들이 신중하게 고려해서 선택하지 않고 맨 먼저 머리에 떠오르는 뜻을 써서 억지로 끼어맞추는 식으로 해석합니다.)

9. 때문에, 10. 동안

11. 따라. interest in에서 in은 "대한"이라고 분명하게 번역해 주세요. "안에"라는 뜻으로 많이 쓰지만 '대한'으로도 많이 씁니다. interest다음에는 반드시 in이 따라옵니다.

12. 처럼. 13. 만큼.

14. 대로. '내가 말한 대로'라고 외우신 분은 '말하는 대로'로 바꾸어 주세요. '말한'은 과거의 뜻이고 '말하는'은 현재의 뜻입니다.

15. 그대로. 이제 is를 살펴봅시다. am, is, are를 be동사라고 합니다. 기본 뜻은 "이다, 있다"입니다. 이미 안다고 생각 되시죠? 그런데 복잡한 문장에서 be동사가 나오면, 이 기본 두가지 뜻을 몰라서 쩔쩔 매는 사람이 대부분입니다. as it is에서 as는 접속사이고, it은 주어이고, is는 동사입니다. 지금처럼 '주어+동사'만 있는 경우는 문장의 5형식 중에서 1형식이고 동사는 완전자동사라고 합니다. 이 때 be동사는 "있다"에 해당됩니다. 원래 뜻은 "그것이 있는 그대로"인데 "지금 그대로"라고 의역해도 됩니다.

16. "-지만" 이때는 조건절로써 순서가 이렇게 바뀝니다. 왜 이렇게 바뀌는가? as를 써서 강조할 때는 이렇게 도치하도록 되어 있습니다. 왜 그렇게 되어 있나? 그건 저도 모릅니다. 조상 대대로 그렇게 해 왔습니다. 그냥 외우세요. 왜 소년을 boy라고 하느냐고 물어보면 대답하지 못하는 것과 마찬가지로 생각해주세요. 물론 이 문장을 Although I am young, I know it. I am young but I know it.로도 할 수 있습니다.

장문번역 해설

The possibility of regime collapse in North Korea has been a topic of discussion since rumors surfaced regarding North Korean leader Kim Jong-il's worsening health after suffering a stroke.

이 문장을 번역할 때 흔히 하는 잘못된 번역을 하나 예시해보겠습니다.

1. 북한에서 정권 붕괴 가능성이 토론 주제이었다. 북한 지도자 김 정일의 건강이 악화된다는 소문이 떠 오른 후에. 뇌졸중 후에.

문제점 1. 한 문장을 세 문장으로 나누어서 번역하고 전체적으로 다시 하나의 문장으로 종합구성하지 않았음.

문제점 2. 전치사 of, regarding을 뺐음.

문제점 3. '악화되는 건강'은 어색하다고 생각해서 '건강이 악화된다'고 바꾸었음.

문제점 4. has been은 현재완료인데 단순 과거로 바꾸었음.

문제점 5. since는 '이래로'인데 '이후로'라고 했음.

해결 1. 처음에 나누어서 번역했더라도 다시 한 문장으로 만든다.

해결 2. 전치사는 38과 뒤의 단어 및 문법 총정리에 나오는 것을 참조하고 그 중의 하나의 것을 잘 선택한다. 거기에 없는 뜻을 만들어내서 쓰지 않아야 한다.

해결 3. 어색한 느낌이 들더라도 '악화되는 건강'이라고 직역한다. 기초를 정리하는 단계에서는 직역을 해야 문법 정리 가 되고 응용이 됩니다. 아름답고 자연스러운 의역은 책을 다 떼고 기초가 확립된 다음에 시작합니다.

해결 4. has been은 38과 뒤의 단어 및 문법 총정리의 시제에서 be동사의 현재완료 편을 보고 적합한 것을 활용한다.

해결 5. since를 38과 뒤의 단어 및 문법 총정리 8번을 보고 활용한다.

번역할 때의 급소 중의 급소가 하나 있습니다.

영어 문장에서 전치사를 엄청나게 많이 접하게 되는데 전치사의 뒤에는 반드시 명사가 옵니다. 전치사 + 명사 = 전치사구이다 라고 알고 계시는 분이 많은데 틀리는 말은 아니지만 번역할 때 아무런 도움이 되지 않습니다. 전치사 + 명사 = 형용사구 아니면 부사구입니다. 전치사+명사가 어떤 명사를 수식하면 형용사구이고 명사를 수식하지 않으면 모두 부사구입니다. 이것을 다르게 표현하면 동사나 형용사나 다른 부사를 수식하면 부사구입니다. 예를 들어 I live in Korea.에서는 in Korea라는 전치사+명사가 동사인 live를 수식합니다. 그래서 부사구입니다. All people in Korea know him.에서 in Korea는 명사인 people을 수식합니다. 그래서 형용사구입니다. 이것이 왜 중요합니까? 부사구와 형용사구를 확실히 구분해서 번역해야 정확한 번역이 됩니다. I live in Korea.에서 in은 단어 총정리의 in의 뜻 중에서 '안에'를 활용하는 것이 좋습니다. in Korea를 부사구로 처리하면 '나는 한국 안에 산다.' 혹은 '나는 한국에 산다.'가 됩니다. 만약 이것을 형용사구로 처리하면 "나는 한국 안의 산다."라는 이상한 말이 됩니다. All people in Korea know him.에서 '내의'를 활용해서 '한국 내의 모든 사람들이 그를 안다.'로 해석합니다. 만약 이것을 부사구로 처리하면 '한국 내에서 모든 사람들이 그를 안다.'가 됩니다. 이때는 in Korea가 동사 know를 수식하는 부사구로 처리한 것입니다. 그렇게 해도 되지만 All people을 수식하는 형용사구로 보는 것이 더 좋습니다. 위의 응용 독해의 첫 문장을 다시 봅시다. of regime collapse은 명사인 possibility를 수식하는 형용사구로써 '정권 붕괴의'. in North Korea는 명사인 collapse를 수식하는 형용사구로써 '북한 내의'. of discussion은 명사인 topic을 수식하는 형용사구로써 '토론의'. regarding North Korean leader Kim Jong-il's worsening health는 매우 길지만 명사인 rumors를 수식하는 형용사구로써 '북한 지도자 김정일의 악화되는 건강에 관한'. after suffering은 형용사인 worsening을 수식하는 부사구로 보아서 '겪은 후에'로 할 수도 있고 명사인 health를 수식하는 형용사구로 보아서 '겪은 후의'로 할 수도 있음.

단어 및 문법 총정리의 단어를 예로 들어 설명하겠습니다.
먼저 in을 살펴보면 in+명사를 형용사구로 처리할 때는 '--안의' '내의' '의' '에 있어서의' '으로의' '로써의' '대한'으로 해석하고 부사구로 처리할 때는 '안에' '내에' '에' '에 있어서' '으로' '로써' '대하여'로 해석합니다.
on을 살펴보면 on+명사를 형용사구로 처리할 때는 '위의' '에서의' '에의' '대한' '편의' '의'로 해석하고 부사구로 처리할 때는 '위에서' '에서' '에' '대하여' '편에' '에'로 해석합니다.
앞으로 번역하시면서 전치사가 나오면 반드시 형용사구인지 부사구인지 확인하고 번역해주세요. 수업 시간에 물어보면 문법적으로 따지지 않고 느낌으로 '부사구'라고 말하시는 분이 참 많습니다. 반드시 그 전치사+명사가 그 문장 안의 어떤 단어를 수식하는지 보고 명사를 수식하면 형용사구이고 그 이외에는 부사구라고 규정해주세요.

단어 암기 방법

제가 1972년부터 통역대학원 입학할 때까지 약 20년 동안 단어를 외우기위하여 별의 별 방법을 다 해보았는데 그 중에 가장 효과가 있어서 정착한방법입니다. 27과에 나왔던 단어 중에서 전에 몰랐던 단어를 뽑아서 다음과 같이 적어주세요. 한 가지 중요한 점이 있습니다. 몰랐던 단어란 어떤것입니까? 아까 번역할 때 우리 말로 잘 나오지 않았거나 틀렸던 단어들은 모두 모르는 단어입니다. "아는 단어인데 깜빡 생각이 나지 않았을 뿐이야."라고 생각되는 단어는 모르는 단어입니다. 다음에 어려운 문장에서나오면 역시 생각나지 않을 가능성이 높은 단어입니다. 그런 다음 단어장에 다음과 같이 적어주세요. 가운데에 번호부터 먼저 세로로 적고 왼쪽에영어를 오른쪽에 한글을 적어 주세요.

wait	1	기다리다.
fluently	2	유창하게.
unless	3	--하지 않는 한.
work	4	일하다. 공부하다.
since	5	이래로.
leave	6	떠나다. 버리다. 내버려두다. 남겨두다.
take	7	데려가다.
may	8	해도 좋다. 할지 모른다.
watch	9	지켜보다. 구경하다.
as	10	때문에, 동안, 함에 따라, 처럼, 대로, 하지만, 이지만,
comb	11	빗다.
as much as	12	만큼

영어에서 한글로 먼저 외워도 되고 한글에서 영어로 먼저 외워도 되는데제 경험으로는 한글에서 영어로 먼저 외우고 그런 다음 영어에서 한글로외우는 것이 더 효과적이었습니다. 1번의 영어를 가려놓고 한글을 보고영어로 말해봅니다. wait라는 단어를 정확히 말할 수 있었으면 1번의 가렸던 영어 단어를 보고 확인합니다. 생각이 나지 않았거나 틀렸으면 연습장에 1이라고 적습니다. 물론 정확하게 맞으면 적지 않습니다. 그런 다음

2번의 한글을 보고 영어로 또 말해봅니다. a little이라는 단어를 정확히 말할 수 있었으면 가렸던 영어 단어를 보고 확인합니다. 또 생각이 나지 않았거나 틀렸으면 연습장에 2라고 적습니다. 그렇게 12번까지 내려갑니다. 그런 다음 번호 적힌 것만 맨 위에서부터 똑같이 영어 단어를 가려놓고 한글을 보면서 영어로 말해본 다음 가렸던 영어를 보고 확인합니다. 맞으면 연습장의 번호를 사선으로 한번 긋습니다. 틀렸으면 그냥 내려갑니다. 그렇게 12번까지 한 다음 다시 맨 위에서부터 사선이 그어지지 않은 단어만 또 똑같이 합니다. 그렇게 몇 번 하면 모두 다 맞게 됩니다. 그 다음에는 한글 단어를 모두 가려놓고 영어 단어를 보면서 한글로 말하고 맞춰봅니다. 그런 다음 가렸던 한글을 보고 확인한 다음 틀린 단어의 번호를 또 단어장에 적습니다. 그렇게 몇 번 해서 모두 맞을 때까지 한 다음 다시 한영으로 또 영한으로 똑같이 해서 모두 다 완벽하게 할 수 있을 때까지 합니다.

한 가지 중요한 도움말. 10번의 단어는 뜻이 7개가 있습니다. 이런 단어를 외울 때는 다음과 같이 하는 것이 좋습니다.
일 단계: 하나만 외웁니다. 즉 'as: 때문에'만 보고 눈을 뗀 다음 'as:때문에'라고 세 번 정도 소리내서 복창합니다.
이 단계:두개만 외웁니다. 즉 'as: 때문에, 동안'만 보고 눈을 뗀 다음 'as: 때문에, 동안'이라고 세 번 정도 소리내서 복창합니다.
삼 단계:세 개만 외웁니다. 즉 'as: 때문에, 동안, 함에 따라'까지만 보고 눈을 뗀 다음 'as: 때문에, 동안, 함에 따라.'라고 세 번 정도 소리내서 복창합니다.
이런 방식으로 사단계, 오단계, 육단계, 칠단계로 7개를 차근차근 외워나갑니다. 중간에 보고 눈을 떼고 말하는데 잘 되지 않으면 다시 보고 또 다시 복창합니다.
위에 말씀 드린 방식이 제가 개발한 단어 암기 방식입니다. 별 것 아닌 것으로 보이시겠지만 이 방법을 터득할 때까지 상식적으로 괜찮을 것이라고 생각했던 방식, 단어 암기 방법에 관한 책 2권, word power(vocabulary) 2권을 떼고 나서 개발했고 그 후로 통역 대학원 졸업한 후에도 변함없이 애용한 방식입니다. 이대로 하시면 제가 했던 수많은 시행 착오를 피하고 가장 적은 시간에 가장 많은 단어를 가장 확실하게 암기할 수 있습니다. 많이 활용해주시기 바랍니다.

Lesson28 전치사, 조동사, 접속사 활용

1. Even if I have to walk all the way, I'll go there.

2. Even though I failed, I would try again.
3. Throw it into the fire.
4. He folded the napkin into a triangle.
5. He turned the spare room into a study.
6. He went into the room.
7. Nobody was in the house when we called.
8. He lives in a small house in the suburbs.
9. He read about it in the newspaper.
10. It will be ready in a week.

11. He's behind the others in reading.
12. You must pay in cash.
13. In an attempt to save a child, she donated one of her kidneys.

14. He has no confidence in his ability.
15. I have no interest in music.
16. She has a strong belief in God.

17. In trying to improve his English, he is building his vocabulary.

1. 비록 내가 그 모든 길을 걸어가야 한다고 할지라도 나는 거기에 가겠다.

2. 비록 나는 실패했지만, 나는 다시 시도하겠다.
3. 그것을 불 속으로 던져라.
4. 그는 그 냅킨을 삼각형으로 접었다.
5. 그는 그 남는 방을 서재로 바꾸었다.
6. 그는 그 방으로 들어갔다.
7. 우리가 전화했을 때, 그 집 안에는 아무도 없었다.
8. 그는 교외의 작은 집에서 산다.
9. 그는 신문에서 그것에 대하여 읽었다.
10. 그것은 일주일 내에 준비가 될 것이다.

11. 그는 읽기에 있어서 다른 사람에 뒤진다.
12. 당신은 현찰로 지불해야 한다.
13. 한 아이를 구하려는 시도에서, 그녀는 자신의 신장의 하나를 기증했다.

14. 그는 자신의 능력에 대한 확신이 없다.
15. 나는 음악에 대한 흥미가 없다.
16. 그녀는 하나님에 대한 강한 믿음을 갖고 있다.

17. 자신의 영어를 향상시키려고 노력하는 것에 있어서, 그는 그의 어휘력을 쌓고 있다.

응용장문번역 문제

in, will, would를 중심으로 하는 응용 문장 번역

1. The market will see a tremendous growth in the years ahead as more companies will jump into the market.
엄청난. 성장. 앞의. 뛰어들다.

2. Labor productivity in the service sector in Korea is just half that of OECD countries.
노동 생산성. 부문. 단지.

3. Korea's economic structure is trapped in a troublesome double structure.
구조. 갇혀있는. 골치아픈. 이중 구조.

4. These two incidents have seriously undermined the public's confidence in domestic financial companies.
사건. 약화시키다. 신뢰. 국내 금융 회사.

5. The former dictator and his family members, relatives and aides have violated laws in the course of laundering his slush funds.

6. This country needs the best mix of diplomatic and military readiness.

응용장문번역 답

1. 그 시장은 더 많은 회사들이 시장으로 뛰어들 것이기 때문에 앞으로 몇 년 내에 엄청난 성장을 볼 것이다.
2. 한국의 서비스 부문의 노동 생산성은 오이씨디 국가들의 그것의 단지 절반이다.
(half that을 a half of that으로도 할 수 있음. 반시간을 말할 때 half an hour로도 할 수 있고 a half of an hour라고도 할 수 있는 것과 같음.)
3. 한국의 경제 구조는 골치아픈 이중 구조 안에 갇혀있다.
4. 이 두 사건은 국내 금융 회사에 대한 대중의 신뢰를 심각하게 약화시켰다.

해설 강의

1. 1번 문장에서 even if는 (비록—하더라도)라고 번역해 주세요. Walk를 (간다)고 번역하는 분이 많은데 (걸어간다)라고 꼭 번역해주세요. 조동사 will은 미래를 나타낼 경우에는 (할 것이다)로, 의지를 나타낼 때는 (하겠다, 하려한다)가 대표적인 뜻입니다. 많은 분들이 미래인 "할 것이다"라고만 알고 있는데, 앞으로는 will이 나오면 꼭 미래인지 의지인지 고려해 주세요. 이 경우에는 의지입니까? 미래입니까? 영어에 의지인지 미래인지 표시되어 있지 않고, 우리가 판단해야 합니다. 자신이 가겠다고 하는 것이니까 의지로 생각하는 것이 옳겠죠?

2. 2번 문장에서 even though는 "심지어(비록)하지만"입니다. Even if "심지어(비록)하더라도"와 구분해 주세요. Even though는 "실제로 그랬지만"이라는 뜻이고 even if는 "아직 모르겠지만 그렇게 되더라도"라는 뜻입니다. 뭐요? 이 두개가 차이가 없다고요? 정신 차리세요. 조동사 would는 미래일 경우에는 "———할 것이다"로 will과 비슷한데 가능성이 좀 적습니다. 의지일 경우에는 "하겠다, 하려했다, 하려할 것이다."로 현재, 과거, 미래로 다 쓰이는데, 역시 will보다 의지가 조금 약합니다. 과거의 불규칙적인 습관일 때는 "하곤 했다." 입니다.

3. throw는 '던지다'이고, into는 '안으로' 입니다. in(안의, 내의)와 절대 혼돈해서 쓰지 않도록 해주세요.

4. fold는 '접다' 는 뜻이고, triangle은 '삼각형'이고, 여기서 'into'는 '으로' 라는 뜻입니다.

5. turn은 자동사이면 자신이 '돌다, 회전하다'이고, 타동사로 쓰면 다른 존재를 '돌리다, 전환시키다'입니다. 자동사, 타동사는 lesson39부터 상세히 다룹니다. 주어가 스스로 움직이고 목적어를 갖지 않으면 자동사이고, 목적어가 있어서 동사의 영향을 받는 경우 그 동사를 타동사라고 합니다. 이 경우에는 spare room이라는 목적어가 있으니까 타동사로 씌었고 into는 "으로"라는 뜻으로 쓰였습니다. Study는 동사로 쓰면 "공부하다"이고, 명사로 쓰면 "공부, 서재" 등의 뜻이 있습니다.

6. 여기에서 into는 "안으로"라는 뜻입니다.

7. call은 사람을 목적으로 받는 완전 타동사일 때는 '에게 전화하다"라는 뜻으로 가장 많이 쓰입니다. Call on은 방문하다. call my name하면 나의 이름을 부르다. 목적어와 목적보어가 있으면 불완전 타동사가 되는데, 예를 들어 call me (목적어) Grant(목적보어)라고 하면 '나를 그랜트라고 불러주세요' 라는 뜻이 됩니다. 그 이외에도 call의 뜻이 많은데 오늘은 "전

화걸다"로 확실히 외워주세요.

8. the suburbs 교외인데 꼭 끝에 s가 붙고 앞에 the가 붙습니다. in은 '안에'라는 뜻이고 are가 '있다'라는 뜻입니다. 그런데 99%의 학생들이 in이 나오면 '있는'이라고 하는데 영어의 'in'과 발음이 똑같고, 또 많은 경우에 의역을 해서 '있는'이라고 해도 맞아 떨어질 때가 많기 때문인 것 같습니다. '있다'라는 뜻을 갖는 영어는 be동사 입니다. 앞으로 'in'이 나오면 '있는'으로 하지 말고 '안에, 내에, 에, 있어서, 으로, 로써, 대한,'중의 하나를 써서 번역해주세요.

9. in: 안에서, about: 대하여

10. be ready: 준비되어 있다. in a week: 일주일 내에. in을 '내에'가 아니고 '후에'라고 알고 있는 분도 많은데 많은 사전과 참고서, 회화책에서 그렇게 말하고 있기 때문입니다. 그러나 그것은 잘못된 이야기 입니다. in에 '후에'라는 뜻이 없다는 말씀은 아니고 그런 뜻으로도 쓰이기도 하지만 특별한 소수의 경우이고, 대부분은 '내에'라는 뜻입니다. 소수의 용법을 가지고 전체를 대표하는 것처럼 가르치는 것은 큰 잘못입니다. 일반적으로 '내에'라는 뜻이고, 가끔 '후에'라는 뜻으로도 씁니다. 권위있는 책(?)에 그렇게 되어 있는데 일개 학원 강사인 당신이 뭘 안다고 그렇게 큰소리치느냐라는 의심이 드는 분도 있을 것입니다. 제가 미국인 여러 사람에게 확인해보고 하는 이야기 입니다. 의심나면 미국인에게 in이 after와 같은 용법으로 쓰이느냐고 물어보세요. 어떤 사람은 within도 있지 않느냐고라고 대드는데 누가 없다고 그랬습니까? within도 '안에'라는 뜻인데 in보다 강합니다.

11. read는 "읽다" reading은 동명사로써 "읽는 것" 입니다. 동명사가 뭡니까? 동사와 명사의 성격을 다 갖고 있는 것으로서 "하는 것"을 말합니다. 우리 말로 분석하면 "읽는다"라는 동사의 성격과 "것"이라는 물건을 말하는 명사의 성격을 다 갖고 있습니다. 이때 reading은 in이라는 전치사의 목적어이기 때문에 동명사를 써야 합니다. 명사는 전치사에 바로 붙어서 쓰일 때에는 전치사의 목적어라고 합니다. 전치사 다음에는 꼭 명사만 오게 되어 있습니다. 기초가 약한 분 골치 아프시죠? 나중에 더 상세하게 다룹니다.

암기할 것

1. "전치사 뒤에는 명사만 온다"
2. "전치사 뒤에 오는 명사는 전치사의 목적어라고 한다"
3. "전치사 뒤에 동사가 올 때는 명사로 만들어주기 위하여 ing를 붙여서

동명사로 만들고 '하는 것'이라고 해석한다.

이 세 원리를 소리내어 열번 이상 복창(군대용어)하세요. 그리고 나서 이 교재에서 눈을 떼고 다시 열 번 이상 복창하세요. 그러면 외워집니다. 다 외웠으면 위의 설명을 다시 읽으세요. 그러면 이 문법 원칙은 전혀 어렵지 않게 됩니다.

is는 있다. behind는 뒤에, the other는 다른 사람들

12. in cash 현금으로, pay 지불하다

13. in an attempt 시도에 있어서, 시도로써, 시도에서. One of "의 하나" of는 "의"라는 뜻

14. confidence in: "에 대한 확신"

15. interest in : "에 대한 흥미"

16. belief in: "에 대한 믿음"

17. try는 "노력하다" in trying은 역시 동명사가 수반된 것. "노력하는 것 에 있어서"

단어 암기를 꼭 해주세요. 38과 뒤의 단어 종합 정리 편에서 in, would 등 오늘 공부한 중요한 단어를 찾아서 외워주세요.

발음공부

역시 한영으로 문장을 다 외운 후에 몇 번 따라 해주세요.

27과를 복습해주세요. 먼저 단어를 영한 한영 양쪽으로 복습하고 문장은 한영으로 복습해 주세요. 영한은 복습할 필요없습니다. 제가 공부한 경험을 보면 단어는 첫날 확실히 외웠으면 열흘은 매일 철저히 복습해야 자기 것이 되고, 문장은 5일은 철저히 복습해야 자기 것이 됩니다.

수고하셨습니다. 시간이 많이 들고 힘드시죠? 인내력을 갖고 해주세요. 시간이 많이 드는 것 같지만 제일 빠른 방식입니다. 이제 42과가 남았습니다. 이렇게 42과를 떼고 나면 영어 잘합니다. 못하면 제가 책임지겠습니다. 또 만명에 한명 있을까말까 한 노력의 천재가 되고 당신의 미래는 보장됩니다.

Lesson29 전치사, 조동사, 접속사 활용

1. She must be very happy, for she smiles all the time.

2. While I was out, it rained for a while.
3. He drinks black coffee while she prefers it with cream.

4. While there are problems, we can do it.
5. He had lunch on the plane.

6. What do you do on Sunday?
7. He was on his way home.

8. I want to buy a book on international relations.
9. Which side are you on?

10. He lived in a town on the coast.
11. On my arriving home, I discovered the burglary.
12. They were in the U.S. at the time.
13. He works at the head office.
14. Let's meet at two.
15. At night, you can see stars.
16. She is a genius at architecture.
17. I used to major in architecture but I dropped it for I was not good at it.

---

1. 그녀는 매우 행복함에 틀림없는데, 왜냐하면 그녀는 항상 미소 짓기 때문이다.

2. 내가 밖에 있는 동안, 한동안 비가 내렸다.
3. 그녀는 그것을 크림과 함께 더 좋아하는 반면 그는 블랙커피를 마십니다.

4. 문제들이 있지만, 우리는 그것을 할 수 있다.
5. 그는 그 비행기에서 점심을 먹었다.

6. 너는 일요일에 무엇을 하니?
7. 그는 집으로 가는 도중이었다.(가는 길에 있었다)

8. 나는 국제 관계에 대한 책을 사기를 원한다.
9. 너는 어느 편이냐(어느 편 위에 있니)?

10. 그는 해안의 한 마을에서 살았다.
11. 집에 도착하자마자, 나는 그 절도행위를 발견했다.
12. 그들은 그 당시에 미국에 있었다.
13. 그는 본사에서 일한다.
14. 두시에 만나자.
15. 밤에는 별을 볼 수 있다.
16. 그녀는 건축의 천재이다.
17. 나는 건축을 전공한 적이 있지만, 그것을 잘하지 않았기 때문에 그것을 그만 두었다(포기했다).

응용장문번역 문제

on, you(one)을 중심으로 하는 문장 번역

1. Korea has the highest dependence on exports.
의존.
2. Foreign direct investment is also vital to easing tensions on the Korean Peninsula.
직접 투자. 중대한. 완화하다. 긴장. 한반도.
3. You could not say that household spending on private education would drop.
가계 지출. 사교육. 하락하다.
4. You should not say there is little possibility of the leakage of customer information.
5. The Obama administration vetoed a ban on the sales of some of Apple's products.
6. China is the second largest emitter of greenhouse gases.
7. The U.S. government maintains an unofficial dialogue with North Korea in New York.
8. China has been avoiding its obligations.

응용장문번역 답

1. 한국은 수출에 대한 가장 높은 의존을 갖고 있다.
2. 외국 직접 투자는 한반도에서의 긴장을 완화시키는 것에 대해서도 중대하나.
3. 사교육에 대한 가계 지출이 하락할 것이라고 말할 수 없을 것이다.
4. 고객 정보의 누출의 가능성이 거의 없다고 말하면 안된다.

해설 강의

1. smile은 "웃다" 보다는 "미소짓다" 가 더 좋습니다. laugh가 "웃다"입니다. must be를 "이어야 한다" 라고 하면 어색합니다. "임에 틀림없다" 라고 해야 합니다.

2. while은 "동안, 반면" 으로 많이 쓰입니다. was는 "이었다, 있었다" out는 "밖에" it는 "그것" 이라는 뜻의 대명사로 가장 많이 쓰이지만, 지금처럼 관용어법으로도 많이 쓰입니다. 관용어법이 뭐냐? 우리 말로 해석이 되는 것은 아닌데, 영어에서는 관례적으로 꼭 사용하게 되어있는 경우입니다. "비가 온다" 하면 "rain" 이면 다 될 것 같지만, 문장이 성립된다고 보기에는 좀 어색하죠? (어색하지도 않은데 라고 생각하는 사람은 골치아픈 사람.)

"It rains." 라고 하면 "비가 온다." 라는 문장이 성립되는데, 이때 it는 우리 말로 별도로 해석할 방법도 필요도 없습니다. 이런 것을 관용어법이라고 합니다. 더 연구하고 싶은 분은 도서관에 가서 거창한 책을 들쳐보는 것이 아니라 현재 갖고 있는 영한 사전의 it를 펴서 끝까지 읽어보세요. "it는 '그것' 이라는 뜻의 대명사로 많이 쓰이지만 지금처럼 관용어법으로도 많이 쓰인다." 라고 여러 번 소리내서 외워주세요. for a while은 "한 동안"입니다. "잠시 동안" 이라고 생각하고 싶은 사람도 많은데, "잠시동안"은 짧은 시간을 말하고 "한 동안" 은 그보다는 조금 더 긴 시간입니다.

3. 이때 while은 "반면에" 라는 뜻인데, 원래는 while 뒤의 문장을 먼저 해석하고(하는 동안, 하는 반면) while 앞의 문장을 해석해서 연결해야 하는데, 편의상 앞의 것을 먼저 해도 괜찮은 경우도 많습니다. with cream은 "크림과 함께" 가 직역이고, 의역은 "크림을 곁들인" 으로 하는 것이 좋습니다.

4, while "하지만," there are 에서는 "거기에 있다" 라고 하면 안됩니다. 이때 there은 유도부사라고 합니다. 문장을 유도해내기 위해서 필요하지만 해석은 하지 않는 부사라고 생각해주세요. 잘 모르시는 분은 Lesson8의 설명을 보고 공부해주세요. can은 "할 수 있다" 라는 굉장히 많이 쓰이는 조동사입니다. 조동사가 뭡니까? 다른 동사를 돕는 동사입니다. can이 do를 도와주어 "할 수 있다" 가 되었습니다. 이 때 can 하나만 해도 "할 수 있다"라는 뜻인데 can do도 "할 수 있다" 면 똑같은 것 아닌가라는 의문을 가진 분도 있을 것입니다. 그것은 우리 말과 영어의 차이 때문에 생기는 문제입니다. can은 다른 동사와 합쳤을 때 "할 수 있다" 라는 뜻인데, 예를 들면 "I can swim." 에서는 can은 "할 수 있다" 이고, swim은 "수영

하다" 인데 합쳐져서 "수영할 수 있다" 가 됩니다. can do는 엄밀하게 직역하면 "하는 것을 할 수 있다"로 겨우 될까말까 한데, 우리 말의 구조가 그렇지 않으므로 can do it는 합쳐서 "그것을 할 수 있다" 가 되며 I can it 라는 문장은 우리 방식으로 생각하면 "나는 그것을 할 수 있다" 라고도 될 것 같지만 영어에서는 이렇게는 절대 쓰지 않고 "I can do it." 이라고 합니다. do는 조동사로도 쓰고, 본 동사로도 씁니다. "Do you love me? I do not love you."에서 do는 의문문이나 부정문을 만들기 위하여 쓰는 조동사이고, 우리 말로 별도로 해석하지는 않습니다. we can do it. 에서는 본동사로 씌었습니다. 본동사인지 어떻게 압니까? do의 도움을 받는 다른 동사가 없고, 오히려 can이 do를 도와서 "할 수 있다" 로 만들어주기 때문에 압니다.

5. have는 "갖고 있다" 가 기본이고, "먹다" 는 뜻도 있습니다.
have lunch에는 a가 붙지 않습니다. 그러나, 맛좋은 점심을 먹다는 have a delicious lunch에서는 a가 붙습니다. 왜 그런지 미국인에게 물어보았더니, 난처한 표정을 지으면서 그냥 점심먹다의 경우는 불가산 명사로 쓰였고, 맛좋은 점심은 늘 습관적으로 먹는 것이 아니므로 가산명사로써 한 맛있는 점심이라는 의미에서 a를 쓴다고 그러더군요. lesson 11 설명 참조하세요. on은 "위에서" 로 가장 많이 쓰이는 전치사입니다. 비행기에서 라고 하면 in the plane 이라고 하지 않고, on the plane 이라고 합니다. in도 될 것 같지만, 미국인이 그렇게 안 쓰는 것을 어떡합니까? 카사블랑카라는 영화에서 비행기를 타고 간다는 표현을 여러 번 하는데 모두 on만 씁니다.

6. 날짜와 요일 앞에는 on이 붙습니다. Sunday는 복수로 해도 되고, 단수로 해도 됩니다.

7. on one's way to는 직역하면 "로 가는 길 위에" 가 되는 데 숙어로 "로 가는 길에" 라는 뜻입니다. 이 문장에서 home앞에 to가 없는 이유는? home이 "집" 이라는 명사로도 쓰이고 "집에서, 집으로" 라는 부사로도 형용사로도 쓰이는데, 이 경우는 형용사이기 때문입니다. (주의: 부사라고 생각하는 학자들이 더 많지만 저는 home이 way라는 명사를 수식하기 때문에 형용사라고 생각합니다.) 어떻게 압니까? 28단원 11번 문장을 공부할 때 전치사 뒤에는 명사만 올 수 있다고 말씀드렸죠? 이 문장에서는 전치사가 없기 때문에, 명사가 아니고 형용사(혹은 부사)입니다. 앞에 전치사가 없으면 다 명사가 될 수 없나? 그렇지는 않습니다. 완전타동사의 목적어일 때는 명사가 옵니다. (예: I love you.) on his way home에서 way

는 타동사가 아니고 "길" 이라는 명사입니다. 이 문장에서 to를 넣으면 on his way to his home.이라고 해야 합니다. home이 명사로 쓰이면 가산명사이기 때문에 앞에 a, an, the 같은 관사나 my, his 같은 소유격이 와야 합니다.

8. on은 "대한"으로 씌었습니다.

9. side(편) 앞에는 on이 옵니다. which는 명사로 쓰일 때는 "어느 것," 지금처럼 다른 명사를 수식하는 형용사로 쓰일 때는 "어느"라는 뜻입니다.

10. town 앞에서는 in, the coast(해변) 앞에서는 on을 씁니다.

11. on은 하자마자, arriving은 전치사의 목적어인 동명사, arrive는 in, at 가 따라옵니다. arrive를 자동사로 보는 학자도 있고 arrive at를 타동사구로 보는 학자도 있습니다. 이 경우에도 home이 부사로 씌었기 때문에 at 가 없습니다.

작은 예문

1. He arrived at the home.
2. He arrived at a home.
3. He arrived home(실제로는 'He got home.'을 씁니다)
은 서로 어떻게 다릅니까?

1. 그가 그 집에 도착했다.
2. 그가 어떤 집에 도착했다.
3. 그가 자기 집에 도착했다.

12. the USA 앞에는 꼭 the가 붙습니다. 25과 관사 참조. 미국에서라고 할 때는 전치사 in을 씁니다. 시간 앞에는 at를 씁니다. I get up at six o'clock. "나는 여섯시에 일어난다."

13. the head office "본사"(headquarters 라고도 함.) 앞의 전치사는 at.

14. 시간 앞의 at는 이미 설명드린 대로입니다.

15. you는 "당신"이 기본이지만, 여러 경우가 있습니다. 불특정 다수를 지칭하여 많이 씁니다. 대단히 중요합니다. 그럴 때는 우리 말로 빼고 해석해서 듣기 좋으면 빼는 것이 제일 좋고, 그렇지 않은 경우는 "사람들"이라고 해석하는 것이 무난할 때도 있고 텔레비전 아나운서가 쓰면 "시청자 여러분," 신문기자가 쓰면 "독자 여러분"으로 하는 것이 무난할 때도 있습니다. 지금 같은 경우는 생략하는 것이 좋습니다. 불특정 다수일 때

formal English(문장체의 공식 영어)로는 you를 쓰지 말고 one을 쓰도록 되어 있지만, 회화체에서는 you를 많이 씁니다.

night 앞에는 at를 쓰고 evening 앞에는 in을 씁니다. 왜 그런가? 모릅니다. 무조건 외우세요.

16. genius at "에서의 천재."

17. major in "을 전공하다" 반드시 in이 따라옵니다. drop "떨어뜨리다"가 기본이고, "포기하다, 철회하다"의 뜻도 있습니다. for는 이 경우에 접속사로써 "왜냐하면" 이라는 뜻입니다. good at "에서 잘하는" (즉, "를 잘하는"). 접속사가 여러 번 나왔지요? if, though, but, for, unless 등등이 있습니다. 접속사는 두 개 혹은, 그 이상의 단어나 문장을 연결합니다. 단어를 연결할 때는 "그리고, 와" 로 해결하면 되고, 별로 어렵지 않습니다. 문장을 연결할 때가 어렵습니다. for는 전치사로도 쓰이고 접속사로도 쓰이는데, 전치사로 쓰이면 뒤에 명사가 옵니다. 여러 번 말씀드렸죠? 접속사로 쓰이면, 뒤에 절 (주어+동사로 구성 된) 이 옵니다. 혹은 문장이라고 생각하셔도 됩니다. 그래서, 앞의 절(문장)과 뒤의 절 (문장)을 연결시켜주기 때문에 접속사라고 합니다. for같은 경우는 두 문장을 연결하는데 for 앞에 한 문장이 있고 for뒤에 한 문장이 있기 때문에 비교적 이해하기 쉽습니다. if나 though 같은 경우는 앞에 붙기도 하고, 뒤에 붙기도 해서 혼란이 옵니다. 앞에 붙는 경우는 반드시 첫 문장 다음에 (,)가 옵니다. (If you don't study hard, you will never speak English fluently. 참고) 이런 경우처럼 맨 앞에 붙으면서도 뒤의 두 문장을 연결하는 경우에도 접속사입니다. 저 같은 쉰 세대가 젊었을 당시 kiss의 품사가 뭐냐? 하면 접속사라고 대답하고 낄낄 거리고 웃었던 생각이 납니다. 물론 정답은 명사나 동사입니다. I used to는 "하곤 했다, 한때 했다" 로도 쓰고, I am used to going there.의 경우는 "에 익숙하다" 로, "나는 거기에 가는 것에 익숙하다" 라는 뜻입니다. (이때 to는 전치사, going은 동명사) A car is used to come here.의 경우는 "여기에 오기 위하여 차가 이용된다" 라는 뜻입니다.

요약암기

used to "하곤 했다, 한때 했다," "be used to +동사원형 "하기 위하여 사용된다," be used to ing "하는 것에 익숙하다" 를 열 번 이상 소리 내서 암기해주세요.

동사원형이 무엇인지 모르시는 분, 원래 형태의 동사를 말합니다. love는 원형, 과거는 loved, 동명사는 loving입니다. am, is, are 의 원형은 be. I am rich를 미래로 하면 I will am rich라고 하지 않으며 I will be rich. 라고 합니다. 조동사 다음에는 동사 원형을 쓰게 되어 있습니다. 그래서 am, is, are는 모두 원형이 be입니다.

이 과를 다 공부하신 분은 lesson27부터 한글에서 영어로만 문장을 복습하고 단어를 복습해주세요. 하기 싫죠? 그것을 이겨내고 해내면 노력의 천재가 되십니다.

전치사, 조동사, 접속사 활용

1. The sky was blue over our heads.
2. She stayed there over a month.

3. He is over fifty.
4. He has little control over his emotion.
5. Over the next few days, they got to know the town well
6. They had a disagreement over the best way to do it.
7. All the presents are for you.

8. He took some aspirin for his headache.
9. I am speaking for all workers.

10. He went to his friend for a piece of advice.
11. It's quite warm for January.

12. He is not bad for a beginner.
13. He was in prison for 5 years.
14. The coffee was too hot for her.
15. You are either for me or against me.
16. For all his wealth, he is a very lonely man.

1. 우리 머리 위의 하늘이 파랬다.
2. 그녀는 한 달 이상 그곳에 머물렀다.

3. 그는 50세가 넘었다.
4. 그는 자신의 감정에 대한 통제력이 거의 없다.
5. 다음 며칠 동안 그들은 그 마을을 잘 알게 되었다.
6. 그들은 그것을 하는 가장 좋은 방법에 대한 의견의 차이가 있었다.
7. 모든 그 선물은 당신을 위해서입니다.

8. 그는 두통 때문에 약간의 아스피린을 먹었다.
9. 나는 모든 근로자를 위하여 말하고 있다.

10. 그는 하나의 충고를 위하여 그의 친구에게 갔다.
11. 일월로서는 (치고는), 날씨가 꽤 따뜻하다.
12. 그는 초심자로서는 나쁘지 않다.
13. 그는 5년 동안 감옥에 있었다.
14. 그 커피는 그녀에게 너무 뜨거웠다.
15. 너는 내 편이든지 적이다.

16. 모든 그의 부에도 불구하고, 그는 매우 외로운 사람이다.

Lesson 30

응용장문번역 문제
for, over 를 중심으로 하는 문장 번역

1. Kim Jong-il faces a criminal investigation at the International Criminal Court (ICC) in The Hague for the North's attack on the island of Yeonpyeong.
직면하다. 범죄수사. 국제 범죄 재판소. 공격. 연평도.
2. The market will face limits in growth unless there are transparent legal codes for the protection of consumers.
직면하다. 한계. 성장. 투명한. 법규정. 보호. 소비자.
3. The average monthly income for households grew 3.5 percent to 3.86 million won during the first quarter of this year.
평균 월소득. 가구. 일사분기.

4. The government's anti-corruption bill finally passed a Cabinet meeting Tuesday after a yearlong controversy over the severity of its content between different agencies.
5. The reform should not remain as just a gesture.
6. Terminally ill people spend one third of their entire medical expenses in a lifetime in the final couple of months.

응용장문번역 답

1. 김 정일은 연평도에 대한 북한의 공격에 대하여 헤이그의 국제 범죄 재판소에서의 범죄 수사에 직면한다.
2. 시장은 소비자의 보호를 위한 투명한 법규정이 있지 않는 한 성장에 있어서 한계를 직면할 것이다.
3. 가구에 대한 평균 월 소득은 올해의 일사분기 동안 386만원으로 3.5퍼센트 성장했다.

해설 강의

1. sky는 가산명사로써 정관사 the가 앞에 붙습니다. 미국인에게 어째서 하늘이 가산명사냐고 물었더니, 파란하늘, 흐린하늘, 한국의 하늘, 북극의 하늘 등 여러 개의 하늘이 있다고 합니다. 이때 over는 "상공에"라는 뜻입니다. head는 단수로 해도 되고, 복수로 해도 됩니다. 우리의 머리는 여러 사람의 머리니까 복수로 해도 되고, 각자 하나의 머리밖에 없으니까 단수로 해도 됩니다.

2. 이때 over는 '--이상' 이라는 뜻입니다.

3. 이때 over는 '초과하는'이라는 뜻입니다.

4. have의 기본형이 '가지다'이지만, 우리 말로 그렇게 하면 어색합니다. Do you have a girlfriend?를 "너는 여자 친구를 가지니?"라고 하면 말이 됩니까? 된다고 우기는 사람은 골치아픈 동포입니다. "너 여자 친구 있니?"라고 해야 말이 되죠? 그래서 '가지고 있다,있다'로 번역하세요. 많이 부딪히는 부분입니다. 복잡한 문장에서 다른 부분은 잘 되었는데, '가지다' 때문에 어색하고 이상한 번역이 되는 경우가 매우 많습니다. 8과 참조.
little 앞에 a가 없으면 거의 없다는 뜻 입니다. control:억제, 통제, 장악 등의 뜻이 있는데, 오늘은 통제력. 이때 over는 --에 대한.

5. 이때 over는 --동안. get to 다음에 동사원형이 오면 '--하게 되다.' 장소를 말하는 명사가 오면 '--에 도달하다'

6. 이때 over는 --에 대한.

7. present는 명사로 쓰면 선물입니다. 동사로 쓰면, '제시하다, 증정하다' 형용사로 쓰면 '참석한'입니다. 이때 for는 --을 위한.

8. take는 '취하다,데려가다,복용하다,요하다.' 등등 굉장히 많은데, 이 경우에는 '복용하다'입니다. some은 단수 앞에서는 '약간의, 어떤'이라는 뜻입니다. 복수 앞에서는 '몇몇의' 라는 뜻입니다.

9. speak for는 "대변하다"라는 숙어입니다. 이때 for를 "위하여"라고 해도 됩니다.

10. 이때 for는 '위하여'. advice는 미국인 관념으로는 불가산명사로써 한 개 두개 셀 수 있는 것이 아닙니다. 그래서, 하나라는 말을 넣으려면 a piece of advice라는 말을 씁니다. news도 그렇습니다. 이때 충고를 들으러 갔나 충고하려고 갔나?라고 질문하시는 분이 많은데 둘 다 가능합니다. 전후 사정을 보고 결정해야 합니다.

11. quite warm:꽤 따뜻한. very warm:매우 따뜻한. 이때 for는 '로서는,

치고는'입니다.

12. for는 역시 "로서는,치고는," beginner는 시작하는 사람이라는 뜻의 "초심자." starter라고는 하지 않습니다. start는 보통 총알같이 튀어나가는 경우에 많이 쓰고 begin은 서서히 시작하는 경우에 많이 씁니다. 육상 시합에서는 start line이 있죠?

13. 이때 for는 동안. 이때 prison 앞에는 관사를 쓰지 않습니다. 원래의 목적 대로 죄지은 사람이 징역을 살기 위해서 감옥에 있을 때는 관사를 쓰지 않습니다. I go to school과 같습니다. 그러나 어떤 다른 사유로 어떤 감옥에 간다면 I go to a prison.이라고 합니다.

14. too hot: 너무 뜨거운. very hot:매우 뜨거운. for: 에게는

15. either A or B는 A이거나 B. Neither A nor B는 'A도 B도 아닌'이라는 뜻으로 쓰입니다. either의 발음은 '이더'라고도 하고, '아이더'라고도 합니다. neither의 발음은 '니더' 라고도 하고, '나이더' 라고도 합니다. 이때 for는 찬성하는. against는 반대하는.

16. 이때 for는 --에도 불구하고. wealth:부. 이때 사전에 for all을 '에도 불구하고'라고 되어있는데, 왜 '모든' 이라는 말을 넣느냐? 라고 질문하는 분도 많은데 For all his wealth,를 '그의 부에도 불구하고,' '그의 모든 부에도 불구하고' 둘 중에서 어느 쪽으로 하는 것이 좋습니까? 또, '모든' 이라는 단어를 넣으면 정말 틀린다고 생각하십니까?

발음

역시 완전히 한영으로 암기한 후에 듣고 따라해주세요. (조심: 완전히 외우는 노력을 생략하고 따라하는 사람은 벌써 실패의 길로 들어서시는 분입니다.)

이 과를 다 공부하신 분은 lesson27부터 한글에서 영어로만 문장을 복습하고 단어를 복습해주세요.

전치사, 조동사, 접속사 활용

1. Whom do you live with?	1. 너는 누구와 함께 사니?
2. He came with a book.	2. 그는 한 책을 갖고 왔다.
3. He has a poor relationship with her.	3. 그는 그녀와 형편없는 관계를 갖고 있다.
4. The money is on the table with the shopping list.	4. 그 돈은 쇼핑 목록과 함께 탁자 위에 있다.
5. With only two days to go, we can't delay it.	5. 이틀 밖에 안 남은 가운데(때문에), 우리는 그것을 지연시킬 수 없다.
6. With the Asian economy in recession, the IMF is demanding structural reforms.	6. 아시아 경제가 침체 속에 있는 가운데 (빠졌기 때문에), 아이엠에프는 구조 개혁을 요구하고 있다.
7. With all her faults, he still liked her.	7. 모든 그녀의 결함에도 불구하고, 그는 여전히 그녀를 좋아했다.
8. I walked through a crowd.	8. 나는 군중을 뚫고(통하여) 걸어갔다.
9. He travelled through China.	9. 그는 중국을 통하여(전역을) 여행했다.
10. It is not the role of the teacher.	10. 그것은 교사의 역할이 아니다.
11. He accused her of lying.	11. 그는 그녀가 거짓말 한다고(했다고) 비난했다.
12. He informed me of the incident.	12. 그는 나에게 그 사건에 대하여 알려주었다.
13. What do you think of it?	13. 너는 그것에 대하여 어떻게 생각하나?
14. He lived in a village 10 miles north of Seoul.	14. 그는 서울에서 10마일 북쪽의 한 마을에 살았다.
15. The office is in the southern Texas city of Dallas.	15. 그 사무실은 남쪽 텍사스 도시 달라스에 있다.
16. He walked to the office.	16. 그는 그 사무실로 걸어갔다.

17. Wait until the traffic lights change from red to green.
18. He gave it to his sister.
19. This is the solution to the problem.
20. You can go to prison for drunken driving.

17. 신호등이 적색에서 녹색으로 변할 때까지 기다려라.
18. 그는 그것을 그의 누이에게 주었다.
19. 이것이 그 문제에 대한 해결책이다.
20. 너는 음주 운전에 대하여(으로) 감옥에 갈 수 있다.

응용장문번역 문제
with를 중심으로 하는 문장 번역

1. Pyongyang is still pretty good at diplomatic survival game as it was at its long confrontation with the strongest country in the world.
외교적인 서바이벌 게임. 대결.
2. The economy is heading toward a downturn, with nine of 10 key indicators pointing to sluggish growth momentum ahead.
향하다. 하강. 주요 지표. 가리키다. 굼뜬. 성장 모멘텀. 앞의.
3. In times of a slump, one may assume a negative real interest rate provides consumers with an additional incentive for spending.

4. It is amazing to see the female victim out of bed, with her father looking through some of the thousands of get-well cards.
5. The case illustrated financial companies' tendency to disregard the importance of ensuring the security of their computer networks.

응용장문번역 답

1. 평양은 세계의 최강대국과의 긴 대결에서 그랬던 것처럼 외교적인 서바이벌 게임을 여전히 꽤 잘 한다.
2. 경제는 10개의 주요 지표의 9개가 앞의 굼뜬 성장 모멘텀을 가리키는 가운데 하강을 향하고 있다.
3. 침체의 시기에 마이너스 실질 금리가 소비자에게 지출을 위한 추가적인 유인책을 제공한다고 추측할지 모른다.

해설 강의

이 과에서는 with를 좀 더 살펴봅시다. 기본적인 뜻은 '함께, 와, 로'입니다.

1. with는 함께, 와, whom은 with라는 전치사의 목적어이기 때문에 목적격을 씁니다. 그러나 제일 앞에 오기 때문에 미국 사람들이 편의상 who라고 할 때도 많습니다. 그러나, 그렇게 해야 하는 것은 아니고 그렇게도 쓴다고 이해하십시오. 어떤 드라마에서 한 사람이 who do you live with?라고 한 사람이 말하니까, 상대편이 Where is your grammar?(너의 문법은 어디에 있니? 즉, 문법은 어디에 놔두고 다니니?)라고 말하는 장면을 본 적이 있습니다. 지금처럼 전치사가 끝에 오면 dangling preposition(매달리는 전치사)라고 해서 가능하면 피하라고 되어 있습니다. 영어권 사람들이 꽁지 빠진 새처럼 어색하다고 느낍니다. With whom do you live?로 하면 전치사가 끝에 오는 것을 피할 수 있습니다. 그러나 영미인도 이렇게 끝에 전치사가 오는 것을 100% 금기시 하는 것은 아니고, 가능하면 피하라는 정도입니다.

2. 이때 with는 '갖고'라는 뜻입니다.

3. poor는 '가난한, 불쌍한'이 가장 많이 쓰이지만, '형편없는' 이라는 뜻으로도 많이 씁니다. 이때 with는 '와'라는 뜻입니다. 중요한 원칙을 한 가지 말씀드리겠습니다. 영어 사전을 보면 한 단어의 뜻이 적게는 3-4개 많게는 백 가지 이상 있습니다. 그 많은 뜻 중에서 어떤 것을 골라야 하나? 당연히 그 문장에 가장 적합한, 다시 말하면 그 말을 하는 사람이 의도한 단어를 골라내야 합니다. 그런데, 사전 속에서 웬지 자기 마음에 드는 뜻을 미리 골라내고는(처음 본 신기한 뜻이라든지, 멋진 표현이라는 생각이 들었는지) 원래 말한 사람의 의도와 다른데도 억지로 끼어맞추어서라도 꼭 써먹겠다고 우기는 사람들이 있습니다. 그리고 수업 시간에 어색해서 안좋다고 지적하면 분노에 찬 적개심을 갖고 노려보면서 '사전에 이런 뜻도 있던데요.'라고 대들어서 교실 분위기를 냉냉하게 하는 사람들이 많습니다. '내가 사전에 그런 뜻이 없다'라고 말한 적도 없는데. 여러분은 절대로 그런 억지 부리지 않으시기 바랍니다.

4. with: '와 함께'로 쓰였습니다.

5. with: 가운데(때문에). With only two days to go.를 직역하면 '갈 겨우 이틀과 함께'가 되는데 어색하죠? '이틀 밖에 안 남은 가운데'로 의역하면 훨씬 부드럽죠?

6. with the Asian economy in recession을 직역하면 '침체 속의 아시아

경제와 함께'이고 의역하면 '아시아 경제가 침체 속에 있는 가운데' 인데 '아시아의 경제'를 영작하면 관사없이 하면 Asia's economy라고 하고 관사를 넣고 하면 the Asian economy라고 합니다. 꼭 이 둘 중의 하나를 써야 합니다. 주의할 점: demand는 ask나 request와 어떻게 다릅니까? demand는 '요구하다'입니다. ask와 request는 '요청하다, 부탁하다'입니다. 여러분은 이때까지 ask나 request가 나오면 '요구하다'라고 하셨습니까? '요청하다, 부탁하다'라고 하셨습니까?(ask는 '질문하다' 라는 뜻으로 제일 많이 쓰이지만 지금은 '요청하다'라는 의미를 다루고 있습니다.) 앞으로는 꼭 '요청하다, 부탁하다'라고 해 주세요. '요구'나 '요청' 이나 같은 말이라고 생각하세요? 법적으로 보장된 정당한 권리를 '요구' 합니까, '요청' 합니까? 요구합니다. 부모님에게 용돈을 '요청' 합니까, '요구' 합니까? 요청합니다. 만약 요구하는 자녀가 있다면 문제가 많은 집안입니다.

7. with: 에도 불구하고. Lesson30의 for와 같은 용법이죠? 어느 나라 말에나 이렇게 같은 용법의 단어가 있을 수 있습니다. still도 뜻이 많은데 여기에서는 '아직, 여전히'라는 뜻입니다.

8. through는 '통하여' 가 많이 쓰이는 뜻입니다. crowd는 백명이든 만명이든 하나로 보고 단수 취급합니다.

9. travel(여행하다)는 자동사로써 뒤에 명사가 오면 반드시 전치사가 그 앞에 있어야 합니다.

10. of가 나오면 99%가 '의'입니다. 그런데 번역을 시켜보면 100% '에 대한' 이라고 하네요. of를 사전에 보면 13가지 뜻 정도가 아니라 13단원이나 되는 용법이 있습니다. 그런데 학생들은 100% '에 대한' 으로 하는 습관이 있고 또 가르치는 입장에서 그 습관을 고쳐주려고 하니 너무너무 힘드네요. 빨리 고치도록 노력해 주세요. 99%는 '의'로 해야 하며 나머지 0.5%가 '에 대한, 했다고, 인(동격)' 이고 나머지 0.5%가 기타 사전에 있는 수 많은 다른 용법입니다. 일단 of가 나오면 '의' 로 해보고 이상하면 다른 의미 중에서 어떤 것이 저자 혹은 말하는 사람의 의도인지를 연구해 주세요.

11. 이때 of는 '한다고, 했다고'입니다. 시제는 상황을 보고 파악해야 합니다.

12. 이때 of는 '대하여'입니다.

13. 이때 of는 대하여. what은 원래는 '무엇' 이라는 뜻인데 think of가 따라오면 '대하여 어떻게 생각하니?' 라는 숙어입니다.

14. north of Seoul. 서울의 북쪽입니까? 북쪽의 서울입니까? 서울의 북

쪽입니다. 10miles north of Seoul은 '서울의 10마일 북쪽'으로 해석하는 것이 자연스럽죠?

15. 이때 of는 동격 "인"으로 해석하던지 생략해서 '남부텍사스 달라스 시'입니다.

16. to는 '로, 에게, 대한'을 많이 씁니다.

17. from은 '로부터' to는 '로'

18. 에게.

19. 에 대한.

20. 에. 주의: to가 나오면 전치사인지 to부정사인지 꼭 구분해야 합니다. 명사 앞에 오면 전치사로써 '로, 에게, 에 대한' 등으로 많이 쓰고, 동사원형 앞에 오면 to부정사라고 하며 해석은 '하기 위하여, 하는 것, --할' 등 많이 있습니다. 잘 하는 분도 복잡한 문장을 해석할 때는 이것을 뒤바꾸어 쓰는 경우가 많습니다. to부정사는 다음에 자세히 다루지만, 여기에 나왔으므로 잠시 간단히 다루겠습니다. 제가 중학교 때 영어에 흥미를 잃기 시작한 부분이 이 부분입니다. 부정문의 부정사 not와 to부정사가 자꾸 혼동되서, 어떻게 다른지도 모르겠고 왜 부정사라고 하는지도 모르겠고 해서, 안 그래도 공부하기 싫은 터에 '에라 모르겠다. 울고 싶은데 뺨 친다고 영어 공부 때려 치자'라는 생각이 들었습니다. 지금도 왜 부정사라는 이름이 붙었는지 정확히 모릅니다. 어떤 문법책에서는 '정해지지 않은 품사'라는 뜻에서 부정사라고 한다고 설명되어 있습니다. 부정사를 영어로 infinitive라고 합니다. 사전을 보면 '한정되지 않은'의 뜻에서 부정사라고 한다고 되어있고, 또 특정한 주어의 인칭, 수나 특정한 시제에 의하여서도 제한되지 않는 동사의 형태로써 명령형으로도 쓰이는 것을 부정사라고 한다라고 설명되어 있습니다. 더 자세한 내용을 알고 싶은 분은 사전을 한번 찾아보세요. 굉장히 상세히 설명되어 있습니다. 용법만 알면 되지 그런 세세한 것은 필요없다고 생각하시는 분은 그냥 부정문은 I am not sad. (나는 슬프지 않다.) to부정사는 to+동사원형으로써 '하는 것, --하기 위하여, --하기 위한' 등으로 쓴다라고 외워주세요.

이 과를 다 공부하신 분은 lesson27부터 한글에서 영어로만 문장을 복습하고 단어를 복습해주세요.

Lesson32 전치사, 조동사, 접속사 활용

1. You must finish it by this Friday.

2. The telephone is by the window.

3. The play was written by Shakespeare.

4. He was shot by a terrorist with a gun.

5. He shocked the whole company by resigning.

6. Since then, I have studied English.

7. After work, I went home.

8. Shortly after lunch, they got back to work.

9. I don't know anything about it.

10. He has about one hundred dollars.

11. He swam across the Han River.

12. All the people across the town know him.

13. There is a regulation against smoking in this company.

14. Passengers are warned against pickpockets.

15. He stood up against the dictator.

16. He left three hours later.

17. He returned after three hours.

18. Fish can survive for only a short time out of water.

1. 너는 그것을 이 금요일까지 끝내야 한다.

2. 그 전화기는 창문 옆에 있다.

3. 그 연극은 셰익스피어에 의하여 씌어졌다. (그 연극은 셰익스피어가 썼다.)

4. 그는 테러분자에 의하여 총으로 피격 당했다.

5. 그는 사임함으로써 전체 회사에게 충격을 주었다.

6. 그때 이래로 나는 영어를 공부해왔다.

7. 퇴근 후 나는 집에 갔다.

8. 점심 직후 그들은 직장으로 돌아갔다.

9. 나는 그것에 대하여 아무 것도 모른다.

10. 그는 약 백 달러를 갖고 있다.

11. 그는 한강을 건너 헤엄쳤다.

12. 그 마을 전역의 모든 사람들이 그를 안다.

13. 이 회사에는 흡연에 반대하는 (흡연을 금하는) 규정이 있다.

14. 승객들은 소매치기에 대하여 경고 받는다.

15. 그는 그 독재자에 맞서서 일어섰다.

16. 그는 세 시간 후 떠났다.

17. 그는 세 시간 후에 돌아갔다. (혹은 돌아왔다)

18. 물고기는 물 밖에서는 단지 짧은 시간 동안만 생존할 수 있다.

응용장문번역 문제
out of, by을 중심으로 하는 문장 번역

1. Japanese Prime Minister Naoto Kan proved to be a man of great imagination when he spoke of possible dispatch of the Self-Defense Forces to Korea.

2. Any biased policies by stronger powers imposed upon small and medium-sized nations can no longer work.

3. America's current-account deficit has now shrunk to just 3 percent of its annual income.

4. Korean economic policymakers wanted to generate high rates of growth by promoting exports.

5. Currently only 61 out of some 350 universities in the nation provide distance courses for soldiers.
현재. 제공하다. 통신 과정.

6. The court has been looking into other possible war crimes in Afghanistan, Sudan, and Kenya.

응용장문번역 답

1. 나오토칸 일본 수상은 한국으로의 자위대의 가능한 파견에 대하여 연설했을 때 큰 상상력의 사람임을 입증했다.

2. 중소 국가에게 부과되는 더 강한 열강들에 의한 어떤 편파적인 정책도 더 이상 효력이 있을 수 없다.

3. 미국의 경상 수지 적자는 이제 그것의 연간 소득의 단지 3%로 축소되었다.

해설 강의

1. by는 '까지'입니다. until과 by는 비슷하면서 다릅니다. until은 대부분 시간의 계속으로 '--까지'라는 뜻입니다. He studied until Friday라고 하면, 그는 계속해서 금요일까지 공부했다는 뜻입니다. by는 '늦어도 언제까지'라는 뜻입니다. (옥스포드 사전에 그렇게 나와 있습니다). this는 명사일 때는 '이것'이고 형용사일 때는 '이', this Friday는 '이 금요일,' 즉 '이번 금요일'입니다.

10. about는 '약, 대하여,'

11. across는 '가로질러서, 전역에서로' 많이 씁니다. 강이름에는 관사가 붙습니까? 안붙습니까? 고유명사니까 안붙을 것 같은데 붙습니다. 강이름에는 관사가 붙는다고 외워주세요. 25과 관사 참조.

12. town은 도시입니까, 마을입니까? 옥스퍼드 사전을 보면 원래는 울타리 마을이라는 뜻이었다고 되어있습니다. 우리나라로 말하면 읍정도가 될 것 같습니다. 많은 분들이 town을 도시라고만 생각하기 때문에 문제를 제기해봤습니다. 앞으로 해석할 때 town이 나오면 이 경우에는 마을이 좋은가 도시가 좋은가를 신중하게 생각해주세요.

13. against는 '반대하여, 맞서서'로 많이 씁니다.

16, 17. '세 시간 후'를 영작할 때는 three hours later, after three hours로 해야합니다. 꼭 외워주세요. 'three hours after'라는 것을 많이 봤는데라고 생각하시는 분은 부분적으로만 맞습니다. 이렇게 쓰는 경우에는 after 다음에 반드시 어떤 단어나 구나 절이 따라와야 합니다. three housr after 처럼 after다음에 아무 것도 따라오지 않고 끝나버리는 부사구는 없습니다. He came here three hours later. He came here after three hours. 는 그가 세 시간 후에 이곳에 왔다라는 뜻입니다. He came here three hours after lunch. 그는 점심식사 세시간 후에 이곳에 왔다. 이 문장에서 after는 전치사입니다. 반드시 뒤에 어떤 문장이나 단어가 와야 합니다. 이 복잡한 설명을 다 암기할 필요는 없고 "세 시간 뒤에"를 'three hours after'로는 못쓰고 'three hours later,' 'after three hours'라고만 한다라고 외워주세요.

18. out of는 대단히 많이 쓰이는 숙어인데 '로부터'로 많이 씁니다. 특히 '안으로부터 밖으로'라는 뜻으로 많이 씁니다. '밖에'라는 뜻으로 쓰면 맞을 때도 있고 틀릴 때도 있습니다.

27과부터 한영으로 말하기 복습해주세요.

전치사, 조동사, 접속사 활용

1. I ask you out of curiosity.
2. He went out of the room.
3. As a Christian, how could you lie?
4. He is twice as rich as you are.
5. I respect him as a soldier.
6. Shall I take a message?

7. I can not solve the problem.
8. He must be a spy.
9. You should (must) come here by ten o'clock.
10. He will die.
11. I will study English hard.

12. He would not answer.

13. It would be fine tomorrow.
14. He would go to the library when he prepared for the examination.
15. He shall be fifteen tomorrow.
16. I could go to college with the money.
17. Nowadays no one could do that.
18. He may be a millionaire.
19. You may go.
20. He will (would) solve the problem.
21. He might be rich.
22. You need to study English.
23. You need not study English.

1. 나는 호기심으로부터 너에게 묻는다.
2. 그는 그 방으로부터 나갔다.
3. 기독교인으로써 어떻게 너는 거짓말을 할 수 있었나(있을까)?
4. 그는 너보다 두 배 부자다.
5. 나는 군인으로써 그를 존경한다.
6. 제가 메시지를 받을까요? (말씀 전해드릴까요)

7. 나는 그 문제를 풀 수 없다.
8. 그는 간첩임에 틀림없다.
9. 너는 열시까지 여기 와야 한다.

10. 그는 죽을 것이다.
11. 나는 영어를 열심히 공부하겠다(할 것이다).

12. 그는 대답하지 않으려 한다. (않으려 할 것이다. 대답하지 않으려 했다, 대답하지 않을 것이다.)

13. 내일 날씨가 좋을 것이다.
14. 그는 그 시험에 대하여 준비할 때 도서관에 가곤 했다.
15. 그는 내일 15살이 될 것이다.
16. 나는 그 돈으로 대학에 갈 수 있을 것이다. (갈 수 있었다.)
17. 요즈음 아무도 그것을 할 수 없을 것이다.
18. 그는 백만장자일지 모른다.
19. 당신은 가도 좋다.
20. 그는 그 문제를 해결할 것이다.

21. 그는 부자일지 모른다.
22. 당신은 영어를 공부할 필요가 있다.
23. 너는 영어를 공부할 필요가 없다.

응용장문번역 문제
need, would could을 중심으로 하는 문장 번역

1. It is still unclear whether the preliminary probe would lead to a full investigation, indictment, and a final ruling.
예비 정밀 조사. 이끌다. 완전한 수사. 기소. 최종 판결.

2. One solution could be to grant educational expenses to those who desire to study.
해결책. 주다(무상지원하다). 교육비. 바라다.

3. China would surely block any move by the U.N. Security Council.
분명히. 막다. 조처. 안보리.

4. It need not comment more on the impact on its ongoing patent dispute with Apple.
언급하다. 영향. 진행 중인. 특허 분쟁.

응용장문번역 답

1. 그 예비 정밀조사가 완전한 수사, 기소, 그리고 최종 판결로 이끌 것인지는 여전히 불분명하다.

2. 한 해결책은 공부하기를 열망하는 사람들에게 교육비를 주는 것일 수 있을 것이다(혹은 —주는 것이 될 수 있을 것이다)

해설 강의

1, 2. out of: 로부터. 이때 out of 대신에 from을 쓰면 안되나? '그는 그 방으로부터 나갔다.'에서 from을 쓰면 '그는 그 방으로부터 갔다'가 되는데 이상한 말이죠?

3.lie는 동사로 쓰면 '눕다, 거짓말하다', 명사로 쓰면 '거짓말'입니다. tell a lie라고 하면 '하나의 거짓말을 하다'로서 문법책에서 특히 it—to가주어 진주어 패턴에서 많이 나오는 문장인데, 사실 좀 한국식 영어입니다. 하나의 거짓말을 하면 나쁘고, 여러 개의 거짓말을 하면 나쁘지 않을 수도 있나요?

4. '그는 너보다 두 배 부자이다'에서는 끝에 rich가 생략되어 있습니다. 직역하면 '네가 부자인 것보다 두 배 더 부자이다'라는 의미입니다. Twice는 두 번이라는 뜻으로도 쓰고, 두 배라는 뜻으로도 쓰입니다.

5.내가 군인입니까, 그가 군인입니까? 둘 다 가능합니다. 전후 사정을 보고 결정해야 합니다.

6. '제가 메시지를 받을까요?'는 전화가 왔는데 사람이 없을 때 '전할 말씀 있으십니까?'라는 용법으로 씀. 이때 shall은 상대방의 의지를 묻는 용법입니다.

8. '그는 간첩임에 틀림없다'에서 '그는 간첩이 되어야 한다'로는 해석할 수 없나요? 그렇게 할 수도 있습니다만 상황이 그럴 경우에만 가능한데, 그런 상황은 별로 없죠?

9. must와 should는 둘 다 '해야한다'라는 뜻을 갖고 있는데, 전자는 '반드시'로 매우 강하고 후자는 '특별한 이유가 없으면 반드시'로 조금 의미가 약합니다.

10. '그는 죽을 것이다'는 누구의 의지도 개입되지 않고 죽는 경우입니다. 'He shall die.'라고 하면 말하는 사람의 의지가 개입되어서 큰일 날 소리가 됩니다. (청부살인을 한다든지 등)

11. will은 의지이면 '하겠다', 미래이면 '할 것이다' 인데 어느 쪽입니까? 의지로 보는 것이 합리적이죠? 이때 hard를 hardly로 하면 어떻게 됩니까? '거의 - 하지 않는다'라는 부정의 뜻이 됩니다.

13. it은 날씨를 나타내는 관용어법으로 쓸 때는 보통 우리 말로 해석하지 않는 경우가 많습니다.
14.과거의 불규칙적인 습관입니다.
15.주어의 의지와는 상관없는 단순미래로 shall인데 실용회화에서는 will 을 많이 씁니다.
16. could는 과거로 쓰면 '할 수 있었다', 현재나 미래로 쓰면 '할 수 있을 것이다'인데 can보다 의미가 약합니다.

17.Everyone can not do it.은 아무도 그것을 할 수 없다가 아니고 모든 사람이 그것을 할 수는 없다라는 부분부정입니다. 독해할 때나 특히 영작할 때에 너무나 많은 분이 실수하는 부분입니다. 꼭 명심해주세요. 11과 참조.

18,19,21. may와 might는 비슷한데, might가 조금 더 의미가 약합니다.

22,23. need는 긍정문에서는 본동사가 되어서 뒤에는 명사구인 to부정사 가 오고, 부정문에서는 조동사가 되어서 뒤의 동사가 본동사가 되기 때문 에 to가 없습니다. 이 말이 무슨 말인지 잘 모르겠다는 분은 무조건 이 두 문장을 완전히 소리 내서 암기하세요. 나중에 알게 됩니다.

27과부터 한영으로 말하기 복습해주세요.

분사구문

1. He has studied English for ten years.
2. I was looking for a driver.
3. He will be doing his homework.
4. He has been looking for a clue.
5. Either you or I should do it.
6. Neither you nor I am responsible for it.
7. He ran so fast that I could not keep up with him.
8. Three bombs exploded, one injuring 25 people.
9. He worked hard, hoping to pass the entrance examination.
10. Three bombs exploded, killing three people.
11. He read the letter, tears pouring down his cheeks.

12. He being sick, I took his place.

13. He escaped, afraid he would be punished.
14. Having finished the homework, I had nothing to do.
15. Having finished the homework, I have nothing to do.

1. 그는 십년 동안 영어를 공부해 왔다.
2. 나는 운전자를 찾고 있었다.
3. 그는 숙제를 하고 있을 것이다.
4. 그는 단서를 찾아오고 있다.
5. 너나 내가 그것을 해야 한다.
6. 너도 나도 그것에 대하여 책임이 없다.
7. 그가 너무나 빨리 달려 나는 그를 따라 갈 수 없었다.
8. 세 폭탄이 폭발하여 하나가 25사람을 부상시켰다.
9. 그는 그 입학 시험에 통과하기를 희망하면서 열심히 공부했다.
10. 세 폭탄이 폭발해서 세 사람을 죽였다.
11. 그는 눈물을 뺨에 흘리면서 (눈물이 그의 뺨에 쏟아져 내리면서) 그 편지를 읽었다.
12. 그가 아프기 때문에 내가 그를 대신했다.
13. 그는 처벌받을 것을 두려워하면서 탈출했다.
14. 그 숙제를 끝냈기 때문에 나는 할 일이 아무것도 없었다.
15. 그 숙제를 끝냈기 때문에 나는 할 일이 아무 것도 없다.

응용장문번역 문제
분사구문을 중심으로 하는 문장

1. Starting with the breeding of interdependence and globalization since the 1990s, world politics has been plunged into multilateralism.
번식. 상호의존. 빠져들다. 다자주의.
2. North Korea made an artillery attack on Yeonpyeong Island in one of the worst provocations since the Korean War, killing two Marines and two civilians.
포격. 연평도. 도발. 해병. 민간인.
3. A war on the prices of fried chicken shows few signs of abating, a group of franchisees making their profit margins public.
(이 문장은 부대상황, 원인, 결과로 모두 번역해주세요.)
가격. 줄다(약해지다). 이윤폭. 공개하다.
4. Following almost daily raids on the hidden assets of ex-President Chun Doo-hwan, it is hard to guess where the end is.
거의 매일의 기습. 숨겨진 자산.
5. He was suspected of having shifted his assets abroad for nine years since 2000, using his subsidiary in Hong Kong.
의심하다. 빼돌리다. 자산. 해외에. 자회사.

응용장문번역 답

1. 1990년대 이래로 상호의존과 세계화의 번식과 함께 시작하면서 세계 정치는 다자주의로 빠져들어왔다.
2. 북한은 한국전 이래로 최악의 도발의 하나에 있어서 연평도에 대한 포격을 해서 두 명의 해병과 두 명의 민간인을 죽였다.
3. (결과)튀김닭의 가격에 대한 전쟁은 약해지는 징후를 거의 보여주지 않아서 한 무리의 가맹점들이 그들의 이윤폭을 공개한다.
(부대상황) 한 무리의 가맹점들이 그들의 이윤폭을 공개하면서 튀김닭의 가격에 대한 전쟁은 약해지는 징후를 거의 보여주지 않는다.
(원인) 한 무리의 가맹점들이 그들의 이윤폭을 공개하기 때문에 튀김닭의 가격에 대한 전쟁은 약해지는 징후를 거의 보여주지 않는다.

해설 강의

1. 현재완료는 경험, 완료, 계속의 세 가지 용법이 있습니다. 경험은 "한 적이 있다", 완료는 "다 했다", 계속은 "해왔다" 입니다. 이 문장에서는 십년 동안이라는 부사구가 있기 때문에 '십년 동안 영어를 공부한 적이 있다'보다는 '십년 동안 영어를 공부해왔다'가 더 자연스럽고 완료인 '십년 동안 영어를 다 공부했다'는 어색하죠? 현재완료는 굉장히 많이 쓰이는 패턴이기 때문에 이 세 가지(경험은 "한 적이 있다", 완료는 "다 했다", 계속은 "해왔다")를 완전히 외워주세요. 그리고 현재완료 문장을 해석할 때마다 이 세가지를 다 대입해서 해보고 가장 자연스러운 것을 응용해주세요. 현재완료뿐 아니라 앞으로 나오는 모든 시제의 패턴을 다 외워주세요.

2번은 과거 진행형으로서 '하고 있었다'

3번은 미래 진행형으로서 '하고 있을 것이다'

4.현재완료 진행형은 과거에도 했고 요즈음도 하고 지금 이 순간에도 하고 있는 진행형으로서 '해오고 있다'로 합니다. 현재완료의 계속 용법은 "해왔다," 현재진행은 "하고 있다," 과거진행은 "하고 있었다," 현재완료 진행은 "해오고 있다" 입니다. 이것을 혼동하지 않도록 큰 소리로 여러 번 소리내서 연습해주세요. 혹시 어색하다고 걱정하지 마세요. 나중에 의역하면 됩니다.

5.6. either A or B는 "A나 B가 --한다. 이다." 이고 Neither A nor B는 "A도 B도 하지 않다" 라는 전체 부정입니다.

7. so A -- that B는 '너무나 A해서 B하다'로 내려가면서 해석하고 too A to B는 'B하기에는 너무나 A하다' 라고 해석해 주세요. 많은 분이 둘 다 똑같이 너무나 A해서 너무나 B하다라는 내려가면서 해석하는데 so—that는 '너무나 —해서 —하다'라고 내려가면서 too---to는 '--하기에는 너무나 —하다'라고 꼭 올라오면서 해석해주세요.

8. 이제부터 분사구문을 합니다. 분사구문도 너무 너무 많이 쓰는 패턴 입니다. 다른 어떤 분야보다도 빨리 공부해서 나의 것으로 만들어야 하는 부분입니다. 38과 뒤의 종합 정리 부분에서 분사구문 정리해 놓은 것을 먼저 외우고 다음 설명을 보세요.

다 외우셨으면 다음 설명을 잘 보세요.

분사구문이 무어냐? 현재분사나 과거분사가 이끄는 구문을 분사구문이라고 합니다.

8번 문장부터 15번 문장까지는 모두 현재분사가 이끄는 분사구문이며 이 것을 잘 숙지하면 과거분사가 이끄는 분사구문은 기본 원리만 암기하면 응용할 수 있습니다.

9번,10번,13번,14번,15번은 분사의 주어가 본문의 주어와 같기 때문에 생략됩니다. 더 쉬운 예를 들면 Walking along the street, I saw a beautiful girl. (길을 걸어가면서 한 예쁜 소녀를 보았다.)라는 문장에서 길을 걸어간 사람이나 예쁜 처녀를 본 사람이나 같은 사람입니다. 그래서 Walking 앞에서는 I가 생략되었습니다. 8.11.12번은 본문과 분사구문의 주어가 다르기 때문에 생략되지 않습니다.

13번은 특별한 용법으로써 'He escaped, being afraid he would be punished.'가 원래 문장인데 being이 생략되었습니다. 이 문장을 분사구문을 쓰지 않고 풀어서 쓰면 'He escaped because he was afraid that he would be punished.(그는 처벌 받을 것을 두려워하였기 때문에 혹은 두려워하면서 탈출했다.)' 입니다. He was afraid를 분사구문으로 만들면 he being afraid가 되는데 주절의 주어와 같이 he이기 때문에 분사구문의 he는 생략하고 was를 현재분사로 만들면 being afraid가 되는데 be동사의 분사는 생략할 수 있다는 원칙이 있습니다. 반드시 생략해야 하는 것은 아니고 생략해도 좋고 또 영미인이 많이 생략 합니다. 왜 그런 법칙이 있나? 그건 아무도 모릅니다. 왜 소나무를 소나무라고 부르느냐라는 질문과 같습니다. 무조건 외우세요.

8번은 결과로서 "--폭발해서,'

9번은 부대상황으로 "희망하면서"

10번은 결과로서 "폭발해서"

11번은 부대상황으로 "눈물을 펑펑 흘리면서(눈물이 쏟아져내리면서)",

12번은 원인으로서 "아프기 때문에"

13번은 원인으로서 "무서워서"로 해도 되고 부대상황 "무서워 하면서"로 해도 됩니다.

14번 원인으로서 "끝냈기 때문에"

15번도 원인으로서 "끝냈기 때문에"로 해석됩니다.

14번과 15번은 주절이 시제가 다르지만 분사구문의 패턴은 똑같습니다. 그 앞의 다른 예문은 분사구문과 본문의 시제가 같습니다. 단순과거였습니다. 시제가 같을 때는 동사에 ing를 붙여서 분사구문을 만듭니다. 그런데 시제가 다르면 어떻게 합니까?

14번 예문을 풀어서 쓰면, As I had finished the homework(대과거), I had nothing to do.(단순과거)

15번은 As I finished the homework(단순과거), I have nothing to do.(현재)입니다. 이렇게 분사 구문이 본문보다 시제가 앞서는 경우는 분사구문으로 하면 having + 과거분사를 써야 합니다. 그리고 본문이 과거이거나 현재이거나 분사구문은 둘 다 having finished를 씁니다.

분사구문에서 아직 안 다룬 부분은 과거 분사가 이끄는 분사구문과 형용사 용법인 분사구문이 있습니다. 과거분사가 이끄는 분사구문은 수동태입니다. 예를 들면, Loved by all, he was very happy.에서 loved는 과거분사이고 수동의 의미이기 때문에 "모든 사람에 의하여 사랑 받아서 그는 매우 행복했다" 입니다. 그런데 이때 분사구문은 본문의 was very happy에 걸리는 부사구로 보면 "모든 사람에 의하여 사랑 받아서"가 되고, he에 걸리는 형용사구로 보면 "모든 사람에 의하여 사랑 받는"이라는 뜻이 됩니다.

현재분사가 되면 Loving all, he was very happy에서 loving은 현재분사이고 능동의 의미이기 때문에 "모든 사람을 사랑해서 그는 매우 행복했다"가 됩니다. 이때도 he에 걸리는 형용사구로 보면 "모든 사람을 사랑하는"이 됩니다.

영어에 분사구문이 형용사구로 쓰일 때와 부사구로 쓰일 때 무슨 표시가 있는 것은 아닙니다. 우리가 어느 쪽이 합리적인지 판단해야 합니다. 양쪽으로 다 해보고 듣기 좋고 전후 사정을 보아서 합리적인 쪽을 선택해야 합니다.

이제 정리하고 암기합니다.

1. 부대상황은 "하면서"라고 해석합니다. 분사구문은 대부분 부사구이지만 가끔 명사를 수식하는 형용사구로 쓰이는데 그때 번역은 (--하는) 으로 합니다.
2. 원인은 " 때문에"
3. 분사구문이 뒤에 있고 결과로써 내려갈 때는 "해서"로 합니다. 제일 많이 틀리는 것은 3번입니다. "해서"를 확실히 외워놓지 않으면 "했고," 혹은 "했는데"로 엉터리로 하게 됩니다. 엉터리라는 말을 쓰는 이유는? And 일 때는 "했고" 관계대명사 계속 용법일 때는 "했는데"입니다. 꼭 그래야

되나?라고 하는 분이 있는데 꼭 그래야 합니다.

분사 구문의 결과 용법을 해석할 때 시제의 처리.
원래 분사구문에는 시제가 나타나지 않습니다. 그래서 본문의 시제에 맞추어 주어야 합니다. 구체적으로는 본문은 단순현재로 해석하고 분사구문을 본문의 시제로 해석해 주어야 합니다.
본문이 현재진행인 문장. The lady is praising the boy, saying he made a good start. 그 숙녀는 그 소년을 칭찬해서 그가 좋은 출발을 했다고 말하고 있다 (is praising을 단순현재로 saying을 현재 진행으로 해석)

본문이 과거인 문장. The lady praised the boy, saying he had made a good start. 그 숙녀는 그 소년을 칭찬해서 그가 좋은 출발을 했다고 말했다. (praised를 단순현재로 saying을 과거로 해석.)

주의사항
번역할 때 부대상황과 원인은 분사구문부터 먼저 해석해야 하고 결과는 분사구문이 본문보다 뒤에 있을 때만 가능하며 본문부터 먼저 번역하고 분사구문은 나중에 해석합니다. 실수하는 사람을 많이 봅니다.

다시 문장 분석 정리해드립니다.

8번 문장:본문의 주어(three bombs)와 분사구문의 주어 (one)이 다른 존재이기 때문에 분사구문의 주어 one을 생략하지 않았고 본문의 동사 explode와 분사구문의 동사 injuring이 시제가 같고 또 injuring이 능동이기 때문에 현재분사를 썼다. 만약 분사구문의 시제가 본문의 시제보다 더 과거라면 having injured를 쓰게 되고 분사구문이 수동이라면 과거분사인 injured를 쓰게 된다. 해석할 때는 결과 용법으로써 explode는 단순현재로 폭발해서라고 해석하고 injuring은 본문의 동사 exploded에 맞춰서 과거로 해석한다.
9번 문장:본문의 주어와 분사구문의 주어가 같아서 분사구문의 주어를 생략했다. 본문의 동사와 분사구문의 동사의 시제가 같고 능동이어서 현재분사 hoping을 썼다. 부대상황으로써 분사구문부터 해석해서 희망하면서라고 번역한다.
10번 문장:본문의 주어와 분사구문의 주어가 같아서 분사구문의 주어를 생략했다. 나머지는 9번과 문법적으로 동일함.

11번 문장:본문의 주어 He와 분사구문의 주어 tear는 다른 존재이기 때문에 분사구문의 주어 tear를 생략하지 않았고 시제가 같고 능동이기 때문에 동사 pouring을 현재분사로 썼다. 나머지는 8번과 문법적으로 동일함. 부대상황으로 처리할 수도 있고 결과로도 처리할 수 있음. 결과로 하면 "그는 그 편지를 읽어서 눈물이 그의 뺨으로 쏟아져내렸다."가 됨.

12번 문장:분사구문의 주어 He와 본문의 주어 I가 다른 존재이기 때문에 분사구문의 주어 He를 생략하지 않았고 분사구문이 본문 보다 먼저 나오기 때문에 결과는 될 수 없고 원인이나 부대상황만 되는데 이 경우는 원인으로 보는 것이 합리적임.

13번 문장:본문의 주어와 분사구문의 주어가 동일하기 때문에 분사구문의 주어를 생략했고 분사구문의 현재분사 being이 생략되어 있음. 분사구문이 뒤에 있으나 이 경우는 결과로 보면 논리적으로 모순이 생겨서 원인이나 부대상황으로 보아야 함.

14번 문장:분사구문의 주어와 본문의 주어가 같기 때문에 분사구문의 주어를 생략했고 분사구문의 시제가 본문의 시제보다 더 과거이기 때문에 having finished를 씀. 분사구문이 앞에 있기 때문에 부대상황이나 원인만 되고 결과는 될 수 없음.

15번 문장:14번과 문법적으로 동일함.

다 하신 분은 27과부터 한영으로 말하는 복습하시고 다음 과로 넘어가세요.

Lesson35 관계대명사, 관계부사, 전치사 + 관계대명사

1. I know a student who studies very hard.	1. 나는 매우 열심히 공부하는 학생을 안다.
2. I met a boy in the subway, who looked very happy.	2. 나는 지하철에서 한 소년을 만났는데 그는 매우 행복해 보였다.
3. I met her on Monday when there was a graduation ceremony.	3. 나는 졸업식이 있었던 월요일에 그녀를 만났다.
4. We walked along the beach at night, when it was cool and breezy.	4. 우리는 밤에 해변을 따라 산책했는데, 그때 날씨는 시원하고 미풍이 불었다.
5. We watched the movie at the theatre in which there were many young couples.	5. 우리는 (그 안에) 많은 젊은 쌍들이 있는 극장에서 그 영화를 보았다.
6. Show me one thing without which nothing could survive.	6. 그것이 없으면 어떤 것도 생존할 수 없는 한 가지 것을 나에게 보여 달라.
7. He studies English.	7. 그는 영어를 공부한다.
8. I studied English.	8. 나는 영어를 공부했다.
9. I will study English.	9. 나는 영어를 공부할 것이다. (하겠다)
10. I am studying English.	10. 나는 영어를 공부하고 있다.
11. I was studying English.	11. 나는 영어를 공부하고 있었다.
12. I will be studying English.	12. 나는 영어를 공부하고 있을 것이다.
13. I have studied English once.	13. 나는 한때 영어를 공부한 적이 있다.
14. I have studied English for ten years.	14. 나는 십년 동안 영어를 공부해왔다.
15. I have studied English.	15. 나는 영어를 공부해왔다. (한 적이 있다, 다 했다)
16. I have been studying English.	16. 나는 영어를 공부해오고 있다.
17. I had been studying English.	17. 나는 영어를 공부해오고 있었다.
18. I had studied English.	18. 나는 영어를 공부했었다.

응용장문번역 문제
관계대명사, 관계부사를 중심으로 하는 문장 번역

1. Multilateralism is a wide range of interdependent and globalized cooperation and dialogue with regional powers in which divergent transnational issues can be tackled with less cost, less effort and less suffering than at the national level.
광범위한. 상호의존하는. 협력. 대화. 지역 열강들. 다양한. 초국가적인. 쟁점. 다루다. 비용. 고통. 국가적인 수준.

2. Among the items he brought with him from the African country were 16 articles of elephant ivory the trade of which is banned by the Convention on International Trade in Endangered Species.
물건들. 점. 코끼리 상아. 거래. 금지하다. 협정. 국제 무역. 위기종.

3. The Defense Ministry has been installing "cyberknowledge information rooms" in army units since 2006 through which soldiers can receive distance education.
국방부. 설치하다. 사이버 지식 정보실. 군부대. 통신 교육.

4. President Park has to return the "600 million won" which she received from Chun Doo-Hwan to the state coffer.국고.

응용장문번역 답

1. 다자주의는 그 안에서 다양한 초국가적인 쟁점들이 국가적인 수준에서보다 더 적은 비용, 더 적은 노력, 그리고 더 적은 고통으로 다루어질 수 있는 지역 열강들과의 광범위한 상호의존하고 세계화된 협력과 대화이다.
2. 그가 아프리카 국가로부터 그와 함께 가져온 물건들 사이에는 그것의 거래가 위기종의 국제 무역에 대한 협정에 의하여 금지된 코끼리 상아의 16점이 있었다.
3. 국방부는 그것을 통하여 군인들이 통신 교육을 받을 수 있는 사이버지식정보실을 2006년 이래로 군부대 내에 설치해오고 있다.

해설 강의

이 단원에서는 관계대명사, 관계부사 및 시제를 공부하시겠습니다. 먼저 38과 뒤의 주요 단어 및 문법의 관계대명사와 관계부사에서 외워야 할 원칙부터 다 외우시고 나서 다음 설명을 읽어주세요.

기본적으로 두 가지 용법: 한정 용법과 계속 용법이 있습니다.
1번처럼 한정 용법에서는 관계대명사 이하를 먼저 해석하고 거슬러 올라가면서 해석합니다. 관계대명사 앞에 쉼표(,)가 있는 경우는 계속 용법으로써 2번처럼 내려가면서 해석합니다. 이 경우에 who는 그 이하 문장의 주어인 대명사 역할도 하고 접속사 역할도 합니다. 어떤 문장에서나 주어는 명사나 대명사만 될 수 있습니다. 이 원칙을 모르시는 분은 "주어는 명사나 대명사만 될 수 있다." 라고 큰 소리로 외워 주세요. I love you. She is a girl.에서 주어는 I와 She라는 대명사입니다. 다른 품사(예를 들면 동사나 형용사나 부사는 주어가 될 수 없습니다.) 반대로 명사는 문장 속에서 무슨 용법으로 쓰입니까? 주어, 목적어, 보어로 쓰입니다. Lesson 39 이하에서 상세하게 다룹니다.

관계대명사는 주격, 목적격, 소유격도 있고 복합 관계대명사도 있습니다. 그 사례는 앞으로 예문을 다루면서 공부하십니다. 앞의 2번 예문에서 who는 looked의 주어입니다. 그래서 대명사의 역할도 하고 두 문장을 연결하기도 하기 때문에 관계대명사라고 합니다. (I met a boy.와 The boy looked very happy.를 연결하는 접속사의 역할도 합니다.) 이 문장에서 who 앞의 boy와 뒤의 문장을 연결하는 접속사의 역할도 합니다.) 이 문장에서 who 앞의 boy를 선행사라고 합니다. Who의 목적격은 whom 소유격은 whose입니다.

외워야 할 것

1. 관계대명사나 관계부사 앞에서 쉼표(,)가 없으면 한정용법으로서 그 뒤의 것을 먼저 해석하고 거슬러 올라가면서 해석하는데 특별한 경우를 제외하고는 관계대명사나 관계부사 자체로는 우리말로 해석하지 않는다.
2. 관계대명사나 관계부사 앞에 쉼표(,)가 있으면 계속 용법으로써 ('—하는데 그가, 그곳에서 등등'으로 해석한다.)

어제 했던 분사구문의 결과 용법은 어떻게 해석한다고 했습니까? 기억나세요? (--해서--한다). 관계대명사 계속용법은 (--하는데 그가 한다)라고 해석합니다. And라는 접속사로 연결되어 있으면 (했고, 했으며 등등)으로 해석합니다.

1번은 한정용법입니다. Who는 I know a student. He studies very hard. 를 연결하는 접속사의 역할도 하고 뒤의 형용사절에서 주어의 역할도 합니다. 이때 student는 선행사라고 합니다. 선행사란? 관계대명사나 관계부사가 이끄는 문장이 수식하는 단어입니다.

2번은 who 앞에 쉼표(,)가 있는 계속 용법입니다. 선행사는 조금 거리가 떨어져 있지만 boy 입니다. 여기에서는 who이하가 boy를 수식하기 때문에 boy가 선행사가 됩니다. 만약에 subway가 선행사라면 관계대명사가 사람을 받는 who가 아니고 사물을 받는 which나 that이 되어야 합니다. 이렇게 선행사가 조금 멀리 떨어져 있는 경우도 있는데 그럴 때는 조심해서 잘 찾아내야 합니다. Look와 look at는 어떻게 다릅니까? Look은 불완전자동사로써 (주어가 "하게 보인다")라는 뜻이고 happy는 주격보어(주어의 상태를 설명하는)입니다. Look at(완전타동사구로 볼 수 도 있고, look를 완전자동사로 보고 at는 전치사로 볼 수 있습니다.)는 그 주어가 "~을 보다"라는 뜻입니다.

3번에서의 when은 관계부사의 한정 용법입니다. I met her on Monday.(나는 월요일에 그녀를 만났다.) There was a graduation ceremony.(졸업식이 있었다.)를 연결하는 관계부사입니다. 즉 접속사이기도 하고 부사이기도 합니다. 부사가 뭡니까? 시간,장소,방법,정도 등을 말하는 것으로서, 동사나 형용사나 다른 부사를 수식합니다. 명사를 직접 수식하는 형용사를 제외하고는 거의 다 부사입니다.

4번 예문에서는 시간을 말하는 관계부사입니다. 이제 관계부사와 관계대명사를 비교해서 설명드리겠습니다. 제가 중학교 때 벽에 부딪쳤던 것이 관계대명사와 관계부사의 차이였습니다. 접속사와 부사의 역할을 하면 관계부사라는 말을 못알아들었습니다. 부사가 무엇인지 몰랐으니까요. 나중에 알고 보니 다른 분도 대부분 모르시더군요. 그래서 상세히 설명드립니다. 또 39과부터 한번 더 상세히 다룹니다.

Lesson 35

예문을 통하여 먼저 부사를 설명하면
1. I love him very much.
2. He is very happy.
3. He runs very fast.
4. I met him on Monday.

1. (나는 그를 매우 많이 사랑한다)에서 much는 love라는 동사를 수식하는 부사이고, very는 much라는 부사를 수식하는 부사입니다.
2. (그는 매우 행복하다) 에서는 very가 happy라는 형용사를 수식하는 부사입니다.
3. (그는 매우 빨리 달린다)에서 fast가 run이라는 동사를 수식하는 부사이며, very는 fast라는 부사를 수식하는 부사입니다.
4. (나는 그를 월요일에 만났다)에서는 on Monday가 met라는 동사를 수식하는 부사구입니다. 이때 on Monday를 문장 전체를 수식하는 부사구(두개 이상의 단어가 모이면 구라고 합니다.)라고도 합니다. 관계부사나 관계대명사는 그 앞의 문장에서 부사나 대명사의 역할을 합니까 아니면 뒤의 문장에서 그 역할을 합니까? 뒤의 문장에서 대명사나 부사의 역할을 합니다. 제가 독학으로 문법 공부할 때 이것을 몰라서 고생하다가 두 권의 문법책을 떼고 어떤 다른 문법책에서 이 설명을 읽고는 영어에 대한 눈이 확 떠지는 것을 느꼈습니다. 조금 전의 예문에서 when은 그 뒤의 문장 when there was a graduation ceremony에서 주어도 아니고 목적어도 아니고 보어도 아니고 시간을 말하는 부사역할을 합니다. 그래서 관계부사입니다. 중고교 영어시험 이외에는 관계대명사냐 관계부사냐라는 문제는 나오지 않지만 우리가 해석하고 영작할 때 잘 활용할 수 있어야 합니다. 이 부분을 확실히 하지 않으면 영작할 때 관계부사를 써야 할 때 관계대명사를 쓰거나 반대로 관계대명사를 써야할 때 관계부사를 쓰는 실수를 많이 합니다. when이나 who가 나오면 그 뒤의 문장에서 명사의 역할을 하는지 부사의 역할을 하는지 연구하면 알 수 있습니다. 이 문장에서 when 이하는 Monday를 수식하는 형용사절입니다. 형용사절이 뭡니까? 명사를 수식하는 절입니다. 절은 뭡니까? (주어+동사)로 구성된 문장을 말합니다. 관계대명사나 관계부사가 이끄는 절은 기본적으로 선행사인 명사를 수식하는 형용사절입니다. 예외도 있는데 그것은 나중에 실제 예문과 함께 공부합시다. 3번 예문, 관계부사 계속 용법으로써 "산책했는데 그때"로 해석합니다.

5.중요한 용법이 나왔습니다. 영어를 상당히 잘 하는 분도 이런 문장이 나오면 절절 맵니다. in which는 "그 안에" 라는 뜻의 장소를 말하는 부사구입니다. which는 in이라는 전치사의 목적어이기 때문에 관계대명사입니다. 전치사의 목적어란? We are in the classroom. (우리는 교실 안에 있다.) 에서 classroom은 in이라는 전치사의 목적어입니다. 우리 말로 하면 "교실 안에"가 되는 영어에서는 in이 먼저 나오고 the classroom이 나중에 나오지요? I love you에서 you가 love라는 타동사의 목적어인 것처럼 classroom은 in이라는 전치사의 목적어입니다. In which에서 많이 혼돈되는 부분은 in이 어디까지 걸리는가입니다. 영어를 상당히 잘 하시는 분들도 실제로 복잡한 문장을 번역할 때는 형용사절 전체에 걸리는 것으로 착각하는 경우가 많습니다. 그런데, in은 which 하나에만 걸리고 해석하면 "그 안에"라고 하게 됩니다. 관계대명사나 관계부사는 한정 용법으로 쓸 때 우리 말로 해석하지 않는다고 위에서 말씀 드렸죠? 관계대명사 앞에 전치사가 있을 때는 넣어야 할 때도 있고 빼도 괜찮을 때도 있습니다. 우리는 넣어서 해석할 줄도 알고 빼고 해석할 줄도 알아야 합니다. 그렇게 공부해 두지 않으면 고급 독해를 할 때 고생합니다. in which를 하나의 관계부사로 해서 where라고 해도 됩니다.

6번 문장의 without which도 부사구입니다. 우리 말로는 "그것이 없으면" 이라는 조건을 말하는 부사구입니다. 이때는 우리 말로 "그것이 없으면"을 빼면 말이 안되죠? 꼭 우리 말로 넣어야 말이 됩니다.

다시 한번 문법 정리해드립니다.

1번 문장에서 who는 선행사인 student를 수식하는 형용사 절을 이끌고 형용사 절 안에서 명사의 일종인 주어의 역할을 한다. who가 앞의 문장과 뒤의 문장을 연결하는 역할도 하고 명사(주어)의 역할도 하기 때문에 관계대명사이다. 주의하고 또 주의할 것이 있는데 who가 선행사인 student를 수식한다고 생각하면 큰일입니다. student를 수식하는 것은 who 이하의 전체 문장입니다. 문법 암기에서 관계대명사나 관계부사는 선행사를 수식하는 형용사절을 이끈다고 했지 관계대명사나 관계부사가 선행사를 수식한다고는 하지 않았습니다. 조심, 또 조심해야 합니다. 지금처럼 쉼표가 없을 때는 관계대명사나 관계부사는 해석하지 않습니다.

2번 문장은 1번 문장과 문법적으로는 같은데 쉼표가 있어서 계속 용법입니다. 그래서 관계대명사를 해석해야 합니다.

3번 문장에서 when은 선행사 Monday를 수식하는 형용사절을 이끕니다. When이 Monday를 수식한다고 생각하면 큰일입니다. when이하의 전체 문장이 선행사 Monday를 수식합니다. When 이하에서 there는 유도부사입니다. 잘 모르시는 분은 lesson8을 공부해주세요. 주어는 graduation ceremony이고 동사는 was입니다. when은 형용사절 내의 was를 수식합니다. 이때 When이 was를 수식한다는 말이 무슨 말인지 모르시는 분이 많습니다. 그 문장을 풀어서 쓰면 On Monday, there was a graduation ceremony. 월요일에 졸업식이 있었다. 이때 월요일에(On Monday)는 있었다(was)를 수식합니다. 졸업식이 있긴 있었는데 다른 날이 아닌 '월요일에 있었다'라는 의미로써 이 '월요일에'가 '있었다'를 수식합니다. 이 경우에 on Monday를 시간을 말하는 부사구라고 합니다. 그래서 3번 문장의 when은 Monday를 선행사로 갖고 있습니다. 그래서 on Monday가 was를 수식하는 것과 똑같이 when이 was를 수식한다고 합니다. 이때 when 이하의 형용사절 안에 주어와 동사를 갖춘 완전한 문장이 오고 when은 그 형용사 절 안에서 주어나 목적어나 보어 즉 명사의 역할을 하지 않고 was를 수식하기 때문에 부사입니다. 앞의 문장과 뒤의 문장을 연결하는 접속사의 역할도 하고 형용사절 안에서 was를 수식하는 부사의 역할도 하기 때문에 관계부사입니다. 쉼표가 없는 한정용법이기 때문에 when자체를 해석하지는 않습니다.

4번 문장은 3번 문장과 문법적으로는 같은데 쉼표가 있어서 계속 용법이고 —했는데 그때라고 해석합니다.

5번 문장은 무척 어려운 전치사+관계대명사의 용법입니다. in which는 선행사인 theatre를 수식하는 형용사절을 이끌고 동사인 were를 수식합니다. 주의 사항으로써 in which가 선행사인 theatre를 수식한다고 생각하면 큰일 납니다. in which가 이끄는 뒤의 형용사절 전체가 선행사를 수식하는 형용사절입니다. 절이 무엇이냐? 주어와 동사를 갖춘 문장을 절이라고 합니다. 형용사란 무엇이냐? 명사를 수식하는 단어를 형용사라고 합니다. 그래서 주어와 동사를 갖춘 문장으로써 명사를 수식하면 형용사절이라고 합니다. 형용사절 안에 주어(many young couples)와 동사(were)가 있으므로 완전한 문장입니다. there는 역시 유도부사입니다. 뒤의 형용사절 안에 주어와 동사를 갖춘 완전한 문장이 있기 때문에 in which는 주어, 목적어, 보어가 아니고 부사구입니다. 그런데 왜 관계부사라고 하지 않습니까? which는 전치사 in의 목적어입니다. 전치사의 목적어는 명사만 될 수 있습니다. 그래서 앞의 문장과 뒤의 문장을 연결하는 접속사의 역할도 하고 명사의 역할도 하기 때문에 관계대명사입니다. 이때 in which는 해석할 때 '그 안에'라고 해석하는데 생략해도 말이 됩니다. 이때 in은 which 하나만 목적어로 하며(혹은 수식하며) which there were many young couples를 목적어로 하지 않습니다. 이 당연한 말을 왜 합니까? "많은 젊은 쌍들이 있었던 것 안에"라고 해석하면 which there were many young couples가 in의 목적어라고 생각하고 번역하는 것입니다. "그 안에 많은 젊은 쌍들이 있었던(혹은 시제의 일치 원리에 따라 그 안에 많은 젊은 쌍들이 있는)"으로 해석하면 which하나만이 in의 목적어라는 것을 알고 해석하는 것입니다.

6.5번과 같은 형태의 용법입니다. without which는 survive를 수식하는 부사구이고 선행사 thing을 수식하는 형용사 절을 이끕니다. 형용사 절 안에 주어(nothing)과 동사(survive)가 있으므로 완전한 문장입니다. without which는 뒤의 형용사 절 안에서 주어나 목적어나 보어의 역할을 하지 않기 때문에 부사구이고 which는 전치사 without의 목적어이기 때문에 명사입니다. 그래서 앞의 문장과 뒤의 문장을 연결하고 전치사의 목적어(즉 명사)의 역할을 하기 때문에 관계대명사입니다. 이때 without which는 '그것이 없다면'이라는 뜻으로 생략하면 말이 되지 않는 경우입니다. 앞으로 전치사 + 관계대명사가 나오면 생략 가능한 경우에도 꼭 넣고 번역하는 연습을 해주세요.

혹시 완전한 문장이라는 말이 무슨 말인가?라는 의문이 있으세요? 어느 언어나 주어와 동사는 꼭 필요합니다. 주어가 없거나 동사가 없으면 불완전한 문장입니다. 1번과 2번 문장에서는 형용사절 안에서 who가 없으면 주어가 없는 불완전한 문장이 됩니다. 3,4,5,6번 문장에서는 관계대명사나 관계부사가 없어도 주어와 동사가 모두 있는 문장입니다. 그래서 완전한 문장이라고 합니다.

"관계대명사는 접속사와 대명사의 역할을 하고 관계부사는 접속사와 부사의 역할을 한다." 이것만 알면 되지 뭐 이렇게 복잡하고 설명이 많나?라고 불평하시는 분을 많이 봅니다.

저는 중학교 1학년 2학기에 영어 선생님께서 관계대명사를 설명해주시는 것은 이해가 돼서 좋았는데 그 후에 관계부사가 나올 때부터 혼란에 빠졌습니다. 부사의 역할을 한다는 것이 무슨 말인가?라는 의문이 들었는데 다른 학생은 다 알아듣고 고개를 끄덕이는 것을 보고 겁이 나서 질문도 못했습니다. 군대에 갔다 와서 독학으로 공부할 때 다시 똑같은 문제에 부딪쳤는데 어디에 가서 물어볼 수도 없고 혼자서 여러 권의 참고서를 보아도 분명하게 설명이 되어 있지 않아서 무척 고생했습니다. 어느 날 서점에서 어떤 문법책을 보니까 "관계대명사나 관계부사는 모두 뒤의 형용사 절 안에서 어떤 역할을 하느냐에 따라서 결정된다."라는 천금같은 말씀이 있었습니다. 그래서 아! 그렇구나!라고 마음 속으로 손뼉을 치고 문법책에 나오는 관계대명사와 관계부사의 설명을 보니까 차츰 이해가 되기 시작했습니다.

그리하여 관계대명사,관계부사, 전치사+관계대명사를 착실히 공부한 후에 어느 날 원서 강독 시간에 전치사+관계대명사가 나오는 긴 문장이 한 번 나왔는데 교수님도 얼른 분석을 못하시고 이 문장 잘못된 문장같다고 말씀하시는데 제가 "교수님, 이 문장은 이렇게 이렇게 되는 것 아닙니까?"라고 했더니 "오, 그래. 그렇구나."라고 말씀하시고 그 후부터 저를 무척 이뻐해주셨습니다. 나중에 그분의 두 과목은 98점과 100점을 받았습니다. 대학에서 100점을 주는 경우는 없는데 그분이 저에게 장학금 타는데 도움이 되라고 그렇게 해주셨다는 말씀을 나중에 들었습니다.

어쨌든 제가 이 책을 쓸 때 제가 독학하면서 고생했던 것을 생각해서 상세하게 적었는데 교실에서 이것을 보고 '아, 고맙다. 이렇게 상세하게 설명해주시다니.'라는 반응을 보이는 학생은 거의 못보았고 대부분 '뭐 이렇게 복잡하고 많아.'라고 짜증냅니다. 깜짝 놀랐습니다. 역시 세상은 내 생각대로 움직이는 것은 아닌가봅니다. 그런데 그 학생들이 나중에 고급 실력자가 되고 나면 고맙게 생각합니다. 사실 관계대명사, 관계부사를 정확히 알려면 문장분석하는 능력이 있어야 하기 때문에 지금 단계에서는 어렵게 느끼시는 분이 많을 것입니다.

39과부터 문장 분석을 공부하시고 59과부터 다시 관계대명사, 관계부사 용법이 나오는데 그때 이 35과를 꼭 복습해주세요. 그때는 지금처럼 어렵게 느껴지지 않습니다.

7번부터는 시제를 공부하시겠습니다.

관계대명사와 관계부사가 중요하다는 것은 대부분 아시지만 시제는 신경 쓸 것 없다고 착각하는 분이 많습니다. 정확하게 공부해주세요.

7번은 현재형으로 "한다"

8번은 과거로 "했다"

9번은 의지면 "하겠다, 하려한다, 하려했다, 하려할 것이다." 미래면 "할 것이다."

10번은 현재진행형으로 "하고 있다."

11번은 과거진행형으로 "하고 있었다."

12번은 미래진행형으로 "하고 있을 것이다."

13번은 현재완료의 경험 용법으로써 "한 적이 있다."

14번은 현재완료의 계속 용법으로써 "해왔다."

15번은 현재완료의 계속이면 "해왔다," 경험이면 "한 적이 있다." 완료나 결과이면 "했다." 영어에서 현재완료가 나오면 이 세가지 중 어느 것인지 영어에 표시가 되어 있지는 않습니다. 우리가 세 가지 중 어느 것인지 전후 사정을 보고 합리적으로 결정해야 합니다. 이 문장에서는 어느 쪽인지 알 수 있는 근거가 없습니다. 세 가지를 다 공부해주세요.

16번은 현재완료진행형으로서 "해오고 있다."라고 해주세요. 현재 진행은 "하고 있다." 현재완료의 계속 용법은 "해왔다." 과거진행형은 "하고 있었다." 과거완료는 "했었다." 입니다. 귀찮게 여기지 마시고 분명히 구분해서 공부해주세요.

17번은 과거완료진행형으로서 "해오고 있었다."

18번은 과거완료(대과거)로서 "했었다."

7번부터 18번까지는 시제를 정리했습니다. 꼭 철저하게 암기하고 왜 그렇게 되는지 이해해주세요. 꼭 이렇게 해야 하나?라는 생각이 드시는 분도 많을 겁니다. 꼭 이렇게 해야 합니다. 정말입니까? 그렇습니다. 이렇게 하지 않으면 어떻게 하시겠습니다? 상당히 많은 분이 이것을 등한시하고 실제로 어려운 문장을 보면 그때 그때 전후사정으로 연구한답시고 끙끙 앓으면서 온갖 상상을 다해서 엉터리 번역을 하든지 시제를 자기 마음대로 바꾸어서 합니다. 우리가 영어를 공부하는 것은 영미인이 실제로 어떻게 쓰는지 알아내서 우리 것으로 만드는 것 입니다. 많은 분이 이럴 때는 이럴 것이다라고 자기 마음대로 상상하는데 그 상상한 것이 영미인들이 정말로 쓰는 방식과 맞는 경우는 거의 없습니다. 이 부분은 토플이나 토익 시험에서는 거의 다루지 않기 때문에 많은 교재와 수업에서 깊이 다루지 않습니다. 그러나 독해, 영작, 통역, 번역을 위해서는 너무나 중요합니다. 꼭 암기해 주세요. "애인이 있다."와 "애인이 있었다." "성공했다."와 "성공할 것이다"는 엄청나게 다르죠?

27과부터 한영으로 말하기 복습해주세요.

시제
(현재완료, 과거완료, 현재완료진행형, 조동사 + 현재완료형 등)

1. He must study English.

2. He must be studying English.

3. He must have studied English.

4. He might have studied English.
5. He would have studied English.
6. He should have studied English.

7. We were living in Seoul then.

8. I will have soup first and then the chicken.
9. If it's not on the table, then it will be in the drawer.

10. Can I leave a message, then?

11. He is rich.
12. So he can buy it.
13. Don't be so pessimistic.
14. He is so poor that he can not buy it.
15. I did not have an apple.

16. Instead, I had a peach.

17. Instead of going to school, he went fishing.
18. He will retain his position until he decides otherwise.

---

1. 그는 영어를 공부해야 한다. (공부함에 틀림없다)

2. 그는 영어를 공부하고 있음에 틀림없다.

3. 그는 영어를 공부했음에 틀림없다.

4. 그는 영어를 공부했을지 모른다.
5. 그는 영어를 공부했을 것이다.
6. 그는 영어를 공부했어야 했다. (그런데 하지 않았다)

7. 우리는 그때 서울에 살고 있었다.

8. 나는 수프를 먼저 먹고, 그런 다음 치킨(닭)을 먹겠다.
9. 만일 그것이 탁자 위에 없다면, 그렇다면 그것은 서랍 안에 있을 것이다.

10. 그러면 내가 메시지를 남겨놓을 수 있습니까? (메모 좀 받아 주시겠어요?)

11. 그는 부유하다.
12. 그래서 그는 그것을 살 수 있다.
13. 그렇게 비관적이 되지 말아라.
14. 그는 너무나 가난해서 그것을 살 수 없다.
15. 나는 사과를 먹지 않았다. (사과를 갖고 있지 않았다, 나는 사과가 없었다)

16. 그 대신에 나는 복숭아를 먹었다(갖고 있었다).

17. 학교에 가는 대신, 그는 낚시하러 갔다.
18. 그는 다르게 결정할 때까지는 그의 직위를 보유할 것이다.

19. The law made hundreds
of otherwise honest men
lawbreakers.
20. He worked hard; otherwise,
he would have failed.

21. I have some money.

22. I have some 50 dollars.
23. Will you give me some apples?

24. Some people like fish and
some don't.
25. I didn't see any person.
26. I saw some people.
27. I want anything sweet.

28. I want something sweet.
29. Even I know it.
30. He hasn't come yet.
31. Yet, I'm sure he will be here
any minute.

32. The time is yet to come.
33. It is the largest diamond yet
found.
34. The war still goes on.
35. Stand still.
36. He felt tired, still he continued
his work.

19. 그 법은 그렇지 않으면 (다른
면에서는) 정직한 수백명의 사람을
범법자로 만들었다.
20. 그는 열심히 일했다; 그렇지
않았더라면, 그는 실패했을
것이다.

21. 나는 약간의 돈을 갖고 있다.
(돈이 있다)

22. 나는 약 50달러를 갖고 있다.
23. 나에게 몇 개의 사과를
주시겠습니까?

24. 어떤 사람은 생선을 좋아하고,
어떤 사람은 좋아하지 않는다.
25. 나는 어떤 사람도 보지 않았다.
26. 나는 몇 몇 사람을 보았다.
27. 나는 달콤한 어떤 것이라도
원한다.

28. 나는 달콤한 어떤 것을 원한다.
29. 심지어 나도 그것을 안다.
30. 그는 아직 오지 않았다.
31. 그러나 나는 그가 어느
순간에라도(혹은 곧) 여기에 올
것으로 확신한다.

32. 그 시기는 아직 오지 않았다.
33. 그것은 이때까지 발견된 가장
큰 금강석이다.
34. 그 전쟁은 아직도 계속된다.
35. 가만히 서 있어라.
36.그는 피로를 느꼈지만, 여전히
그의 일을 계속했다.

응용장문번역 문제

The central bank must have been aware of this when it decided last
week to keep its benchmark rate at 2.5 percent.
알다. 결정하다. 기준금리.

해설 강의

시제에 있어서 조동사와 현재완료가 합쳐지는 경우를 공부하시겠습니다. 앞과에서 다루었던 현재완료와 시제를 완전히 숙지하셔야 됩니다.
그렇지 못한 분은 다시 복습해 주세요. 그렇지 않으면 이 단원에서 다루는 것과 혼돈이 와서 고생하십니다.

1번 문장에서 must는 의무라면 "해야 한다", 추측이라면 "함에 틀림없다".
2번 문장에서 의무라면 "하고 있어야 한다", 추측이면 "하고 있음에 틀림없다"
3번에서 have studied를 현재 완료의 계속 용법으로 보면 "공부해 왔음에 틀림없다.", 경험용법으로 보면 "공부한 적이 있음에 틀림없다.", 완료 용법으로 보면 "공부했음에 틀림없다." 입니다. "공부했어야 했다"로 하려면 6번 문장을 써야 합니다. Must(해야 한다)를 과거로 해서 (해야 했다)로 하려면 had to 밖에 없습니다.
4번은 might (일지 모른다, 할지 모른다, 해도 좋다)에 현재완료가 연결되면 (해왔을지 모른다, 한 적이 있을지 모른다, 했을지 모른다)로 해석 됩니다.
5번은 would (할 것이다)에 현재완료가 연결되면 (해왔을 것이다, 한 적이 있을 것이다, 했을 것이다.)로 해석 됩니다. 그 중에 (했을 것이다)에 해당되는 경우에는 가정법 과거 완료가 됩니다. "어떤 여건이 갖추어졌더라면 했을텐데"라는 과거 사실의 반대가 됩니다.
6번의 should(해야 한다)와 현재완료가 연결되면 좀 다릅니다. 이 경우는 "했어야 했다"만 됩니다. 이 경우는 가정법 과거 완료로써 "과거에 --했어야 하는데 하지 않았다."로 씁니다. 했음에 틀림없다로 쓸 때도 가끔은 있습니다.
참고사항: would like to, should like to는 "하고 싶다." 라는 뜻으로서 사전을 보면 "후자"가 더 좋은 영어라고 되어 있고 실제로 미국 사람들이 쓰는 영어에서는 "전자"를 쓴다는 것을 알아두시기 바랍니다. 이제부터는 자주 쓰이는 중요한 부사를 공부하시겠습니다.
7. 우리는 그 때 서울에서 살고 있었다.
8. 나는 먼저 수프를 먹고 그 다음에 닭을 먹겠다. And then을 "그리고 그래서"라고 번역하는 분이 많은데 어색합니다. "그 다음에" 혹은 " 그리고 나서"로 해석하는 것이 좋습니다.

9. 그렇다면

10. 그러면

12. 그래서

13. 너무. 혹은 그렇게

14. 너무나 (so that 용법). So는 영어를 잘하는 사람들도 많이 틀리는 단어 입니다. "매우, 대단히"로 생각하는 분이 너무 많습니다. "very"가 "매우, 대단히" 이고, "so"는 "그래서, 그렇게, 너무나 등등" 입니다. 앞으로 틀리지 않도록 해주세요. So-that와 too-to는 이미 설명 드렸습니다.

15. 이 때 have는 먹다, 혹은 갖고 있다.

16. 그 대신에

17. 대신, instead 다음에 "of"가 따라오면, of의 목적어 (동명사)인 "--대신에" 라는 뜻이고 of가 따라오지 않으면 부사로서 "그 대신에"가 됩니다. 이때 "그 대신에"라는 말은 바로 앞에 나온 "한문장의 전체 개념 대신에"라는 뜻 입니다. 동명사가 뭔지 모르는 분이 있습니까? 동사에 ing를 붙이면 동명사가 되든지 분사가 됩니다. 동명사일 때는 동사와 명사의 성격을 다 갖고 있다는 뜻으로서 "--하는 것"이라고 해석 합니다. Seeing is believing에서 "보는 것은 믿는 것이다"라고 합니다. 17번의 경우에는 going은 "가는것"이라는 동사와 명사의 성격을 다 갖고 있지요? 오늘은 이정도로 간단히 합시다. 앞으로 동명사를 상세히 다루게 됩니다.

18. 다르게. 이때 "다르게" 라는 말은 "보유하지 않기로" 라는 뜻에 해당 됩니다.

19. 그렇지 않으면. 이때 "그렇지 않으면"은 "그 법이 없었더라면 한번도 법을 어기지 않은" 또는 "그 법을 빼고는 어떤 법도 어긴 적이 없는"이라는 뜻입니다.

20. 그렇지 않았더라면

21. some은 약간의, have 갖고 있다, "가진다"로 번역하면 어색하다는 것은 이미 설명한 바 있지요?

22. some뒤에 추상명사나 단수가 오면 "어떤, 약간의" 숫자가 오면 "약", 복수가 오면 "몇몇, 어떤, 약간의"가 됩니다.

23. 몇 개의

24. 어떤

25. 어떤 --도

26. 몇몇. Any와 some의 차이를 말씀 드리겠습니다. 중학교에서 some은

긍정문에 any는 의문문과 부정문에 쓴다고 배운 적이 있습니다. 약 80% 정도 옳은 말씀입니다. Any가 some보다 훨씬 의미가 강해서 "조금이라도, 어떤 --라도"라는 강한 뜻 입니다. 그러므로, 의문문에서는 "조금이라도 있나?"라는 의미가 되고, 부정문에서는 "조금도 없다, 조금도 하지 않는다" 라는 강한 뜻으로 쓸 때가 많기 때문에 any를 쓰는 경우가 많습니다. 그러나, 의문문에서 some을 써서 "좀 있니"라는 뜻으로 쓰는 경우도 많습니다. 앞으로 해석할 때 any가 나오면 "어떤 --라도" 라고 강하게 해주세요. 역시 많이 틀리는 부분 입니다.

27. anything 어떤 것이라도
28. something 어떤 것을 anything과 something도 any, some과 같은 맥락에서 이해하시면 됩니다.
29. even의 뜻이 많은데, "심지어, 비록, 조차"라는 강한 뜻으로 쓰는 용법이 제일 많습니다.
30. 아직, yet의 용법도 참 많은데 30번부터 33번까지의 용법이 가장 많이 쓰입니다. 다 외워 주세요.
31. 그러나 any minute는 "어느 순간에라도"라는 뜻.
32. 아직, is yet to come에서 yet을 빼면 is to come이 되지요? Be to 용법이라고 들어보신적 있지요? 어떤 용법 입니까? "오게 되어 있다, 와야 한다, 올 것이다, 올 운명이다." 가 대표적인 용법입니다. Is yet to come은 "오게 되어 있는데 아직 안왔다, 와야 하는데 아직 오지 않았다."라는 뜻입니다.
33. "이때까지." 현재분사와 과거분사가 어떻게 다른지 공부했죠?
Find의 현재분사는 "finding"으로써 "발견하는"이라는 능동이고 과거분사는 "found"로서 "발견된"이라는 수동 입니다.
34. 아직도
35. 가만히
36. 그러나 여전히. still의 용법을 외워 주세요.

27과부터 한영으로 말하기 복습해주세요.

많이 쓰는 부사 용법

1. Have you ever loved a woman?

2. Do you ever watch television?

3. He is just a boy.
4. He just arrived.
5. It's just two o'clock.
6. This is just what I wanted.

7. She talked on for two hours.

8. The lights were all on. (All the lights were on.)
9. When do you expect him back?

10. Back home, he had a family to support.
11. The two are good.
12. Both are good.
13. Both are not good.
14. Neither is good.
15. Anything is good.
16. Nothing is good.
17. Let's meet at a nearby restaurant.
18. Let's meet near a restaurant.
19. Once you start anything, try to do your best.
20. I once had a family.
21. Their relationship is over.
22. He walks fast.
23. He is fast.
24. She is beautiful.
25. She smiles beautifully.

1. 당신은 여성을 한번이라도 사랑해 본 적이 있나?

2. 당신은 가끔 (가끔 한번이라도) 텔레비전을 봅니까?

3. 그는 단지 소년에 불과하다.
4. 그는 방금 도착했다.
5. 지금은 꼭(단지) 두시다.
6. 이것이 내가 원했던 바로 그것이다.

7. 그녀는 두 시간 동안 계속해서 말했다.

8. 조명은 모두 켜져 있었다.

9. 당신은 그가 언제 돌아올 것으로 예상합니까?

10. 뒤쪽 고향에 그는 부양할 가족이 있었다.
11. 그 둘은 좋다.
12. 둘 다 좋다.
13. 둘 다 좋지는 않다.
14. 둘 중 어느 것도 좋지 않다.
15. 어느 것이나 좋다.
16. 어느 것도 좋지 않다.
17. 가까운 식당에서 만나자.

18. 식당 근처에서 만나자.
19. 일단 어떤 것이라도 시작하면, 최선을 다하려고 노력해라.
20. 나는 한때 가족이 있었다.
21. 그들의 관계는 끝났다.
22. 그는 빨리 걷는다.
23. 그는 빠르다.
24. 그녀는 아름답다.
25. 그녀는 아름답게 미소 짓는다.

26. He studied English to pass the examination.
27. I will find a way to meet my sister.
28 I tried to meet my sister.

29. He is the governor of a province, which includes four islands.
30. He lost his job at an advertising company.
31. He worked for an advertising company.
32. He announced a plan to recover the economy.
33. He works hard to recover the economy.
34. This is the girl to sing.
35. She came to sing.

26. 그는 그 시험을 통과하기 위하여 영어를 공부했다.
27. 나는 나의 누이를 만날 방법을 발견할 것이다. (발견하겠다)
28. 나는 나의 누이를 만나려고 시도했다.

29. 그는 한 도의 지사인데, 그것은 네 섬을 포함한다.
30. 그는 광고 회사에서의 직장을 잃었다.
31. 그는 광고 회사를 위하여(광고 회사에서) 일했다.
32. 그는 경제를 회복할 계획을 발표했다.
33. 그는 경제를 회복하기 위하여 열심히 일한다.
34. 이 사람이 노래할 소녀이다.
35. 그녀는 노래 부르기 위하여 왔다.

응용장문번역 문제
부사, 형용사를 중심으로 하는 문장 번역.

1. It would not only establish a fair trade order in the drug market but also contribute to lowering drug prices in the domestic market.
확립하다. 공정 거래 질서. 약시장. 낮추다. 국내의.
2. It fueled unease among the public over the security of online financial transactions as it came just several days after a serious hacking incident at Hyundai Capital Services Co.
기름을 끼었다. 불안. 대중. 안전. 금융 거래.

응용장문번역 답

1. 그것은 약 시장에서의 공정 거래 질서를 수립할 뿐만 아니라 또한 국내 시장에서의 약값을 낮추는 것에도 기여할 것이다.

해설 강의

1. 현재완료로써 경험의 용법(――한 적이 있다)입니다. 이 때 ever는 "한번이라도"라는 뜻입니다.

2. 단순 현재(――한다)의 문장입니다. 그래서 "한번이라도 보나?" 즉 "가끔씩이라도 보나?"라는 뜻입니다.

3. 이때 just는 "단지"라는 뜻입니다.

4. 이때 just는 "방금, 막"이라는 뜻입니다.

5. 이때 just는 "꼭, 정확히"라는 뜻입니다. 혹은 상황에 따라서는 "단지, 겨우"라는 뜻도 됩니다.

6. 이때 just는 "바로"라는 뜻입니다.

7. 이때 on은 부사로써 "계속해서"라는 뜻입니다.

8. 이때 on은 "켜진"이라는 뜻입니다.

9. 이때 back은 "다시, 돌아온"이라는 뜻입니다.

10. 이때 back은 "뒷쪽"이라는 뜻입니다.

11. the two는 "그 둘"이라는 단순한 뜻입니다.

12. both는 "둘 다"라는 좀 강한 뜻입니다.

13번 문장은 부분부정입니다. "둘다 좋지 않다"라고 하면 우리말로 전체부정이 되니까 조심하세요.

14. 전체부정입니다.(둘을 가리킬 때 씀.)

15. 아무 거나 다 좋다는 뜻

16. 좋은 것이 하나도 없다는 뜻(숫자 제한 없음)

17번과 18번은 많이 틀립니다.

17번에서 nearby는 형용사로써 "가까운"이라는 뜻입니다. 그래서 "식당 가까이에서"라고 하면 틀리고 "가까운 식당"이라고 해야 맞습니다.

18번의 near는 전치사로써 "가까이에서, 근처에서"라는 뜻입니다. 그래서 "식당 근처에서"라고 해야 합니다.

19. once는 부사로 쓰면 "한번"이란 뜻이지만 지금처럼 접속사로 쓰이면 "일단 ―하면"이라는 뜻입니다. "무엇이든 시작하면 You start anything"이라는 문장과 "최선을 다하도록 노력해라와 try to do your best"를 연결하는 접속사입니다.

20. 이 때는 부사로써 "한때"라는 뜻입니다.

21. over는 부사로 생각할 수도 있고, 형용사로 생각할 수도 있는데 "끝난"이라는 뜻입니다. "수업끝났다."라고 하고 싶으면 "The class is over."라고 하면 됩니다.

22. 이때 fast는 walk를 수식하는 부사.

23. 이때 fast는 주어를 서술하는 주격 보어로써 형용사입니다. He의 상태를 묘사하는 "빠른"이라는 형용사입니다.

24. beautiful은 형용사.

25. beautifully는 부사.

26. "통과하기 위하여"는 study(동사)를 수식하는 부사구.

27. "만날"은 way(명사)를 수식하는 형용사구.

28. to meet(만나기 위하여)는 tried(동사)의 목적어인 명사구

29. 관계대명사 계속 용법은 지난 번에 했지만 다시 암기해주세요. 관계대명사 계속 용법은 "--하는데 그가 —한다,"분사구문의 결과는 "----해서 ----한다,"and로 내려 갈 때는 "--했고"라고 합니다. 확실히 암기해서 활용해주세요.

30. at an advertising company는 job(명사)를 수식하는 형용사구.

31. for an advertising company는 work(동사)를 수식하는 부사구.

32. to recover는 plan(명사)를 수식하는 형용사구.

33. to recover는 work(동사)를 수식하는 부사구.

34. to sing은 girl(명사)를 수식하는 형용사구.

35. to sing 이하는 came(동사)를 수식하는 부사구.

부사와 형용사의 차이

10번부터 23번까지는 부사와 형용사의 차이를 말씀드리고 싶어서 발췌한 문장입니다. 제가 중학교 1학년 때 영어 책에서 beautifully라는 단어를 사전에서 찾아봤더니 불친절하게 beautiful의 부사라고만 되어 있었습니다. "아름답게"라는 뜻이 된다는 것을 몰랐으므로 전혀 도움이 안되었습니다. "아름답게"라고 적어주었으면 참 좋을 텐데 라고 지금도 생각합니다. 번역할 때 형용사와 부사를 바꾸어 쓰면 말이 괴상해지는데 이런 실수를 너무 너무 많이 저지르기 때문에 좀 길게 설명해드리겠습니다.

부사와 형용사를 바꿔서 번역하면 22번을 "그는 빠른 걷는다."
25번을 "그녀는 아름다운 미소짓는다"
26번을 "그는 통과하기 위한 영어를 공부했다"
27번을 "나는 나의 누이를 만나기 위하여 방법을 발견할 것이다"
28번을 "나는 나의 누이를 만나기 위한 시도했다."
32번을 "회복하기 위하여 계획을"

33번을 "회복시키기 위한 열심히 일한다."
34번을 "노래하기 위하여 소녀이다."
35번을 "노래부르기 위한 왔다"라고 번역하게 되는데 어떻습니까? 말이 괴상하고 어색하지요? 부사와 형용사를 잘못 처리하면 이렇게 됩니다. 앞으로 번역할 때 부사와 형용사를 혼동하지 않도록 꼭 신경을 써주세요.

형용사인지 부사인지 어떻게 압니까? 직접 명사를 수식하는 것은 형용사이고, 그 이외의 것은 모두 부사라고 생각해주세요. "명사를 수식하면 형용사이고 다른 것을 수식하면 부사"라고 외우고 분석하도록 노력해주세요. 전치사+명사는 "형용사구"가 아니면 "부사구"가 됩니다. 역시 명사를 직접 수식하면 "형용사구"이고, 그 이외에는 모두 "부사구"라고 생각해주세요.

그런데 영어 문장에 명사를 수식한다든지 부사를 수식한다는 표시가 있는 것은 아닙니다. 그래서 우리가 논리적으로 판단해야 합니다. 위에서 괴상한 번역의 예를 든 것은 모두 논리적으로 잘못된 것입니다. 앞으로 전치사+명사가 나오면, 반드시 부사구인지 형용사구인지 연구해주세요. 그렇게 해서 많은 경험을 쌓으면 차츰 분석이 쉬워집니다. 교실에서 영어문장 번역을 시켜보면 80%이상의 학생들이 전치사+명사를 보고 이것이 이 문장 속의 어떤 단어를 수식하는가를 신중히 생각하지 않고 적당히 하던지 무조건 제일 가까이 있는 단어를 수식하겠지라고 생각하고 괴상한 번역을 합니다. 여러분은 꼭 논리적으로 이 전치사+명사가 이 문장 속의 어떤 단어를 수식한다고 보는 것이 가장 합리적일까?라는 연구를 해주세요. 이렇게 분석하지 못하면 나중에 길고 복잡한 문장을 번역하면 완전히 엉터리 번역하게 됩니다. 말이 괴상한 것은 아는데 어디가 잘못된지를 모릅니다. 그래서 자연스럽게 하기 위해서 거추장스럽게 느껴지는 단어를 빼던지 자기 생각대로 의미를 변질시켜서 듣기 좋게하려고 애씁니다. 그 결과 원래 저자의 의도와는 점점 더 다른 엉터리 번역을 합니다. 꼭 분석을 해서 파악하도록 노력하세요.

lesson39부터 상세하게 다루니까 미리 겁먹을 필요는 없습니다. 단지 부사구, 형용사구, 부사절, 형용사절을 구분하도록 계속 노력해주세요. 이렇게 뻔한 이야기를 길게 하는 이유는 95%의 학생들이 부사구, 형용사구를 정확히 분석하려고 하지 않기 때문입니다.

전치사, 조동사, 부사 및 이런 용법을 외우는 것을 지독하게 싫어하는 분들이 너무나 많습니다. 문장의 전후 사정으로 보고 뜻을 알아낸다고 말하는 사람이 많습니다. 해석할 때는 그렇게 해서 맞는 수도 있지만 대략 10% 정도 맞으면 다행입니다. 90%이상 틀립니다. 영작할 때는 빵점입니다. 청취할 때는 앞 뒤 사정 보고 다시 생각할 여유가 없습니다. 연사는 계속해서 말하는데 전후사정을 언제 보고 짐작할 수 있습니까? 외국어 공부는 첫째가 이해요, 둘째가 암기입니다. 암기하기를 죽기 다음으로 싫어하면서 외국어 공부하겠다는 태도는 잘못된 태도입니다. 외국어 공부를 한다는 것은 그 나라 사람들이 말하고 쓰는 것을 배우는 것인데 그 원칙이 들어있는 문법이나 단어의 뜻을 외우지 않고, 자신의 짧은 밑천으로 짐작해서 뜻을 만들어내고 미국인들이 그렇게 쓸 것이다라고 믿어 의심치않는 사람들은 싹수가 노랗습니다. 혹시 이런 말씀을 듣고 기분 나쁘신 분이 있다면 그렇게 하고 있는 분입니다. 자신의 약점을 찌르니까 기분 나쁜 겁니다. 그런 분은 빨리 공부하는 태도를 바꾸세요. 그리고 다 외우신 분은 좀 이상하게 들리는 부탁을 드리겠습니다. 앞으로 어떤 문장을 보시던지 번역할 때 이때까지 외운 원칙을 그대로 활용하면서 번역해주세요. 이상하게 들리죠? 당연한 이야기지만 많은 분들이 실제로 번역할 때는 꼭 그대로 될까?라는 의심을 갖고 그대로 안합니다. 그대로 꼭 해주세요. 제가 책임집니다. 그대로 했는데 맞아떨어지지 않으면 제가 책임지겠습니다. 그 동안 많은 고급반 학생들이 그대로 해서 잘 되는 것을 입증해주었고, 지금도 교실에서 그대로 입증되고 있습니다. 그대로 해서 안되는 경우는 약 5%정도 되는데 그것은 영어와 한국어의 언어의 차이 때문에 직역을 해서는 안맞아 떨어지는 경우입니다. 그 때는 직역을 해놓고 여러 번 그 의미를 파악한 다음 의역을 해야 하는 경우입니다. 그러나 그대로 안하고 어색할까봐 미리 바꿔서 번역하면 95%틀리는 것이 아니라 100%틀립니다. 95%의 경우는 물론 틀리고 그 5%의역해야 하는 경우도 처음부터 틀리게 방향을 잡고 의역하면 원래의 뜻과 더 거리가 멀어서 완전히 오역을 하게 됩니다. 의역을 잘 하려면 처음에 철저한 직역을 해놓고, 우리 말과 영어의 언어의 차이 때문에 어색하면 다시 그 뜻을 깊이 생각해서 원래 저자의 의도를 완전히 파악한 다음에 우리 말답게 의역해야 하는데, 그것은 대단한 훈련과 많은 경험이 필요합니다. 의역과 오역은 구분해주세요. 이대로 번역해보면 틀릴 것같다는 예감이 드는 문장이라도 실제로 해놓고 보면 그대로 하면 신기하게 잘 맞아 떨어지고 자기 마음대로 자연스러울 것같다고 생각되는 방식대로 하면 엉망이 되는 것이 매일 교실에서 입증되고 있습니다.

이제는 27과부터 한영으로 말하기 복습해주세요.

Lesson38 많이 쓰는 동사 용법

1. It was a mistake.
2. There was a mistake.
3. Here is a problem.
4. There was a boy.
5. There was a boy there.
6. He succeeded in it.
7. He succeeded to the throne.
8. He succeeded her as Prime Minister.
9. She is suffering from a headache.
10. The company suffered a heavy loss.
11. You must change your evil ways.
12. You've changed much since I saw you last.
13. The members opposed the plan.
The members objected to the plan.
The members were opposed to the plan.
The plan was opposed by the members.
14. The plant grows up fast.
15. It grew dark.
16. He grew a beard.
17. I took her by the arms.
18. I held her in my arms.
19. Don't hold me like that.
20. He held me to be a fool.
21. How long will the anchor hold?
22. The promise still holds good.
23. A conference was held.
24. Hold the mustard, please.
25. We will not be held responsible for theft.

1. 그것은 실수였다.
2. 한 실수(착오)가 있었다.
3. 여기 한 문제가 있다.
4. 한 소년이 있었다.
5. 거기에 한 소년이 있었다.
6. 그는 그것에 성공했다.
7. 그는 그 왕좌를 계승했다.
8. 그는 수상으로써 그녀를 계승했다.
9. 그녀는 두통을 앓고 있다.
10. 그 회사는 큰 손실을 입었다.
11. 너는 너의 악한 방식을 바꾸어야 한다.
12. 너는 내가 마지막으로 (지난 번에) 본 이래로 많이 변했다.
13. 그 회원들은 그 계획에 반대했다.
14. 그 식물은 빨리 자란다.
15. 날이 어두워졌다.
16. 그는 턱수염을 길렀다.
17. 나는 그녀의 팔을 잡았다.
18. 나는 그녀를 품에 안았다.
19. 나를 그렇게 껴안지 말아라.
20. 그는 나를 바보로 여겼다.
21. 그 닻이 얼마나 오래 견딜까?
22. 그 약속은 여전히 유효하다.
23. 한 대회가 열렸다.
24. 겨자는 빼주세요.
25. 우리는 도난에 대해서 책임을 지지 않을 것이다.

응용장문번역 문제

1. It was the worst accident of its kind in Korea.
사고. 종류.

2. The massacre was carried out by a soldier who had suffered from verbal abuse by his superiors.
학살. 실행하다. 언어 학대. 상관.

3. Many of the 30 million customers suffered inconveniences for four days from Tuesday as the bank's computer network broke down.
고객. 불편. 고장나다.

4. We think the government is basically going in the right direction, as all people have the right to greet their final moments with maximum dignity and minimal pain.
맞이하다. 최대의 품위.

5. There is little organized political opposition to the LDP's long-held dream of revising the constitution.
자민당

응용장문번역 답

1. 그것은 한국에서의 그것의 종류의 최악의 사고였다.

2. 그 학살은 그의 상관들에 의한 언어 학대로부터 고통받은 한 군인에 의하여 실행되었다.

3. 그 은행의 컴퓨터망이 고장남에 따라 삼천만 고객의 많은 사람들이 화요일부터 나흘 동안 불편을 겪었다.

해설 강의

1. 그것은 실수였다. ("이것은" 이라고 하면 틀립니다.) this가 이것이고 it 는 그것입니다. 주어를 빼고 실수였다라고만 혹은 실수가 있었다라고 하는 분이 많은데 조심하세요. 정확한 번역의 첫째 원칙은 한 단어도 빼지 않고 철저하게 번역하는 것입니다.

2. 한 가지 실수(착오)가 있었다. '거기에' 라는 말을 넣으면 틀립니다. 이 문장에서의 there는 유도부사로써 아무 뜻도 없습니다. 앞으로 아무리 길고 복잡한 문장에서도 there is가 나오면 '있다' 라고만 번역해주십시오.

3. 여기 한 문제가 있다. here는 '여기에' 라고 해석합니다.

4. 한 소년이 있었다.

5. 거기에 한 소년이 있었다. 지금처럼 there가 장소를 말하는 부사로 쓰일 때는 '그곳에' 라는 뜻을 갖게 됩니다. 이때에 '한' 이라는 관사를 꼭 해석해야 됩니까? 우리 말로는 해석할 수도 있고 안할 수도 있습니다. 일단 넣어서 해석하고 넣든지 빼든지 우리 말로 자연스러운 쪽으로 택하십시오.

6. "그것을 성공했다" 라고 하면 어색합니다. succeed는 완전자동사 입니다. (목적어가 없기 때문에.) in it는 부사구이기 때문에 목적어가 될 수 없습니다. it는 전치사 in의 목적어입니다. 동사의 목적어는 아닙니다. (39과부터 상세히 다룹니다. 지금 이 단계에서 이해가 잘 안되는 분은 무조건 암기하고 넘어가십시오.)

7. 그는 그 왕좌를 계승했다. 왕관은 crown, 왕좌는 throne, 왕자는 prince 입니다. 목적어의 토씨는 대부분 (99%) -을,를, 에게- 중에서 적합한 것을 써야합니다. succeed to는 (지위를 계승하다, 물려받다)라는 뜻의 타동사구로 생각하고 암기해주십시오. to the throne을 부사구로 보고 succeed 를 완전자동사로 생각해도 좋습니다. 어느 쪽이 옳은지는 영문법학자들이 실컷 싸우도록 놔둡시다.

8. 그는 수상으로써 그녀를 계승했다. 이때 succeed는 타동사입니다. '수상으로써' 에 해당되는 as 다음에 관사가 들어갈 수도 있고 안 들어 갈 수도 있습니다. 많은 수상 중의 한 사람이면 a가 들어가는데 한 나라에는 한 명의 수상밖에 없기 때문에 그에 해당되는 the가 들어가야 하는데 as 다음에 나오는 the는 생략한다는 복잡한 원칙이 있습니다. 무조건 이 문장을 입에서 자연스럽게 나올 때까지 연습하세요. 이때 succeed는 완전타동사로써 her가 목적어입니다. "계승시켰다"로 하는 분이 많은데 자신이 계승한 것입니다. "사람을 계승하다"로 쓸 때는 완전타동사입니다.

9. 그녀는 두통을 앓고 있다. "두통으로부터 고통받고 있다." 라고 해도 됩

니다만 좀 어색하죠? 이때 from a headache는 부사구입니다.

물론 suffer from을 타동사구로 보고 a headache를 목적어로 보아도 됩니다.

10. 그 회사는 큰 손실을 입었다. suffer 다음에 from이 없으면 완전타동사로써 "를 당하다. 입다"라는 뜻입니다.

11. change가 타동사로 쓰일 때는 "--를 바꾸다." 입니다.

12. "마지막"을 "지난 번"으로 해도 됩니다. change가 자동사일 때는 "자신이 바뀌다." since는 "이후"가 아니고 "이래로"입니다. "이후"는 after 입니다.

13. 그 회원들은 그 계획에 반대했다. oppose는 완전타동사, object to는 완전타동사구로 볼 수도 있고, object를 완전자동사로 보고 to the plan을 부사구로 볼 수도 있습니다. be opposed to는 수동태이며 뜻은 똑같습니다. 세 가지 다 많이 쓰입니다. 다 외워 주세요.

14. 완전자동사로써 자신이 자라다. grow 다음에 up은 생략해도 됩니다. fast는 부사로써 타동사, 자동사 구분에는 아무 상관없습니다. 이 단어는 형용사로도 쓰이는데 그때는 '빠른'이 됩니다. A fast boy에서는 형용사로서 빠른 소년. he is fast에서는 형용사로써 '빠른'인데 '이다'라는 be동사와 합쳐지면 '빠르다'로 해석합니다.

15. 날이 어두워졌다. grow dark에서 grow는 어떤 상태로 되다-라는 뜻의 불완전자동사입니다. 이때 dark는 부사가 아니고 형용사입니다. 이때처럼 (형용사가 주어를 서술하는 기능을 할 때는 주격보어)라고 합니다. 실력이 약한 분은 괄호 안의 문장을 소리내어서 여러 번 암기하세요. 그러면 차츰 이해가 됩니다. 외우지 않으면 괜히 골치아픕니다. 39과부터 더 상세히 다룰 테니까 걱정마세요.

16. 그는 턱수염을 길렀다. grow a beard에서 grow는 남을 '키우다'라는 완전타동사입니다.

17. by the arms는 왜 이렇게 복잡하게 하나?라고 화내시 말로 그냥 외우세요. I took her arms라고 하면 안되나요? 사실 미국인도 가끔 그렇게 쓰기도 하고 또 우리가 그렇게 말해도 알아듣지만 일반적으로 이렇게 합니다. 그 사람들은 자기 모국어이니까 문장이 좀 더 길어져도 어렵거나 부담을 느끼지 않습니다. 우리가 공부해야 하는 영어는 미국인이 일반적으로 쓰는 영어입니다. 불평하지 말고 이렇게 외워주세요. 이때 take 대신에 hold를 쓰면 안되나? 그것도 됩니다. 그러나 take가 일반적입니다. take 는 완전타동사로써 '붙잡다'라는 뜻입니다.

18. 나는 그녀를 품에 안았다. (arms는 팔, 품, 무기라는 뜻으로 쓰입니다.) in my arms는 부사구로써 '팔 안에' 가 아니고 '품안에' 라고 번역해야 합니다.

19. 나를 그렇게 껴안지 말아라. hold는 '껴안다' 로 쓰였습니다. like that 은 전치사+명사=부사구로써 '그것처럼' 혹은 '그렇게' 라는 뜻입니다. 이때 '나를 그렇게 여기지 말아라' 라고 고집하는 분도 있는데 그렇게 쓰이는 상황은 많지 않습니다. 참고로 이 문장은 명화 '바람과 함께 사라지다' 에서 여자 주인공이 자기를 껴안고 키스하려는 남자에게 말했던 대사입니다.

20. 이때 to be a fool은 me의 상태를 설명하는 목적보어 입니다. 직역은 '바보이다라고' 입니다. 이때 hold는 '여기다' 입니다. 이 문장은 영한사전에서 뽑았는데 미국인에게 물어보니까 이해는 되지만 실제로 그렇게 쓰지는 않는다고 합니다.

21. 이때 hold는 '견디다' 라는 뜻입니다.

22. hold good은 '유효하다' 는 뜻입니다.

23. 이때 hold는 '개최하다' 입니다.

24. 이때 hold는 '붙들다. 보류하다.'는 뜻 입니다.

25. 이때 hold responsible은 '책임을 지우다, 책임을 묻다' 라는 뜻입니다. 이 문장에서 be held responsible이 더 일반적이고 뜻이 분명합니다. He holds me responsible이라고 하면 그가 나에게 책임을 지운다(묻는다)라는 뜻입니다. 수동태로 하면 I am held responsible by him이 됩니다. 미래로 하면 I will be held responsible이 되죠? 같은 패턴입니다. hold의 뜻이 많죠? 이와 같이 영어 단어는 뜻이 많습니다. 그 중에서 각 문장의 상황에 가장 알맞은 뜻을 골라내야 합니다. 많은 분이 그 상황에 맞지 않는 뜻을 골라내서 억지로 끼어 맞추는 실수를 범합니다. 이 단원에서 중요한 것은 한 단어에 여러 뜻이 있고 우리가 현재 알고 있는 것은 극히 일부에 지나지 않는다는 것. 정확한 번역은 철저한 번역이고 우리가 영어를 공부한다는 것은 대강 뜻만 아는 것이 아니고 하나하나의 용법과 문법 원칙을 공부하는 것임을 인식하는 것입니다.

그 동안 수고 하셨습니다. 이제 lesson 39로 넘어가기 전에 해야 할 중요한 과제가 있습니다. Lesson 27부터 여기까지 총복습하세요. 모든 문장을 다 암기하고 단어와 문법 원칙을 다 암기해 주세요. 문장은 다 외우셔야 하고 단어와 문법은 여기에 다시 최대로 압축해서 정리해 드리겠습니다. 이것을 다 외워주세요. 중요합니다. 그냥 넘어가면 그 동안 공부한 것을 다 잃어버리게 됩니다. 꼭 암기해 주세요.

암기요령

작은 종이를 하나 준비하세요. 밑의 자료를 외우는데 먼저 1번의 if만 보이게 오른 쪽의 한글 뜻을 종이로 가리세요. 번호를 가운데 적는 이유는 영어와 한글의 간격을 멀리 해서 영어를 보면서 한글 뜻을 외우기 위해서 입니다. 바로 한글을 보면 외워지지 않습니다. 한글을 가렸으면 if를 보면서 한글 뜻을 아는 대로 소리내서 말하세요. 한번만 하지말고 두 번 내지 세번 말하세요. 그런 다음 작은 종이를 오른 쪽으로 조금 옮겨서 자신이 말한 것과 같은지 확인하세요. 한글을 보기 전에 "한다면, 이라면, 인지"라고 정확하게 말했으면 이 단어는 더 이상 외울 필요가 없는 단어입니다. 종이를 조금만 아래로 옮겨서 2번의 even if만 보이게 하세요. 한글은 가려놓은 상태로 또 그 한글 뜻을 소리내서 말하세요. 역시 두 번 내지 세 번 말하세요. 그런 다음 종이를 오른 쪽으로 조금 옮겨서 확인하세요. 이렇게 차근차근해나가다가 생각이 안나서 말을 못했거나 말은 했는데 틀렸거나 여러 가지 의미 중에서 빠트린 것이 있는 경우는 그 번호를 종이 위에 적어 놓으세요. 그런 식으로 56번까지 외우세요. 이렇게 한 다음 이제 종이 위에 번호를 적은 단어만 외웁니다. 예를 들어 종이에 10번을 적어 놓았다면 다시 10번의 in을 보면서 한글은 가려놓고 그 아는 뜻을 모두 두 번 내기 세 번 이야기하세요. 그런 다음 한글을 읽으면서 확인하세요. 모두 정확하게 맞았으면 종이의 10에 사선을 긋고 넘어가세요. 틀렸거나 빠트린 것이 하나라도 있으면 혹은 정확하게 안 되었으면 다시 10번 오른 쪽에 적힌 한글을 소리 내서 읽은 다음 눈을 떼고 다시 읽은 것을 기억하면서 이야기하고 다시 맞춰보세요. 정확하게 안 맞았으면 또 한글을 한번 천천히 읽은 다음 눈을 떼고 다시 이야기하세요. 그런 다음 또 맞춰보세요. 맞을 때까지 이렇게 하고 넘어가는 것이 아니라 맞은 다음에 두 번 내지 세 번 소리내서 반복 연습한 다음 그 번호에는 사선을 긋지 말고 그 다음 번호로 가세요. 그 다음으로 적혀있는 번호의 한글은 가려놓고 영어 단어를 보고 똑같이 하세요. 이렇게 해서 끝까지 다 했으면 다시 번호를 적어놓은 것 중에서 사선이 그어지지 않은 것만 다시 똑같이 하면서 아까는 틀렸지만 이번에는 맞는 것은 번호에 사선을 긋고 정확하게 맞추지 못한 것은 아까 할 때와 똑 같은 방식으로 두 세 번 소리내서 암기한 다음 넘어가세요. 그렇게 끝까지 간 다음 또 처음부터 사선이 그어지지 않은 것만 다시 하면서 똑 같은 과정을 되풀이하세요. 그렇게 해서 모두 사선이 그어지면 넘어가는 것이 아니라 사선이 그어진 것을 모두 다시 한번 해주세요. 그렇게 다시 했을 때 아까는 되었는데 또 생각나지 않거나 자신 없는 것이 나옵니다. 그런 것은 다시 종이에 번호를 적어서 똑같이 사선을 그으면서 외워주세요. 그렇게 해서 다 되면 1번부터 56번까지 똑같이 다시 한번 해주세요. 뭐 이렇게까지 해야 되나? 하는 생각이 드시죠? 꼭 이렇게 해주세요. 그러면 남보다 훨씬 영어실력이 앞서게 됩니다.

제가 책임지겠습니다. 번호를 적고 사선을 긋는 것이 번거롭기는 하지만 이렇게 하면 집중도 잘 되고 빨리 외워집니다. 수업 시간에 이것을 시켜보면 90%가 그냥 영어와 한글을 물끄러미 마음 속으로 읽고 있습니다. 그렇게 하면 몇 시간이 흘러도 못외웁니다. 또 지루합니다. 그래서 그냥 넘어가게 됩니다. 꼭 작은 종이로 한글을 가려놓고 자신이 기억한 대로 입으로 소리내서 두 번 이상 말한 다음 자신이 말한 것이 맞는지 틀리는지 확인하고 틀린 것은 번호를 적어놓고 집중적으로 복습해야 합니다.

참고
뜻이 많은 단어부터 먼저 외우고 그 다음에 뜻이 하나씩 있는 단어를 외우세요. 암기요령: 10,12,17번 등은 한 단어에 뜻이 많습니다. 이런 단어는 좀 특별한 방법으로 외워야 합니다. 제가 해본 중에서 가장 효과있는 방법은 이렇습니다. in의 예를 들어 설명하겠습니다. "in:안에" 만 보고 소리내어 읽은 다음 눈을 떼고 "in:안에" 라고 소리내서 말해 보세요. 어렵지 않죠? 그 다음에는 "in:안에, 내에" 만 보고 소리내서 읽은 다음 눈을 떼고 "in:안에, 내에" 라고 소리내서 말해보세요. 그 다음에는 "in:안에, 내에, 에" 만 보고 소리내서 읽은 다음 눈을 떼고 "in:안에, 내에, 에, 에 있어서"를 소리내서 말해보세요. 조금씩 부담스러워지죠? 이때는 꼭 읽은 순서대로 해 주세요. 생각나는 대로 순서를 바꾸어서 하면 더 편할 것 같지만 더 잘 안됩니다. 혹시 잘 안되면 다시 네 단어 뜻 까지만 다시 읽고 또 눈을 떼고 소리내서 말해보세요. 잘 되면 그 다음에는 "in:안에, 내에, 에, 에 있어서, 으로"까지만 읽은 다음 눈을 떼고 똑같이 소리내서 말해보세요. 잘 안되면 같은 부분을 다시 하고 잘 되면 그 다음에는 "in:안에, 내에, 에, 에 있어서, 으로, 로써"까지만 읽은 다음 눈을 떼고 똑같이 소리내서 말해보세요. 잘 안되면 같은 부분을 다시 하고 잘 되면 그 다음에는 "in: 안에, 내에, 에, 에 있어서, 으로, 로써, 대한"까지 다 읽은 다음 눈을 떼고 똑같이 소리내서 말해보세요. 잘 안되면 또 같은 부분을 읽고 눈떼고 다시 하세요. 잘 되면 다음 단어로 넘어가는 것이 아니라 "in: 안에, 내에, 에, 에 있어서, 으로, 로써, 대한"을 여러 번 (최소3번 이상) 소리내서 완전히 뇌리에 박힐 때까지 연습하세요. 그런 다음 12번 단어로 가서 똑같이 하세요. 그렇게 해서 단어의 뜻이 3개 이상인 단어부터 먼저 외운 다음 단어의 뜻이 한두개 인 것을 외우세요. 문법 원칙(분사구문이나 관계대명사 같은)도 똑같이 이런 식으로 외우세요. 정리하면 이렇습니다. 처음에는 하나만 외우고 그 다음에는 두개만 외우고 그 다음에는 세 개만 외웁니다. 이런 식으로 해나가는데 반드시 소리내면서 외우고 순서대로 외우세요. 다 되면 넘어가지 말고 여러 번 다시 반복해서 확실하게 기억날 때까지 반복해주세요. 이렇게 하면 시간이 너무 걸릴 것 같습니까? 천만에 말씀입니다. 좀 거추장스럽고 귀찮기는 하지만 제일 빠른 암기 방식 입니다. 보통 학생들이 개발해내는 다른 좋지 않은 방식은 매우 많은데 편리한 것 같지만 몇 배 혹은 몇 십배 걸리든지 영원히 못 외웁니다. 그런 방식은 지면이 아까워서 적지 않습니다. 꼭 이 방법대로 해주세요. 문법 원리도 똑같이 암기해주세요.

28과부터 한영으로 말하기 복습해주세요.

주요단어

단어	번호	뜻
if	1	-한다면, -이라면, -인지
even if	2	비록 (심지어) -하더라도
if not	3	만약 하지 않는다면
though	4	-하지만, 이지만
even though	5	비록 -이지만 (하지만)
unless	6	- 하지 않는 한
after	7	(부사구)-후에. (형용사구)-후의
since	8	(부사구)-이래로, 때문에. (형용사구)이래로의, 때문의
into	9	(부사구)-안으로, -으로, -로, (형용사구)-안으로의, 으로의, 로의
in	10	(부사구)-안에, -내에, -에, -에 있어서, -으로, -로써, -대하여, (형용사구)안의, 내의, 의, 있어서의, 으로의, 로써의, 대한
while	11	(부사구) -동안, -반면에, -하지만(형용사구)-동안의
on (전치사)	12	(부사구) -위에서, -에서,-에, -에 대하여, -편에, -하자마자 (형용사구)위의, 에서의, 에의, 에 대한, 편의, 의, 하자마자의.
on one's way	13	(부사구)-로 가는 길에(형용사구)-로 가는 길의.
at	14	(부사구) -에, -를 받고(형용사구)에의, -를 받은.
over	15	(부사구) -상공에, -동안, -이상, -대하여 (형용사구)상공의, 동안의, 이상의, 대한.
for	16	(부사구) 왜냐하면, -동안, -위하여, -대하여, -로써(-치고), -에게, -찬성하여, -에도 불구하고 (형용사구)동안의, 위한, 대한, 로써는, 치고는, 에게의, 찬성하는, 에도 불구하는.
against	17	(부사구)반대하여, -대하여, -맞서서 (형용사구)반대하는, 대한, 맞서는.
with	18	(부사구)함께, 갖고, -와, -하는 가운데, -에도 불구하고, -로 (형용사구)함께하는, 가진, 와의, 로의.

through	19	(부사구)-통하여, -전역으로 (형용사구)통한, 전역의.
of	20	(부사구)-한다고(-했다고), -대하여, (형용사구)-의, 대한, 인(동격).
to	21	(부사구) -로, -에게, -대하여 (형용사구)로의, 에게의, 대한.
by	22	(부사구) -까지, -옆에, -의하여, -함으로써 (형용사구)까지의, 옆의, 의한,
since then	23	(부사구) 그때 이래로(형용사구)그때 이래로의.
shortly after	24	(부사구) -직후에(형용사구)직후의.
about	25	(부사구) -대하여, 약(형용사구)대한.
across	26	(부사구) -을 가로질러서, -전역에서 (형용사구)을 가로지른, 전역의.
out of	27	(부사구)-로부터, -밖에서(형용사구)-로 부터의, 밖 에서의.
as	28	(부사구) -로서, -만큼,-때문에, -동안, -따라, -대 로, -하지만, -처럼, 가운데 (형용사구)로서의, 때문의, 동안의, 따른, 대로의,
as rich as	29	(형용사구) 만큼 부유한
as much as	30	(부사구) 만큼 많이
must(should)	31	-해야 한다, -임에 틀림없다
will	32	~할 것이다, ~하려 한다
would	33	~할 것이다, ~하려 한다, ~하려할 것이다 ~하려했다, ~하곤 했다.
could	34	~할 수 있었다, ~할 수 있을 것이다
may (might)	35	~해도 좋다, ~할지 모른다
either A or B	36	A나 B가 ~하다
neither A nor B	37	A도 B도 ~하지 않다.
so A that B	38	너무나 A 해서 B 하다.
then	39	그때, 그런 다음, 그렇다면
so	40	그래서, 그렇게, 너무나
instead	41	그 대신에
instead of	42	~대신에
otherwise	43	그렇지 않으면
some	44	약간, 몇몇, 어떤, 약

any	45	어떤 ~라도, 약간
something	46	어떤 것, 무언가
anything	47	어떤 것이라도
even	48	심지어, 비록
yet	49	그러나, 아직, 이때까지의
still	50	그러나, 여전히, 가만히
ever	51	이때까지, 한번이라도
just	52	단지, 꼭, 바로, 막
on	53	계속해서, 어서, 켜진(부사로 쓰일 때)
back	54	뒤쪽, 뒤, 다시, 돌아 온
the two	55	그 둘
both	56	둘 다

문법정리

1. 동명사
(1) 전치사 뒤에는 명사만 온다.
(2) 전치사 뒤에 오는 명사는 전치사의 목적어라고 한다.
(3) 전치사 뒤에 동사가 올 때는 명사로 만들어주기 위하여 ing를 붙여서 동명사로 만들고 "하는 것"이라고 해석한다.

2. 분사구문
(1) 현재분사나 과거분사가 이끄는 구문을 분사구문이라고 한다.
(2) 본문의 주어와 분사구문의 주어가 같을 때는 분사구문의 주어는 생략한다.
(3) 본문의 주어와 분사구문의 주어가 다를 때는 분사구문의 주어는 생략하지 않는다.
(4) 능동일 때는 현재분사: …하는, 하면서
수동일 때는 과거분사: …받는, …받아서, 당하는, 당해서로 해석한다.
(5) 분사구문의 시제가 본문의 시제와 같을 때는 "동사+ing"로 분사구문을 만들고 본문보다 한 시제 앞설 때는 having+과거분사를 쓴다.
(6) 분사구문은 대부분 부사구
부대상황: …하면서
원인 : …때문에

결과 : …해서…한다로 해석한다.
(결과 용법을 해석할 때 본문은 단순현재로, 분사구문은 본문의 시제로 한다.)
분사구문은 가끔 명사를 수식하는 형용사로도 쓰임. 해석은 "…하는"으로
한다.
(7) 분사구문의 결과 용법을 해석할 때 시제의 처리
분사구문에는 시제가 나타나지 않음, 그래서 본문의 시제에 맞추어야 함.
구체적으로 본문은 단순현재로 해석하고 분사구문을 본문의 시제로 해석
해야 함.

3. 관계대명사 & 관계부사

관계대명사
(1) 주어는 명사나 대명사만 될 수 있다.
(2) 명사는 문장 속에서 주어, 목적어, 보어의 용법으로 쓰임.
(3) 두 문장을 이어주는 접속사 역할을 함.
(4) 관계대명사는 주격, 목적격, 소유격도 있고 복합 관계대명사도 있음.

관계부사
(1) 부사란 시간, 장소, 방법, 정도 등을 말하는 것으로서 동사나 형용사나
다른 부사를 수식함. 명사를 직접 수식하는 형용사를 제외하고는 거의 다
부사임.
(2) 뒤의 문장에서 접속사와 부사의 역할을 함.

관계대명사와 관계부사에서 외워야할 원칙

공통점
(1) 선행사인 명사를 수식하는 형용사절을 이끈다.
(2) 쉼표가 있으면 계속용법으로써 내려가면서 번역하고 구체적으로는
"…하는데 그가 (그곳에서)…한다"등으로 해석한다.
(3) 쉼표가 없으면 한정용법으로써 뒤의 형용사절부터 번역하고 거슬러
올라 온다.
(4) 특별한 예외를 제외하고는 관계대명사나 관계부사는 해석하지 않음.

차이점

(1) 그 뒤에 나오는 형용사 절 안에서, (주어, 목적어, 보어 등) 명사의 역할을 하거나 소유격의 역할을 하면 관계대명사이고 부사의 역할을 하면 관계부사임.
(2) 관계부사가 부사의 역할을 한다는 말은
*형용사 절 안에 주어 동사를 갖춘 완전한 문장이 있고
*관계부사는 그 문장 안에서 동사나 형용사나 다른 부사를 수식하고
*주어, 목적어, 보어의 역할을 하지 않는다는 말이다.

전치사+관계대명사의 경우 외워야 할 원칙
(1) 부사구 혹은 형용사구 이다.
(2) 따라서 뒤의 형용사 절 안에 주어+동사를 갖춘 완전한 문장이 온다.
(3) 이때 전치사는 뒤의 형용사 절 전체를 수식하지 않고 관계대명사 하나만 수식한다.
(4) 해석할 때 생략 가능할 때도 있고 못할 때도 있다.

4. 시제

현재형: 한다
현재진행형: 하고 있다
현재완료진행형: 해오고 있다
과거형: 했다
과거진행형: 하고 있었다
과거완료진행형: 해오고 있었다
미래형: 할 것이다
미래진행형: 하고 있을 것이다

현재완료 중에서 보통 동사를 쓸 때
(1) 계속 용법: 해왔다
(2) 경험 용법: 한 적이 있다
(3) 완료 및 결과 용법: 했다
현재완료 중에서 be동사를 쓸 때 세가지(have been)
(1) 계속 용법: 이어왔다, 있어왔다
(2) 경험 용법: 인 적이 있다, 있은 적이 있다, 가 본 적이 있다
(3) 완료 및 결과 용법: 이었다, 있었다, 갔다 왔다.

조동사와 진행형, 또는 현재 완료형이 합치는 경우

might : 일지 모른다, 할지 모른다, 해도 좋다
would : 할 것이다
should해야 한다
must해야 한다(의무). 함에 틀림없다(추측)
can할 수 있다
might(may) have p.p.해왔을지 모른다. 한 적이 있을지 모른다. 했을지 모른다.
would have p.p.해왔을 것이다. 한 적이 있을 것이다. 했을 것이다. (가정법 과거완료, 과거 사실의 반대)
should have p.p.했어야 했다. (가정법 과거완료, 과거 사실의 반대)
must have p.p.해왔음에 틀림없다. 했음에 틀림없다. 한 적이 있음에 틀림없다
can(could) have p.p. 했을 수 있다
might(may) be-ing. 하고 있을지 모른다. 하고 있어도 좋다
will(would) be-ing. 하고 있을 것이다.
should be-ing. 하고 있음에 틀림없다. 하고 있어야 한다
must be-ing. 하고 있음에 틀림없다. 하고 있어야 한다
can(could) be-ing. 하고 있을 수 있다

다 외우셨어요? 다 되셨으면 lesson 28부터 한글을 보고 영어로 말하는 복습을 해주세요.

Lesson39 문장의 5형식에 따른 문장 분석

1. You look very healthy.

2. You look young for your age.

3. She looks her age.

4. She looked at me and smiled.

5. That book looks interesting.

6. He looked proud.

7. He looked proudly around.

8. He got the prize.

9. I got home late last night.

10. My coat got wet.

11. He got me a book.

12. He kept his promise.

13. Please keep quiet. (Please be quiet.)

14. Keep the change.

15. Please keep your fingers crossed.

16. He keeps his body clean.

17. How do you keep in shape?

---

1. 너는 매우 건강해 보인다.

2. 너는 너의 나이에 비해 젊어(어려) 보인다.

3. 그녀는 그녀의 나이로 보인다.

4. 그녀는 나를 보고 미소 지었다.

5. 그 책은 재미있어 보인다.

6. 그는 자랑스러워 (교만해) 보였다.

7. 그는 자랑스럽게 (교만하게) 주위를 보았다.

8. 그는 그 상을 받았다.

9. 나는 어제 밤 늦게 집에 도착했다.

10. 나의 코트가 축축해 졌다. (젖었다)

11. 그가 나에게 한 권의 책을 가져다 주었다.

12. 그는 그의 약속을 지켰다.

13. 제발 조용히 해라.

14. 잔돈은 간직해라. (잔돈은 놔두세요.)

15. 제발 너의 손가락을 교차된 채로 유지해라. (행운을 빌어줘)

16. 그는 그의 몸을 깨끗이 유지한다.

17. 어떻게 너는 모습 속에 유지하니? (어떻게 너는 적절한 몸매를 유지하니?)

18. What kept you so long?

19. You should not keep dogs in the apartment.

20. The hands of a clock turn very slowly.

21. He turned the key in the lock.

22. May I turn off the light?

23. Will you turn on the light, please?

24. Turn up the volume.

25. Will you please turn down the volume?

26. The rumour turned out false.

18. 무엇이 너를 그렇게 오래 붙잡았니?
(왜 이렇게 늦었니?)

19. 아파트 안에서 개를 간직하면 (키우면) 안된다.

20. 한 시계의 바늘이 매우 느리게 돈다. (간다)

21. 그는 그 자물쇠 안에서 그 열쇠를 돌렸다.

22. 내가 불을 꺼도 좋습니까?

23. 불을 켜 주시겠습니까?

24. 볼륨을 위로 돌려라. (올려라)

25. 볼륨을 아래로 돌려주시겠습니까?
(볼륨을 낮춰주시겠습니까?)

26. 그 소문은 허위로 판명되었다.

응용장문번역 문제

1. In the former Soviet republics, counterfeit medicines could constitute more than 20 percent of market value.
위조 약품. 구성하다. 시장 가치.

2. The United Nations Climate Change Conference ended with delegates having reached a broad consensus on the need to map out a new device by 2009 to replace the current Kyodo Protocol that expires in 2012.
기후 변화 회의. 대표. 폭넓은 합의. 면밀히 계획하다. 장치. 대체하다. 의정서. 만료되다.

3. The laptop computer appeared to have issued malicious orders to the servers to destroy system files.
보이다. 악성 명령을 내리다. 파괴하다.

응용장문번역 답

1. 이전 소련의 공화국들에서 위조약품이 시장 가치의 20% 이상을 구성할 수도 있을 것이다.(있었다).

2. 유엔 기후변화 회의는 대표들이 2012년에 만료되는 현재의 교또 의정서를 대체할 새로운 장치를 2009년까지 면밀히 계획할 필요성에 대한 폭넓은 합의에 도달한 가운데 끝났다.

해설 강의

이제부터 문장의 구성을 분석하는 공부를 하시겠습니다. 이것을 하려면 먼저 품사를 이해하고 암기해야 합니다. 품사는 8개가 있어서 팔품사라고 합니다. 팔품사란 명사, 동사, 형용사, 부사, 전치사, 관사, 접속사, 감탄사를 말합니다.

명사 – 사물의 이름 Korea, book, 등등.
동사 – 주어의 동작이나 상태 서술, love, study 등등.
형용사 – 명사 수식, happy, strong, pretty, 등등.
부사 – 동사나 형용사, 혹은 다른 부사를 수식, very. happily. 등등.
관사 – a, an, the
접속사 – 문장이나 단어를 연결하는 단어: and, but, or, if 등등.
감탄사 –Oh! 등등.

이제 명사부터 공부하시겠습니다. 이제 더 이상 읽지 말고 위의 예문에서 명사를 뽑아서 연습장에 적어주세요. 다 적으셨어요? 이제 다음 설명을 봐주세요. (스스로 뽑아서 적지 않고 읽고 있는 분은 잘못된 방법으로 공부하시는 분입니다).

1번 문장의 you. 2번 문장의 you, age. 3번 문장의 she, age. 4번 문장의 she, me, 5번 문장의 book, 6번의 he. 7번의 he. 8번의 he, prize. 9번의 I, night. 10번의 coat, 11번의 he, me, book. 12번의 he, promise. 13번은 없고 14번은 change, 15번은 finger, 16번은 he, body, 17번은 you, shape, 18번은 what, you, 19번은 you, dog, apartment, 20번은 hand, clock, 21번은 he, key, lock, 22번은 I, light. 23번은 you, light. 24번은 volume, 25번은 you, volume, 26번은 rumor.

명사의 기능은 1.주어, 2.목적어, 3.보어의 역할을 하는 것입니다.

1.주어를 찾아내는 것은 어렵지 않죠? 주어는 우리 말로 번역할 때 반드시 '--는, --이, --가'라는 토씨(혹은 조사)를 붙여야 합니다. 가끔 '도'가 붙기도 하는데 이럴 때는 too, also 등이 붙을 때입니다. I love you, too. 나도 너를 사랑한다.같은 경우입니다. 주어를 부사구처럼 '나에게는' 등등으로 해석하시는 분이 많은데 문법을 다 정리하고 표현을 아름답게

하기 위한 의역을 할 때 그렇게 합니다. 지금처럼 문법 공부할 때 그렇게 하면 문법 공부가 되지 않습니다. 저의 책을 다 뗀 후에 의역에 신경써주시고 지금은 문법에 맞게 직역해주세요.

2.목적어는 두 경우가 있습니다. 타동사의 목적어가 되는 경우(I love you 같은 경우)와 전치사의 목적어(위의 2번 문장같은 경우)가 되는 두 경우가 있습니다. 타동사와 전치사 다음에는 반드시 명사가 오며 이때 이 명사를 타동사의 목적어 혹은 전치사의 목적어라고 합니다.

3)보어는 주격 보어와 목적격 보어가 있습니다. 주격 보어는 명사나 형용사로써 주어의 상태를 나타내고 거의 같은 관계입니다. 예를 들어 I am a boy.에서 boy는 명사로써 주어의 상태를 나타내고 거의 같은 관계입니다. She is pretty.에서 pretty는 형용사로써 주어의 상태를 나타내고 거의 같은 관계입니다. 목적격 보어는 좀 어려우므로 잠시 후에 다시 다루겠습니다.

형용사는 명사를 수식하는 품사이고 서술하는 용법과 한정 수식하는 용법이 있습니다. 위의 예문에서 형용사를 뽑아서 적어주세요. 1.healthy. 2.young. 5.interesting. 6.proud. 9.last. 10.wet. 13.quiet. 15.crossed. 16.clean. 17.false.입니다.

1) 형용사의 서술 용법 – She is happy같은 경우에 happy는 주어의 상태를 서술합니다.
2) 형용사의 한정 용법 – She is a happy girl.같은 경우에 happy는 소녀를 한정 수식한다고 합니다.

부사는 Lesson 37에서 이미 다루었습니다. 위의 예문에서 부사를 뽑아서 적어주세요.
1.very. 7.proudly. around. 9.home(명사로도 쓰고 부사로도 쓰는 단어인데 지금은 부사로 쓰였습니다.) late. 13.please. 15.please. 17.how. 18.so. long. 20.very. slowly.

부사는 동사나 형용사나 다른 부사를 수식하는 품사인데 명사, 형용사, 동사가 아닌 것으로써, 관사, 전치사, 접속사, 감탄사도 아닌 애매한 것은 모조리 부사로 보면 됩니다. 22번부터 26번까지의 off, on, up, down, out 도 부사로 볼 수 있으나 그냥 숙어의 일부분이라고 생각합시다. 다음에 더 상세히 다루겠습니다.

이제 중요하고 중요한 문장의 5형식의 기본 원리를 암기합시다. 다음 원칙을 토씨 하나도 틀리지 않게 똑같이 암기해주세요. 옛날처럼 1형식은 주어+완전자동사. 2형식은 주어+불완전자동사+주격보어. 3형식은 주어+완전타동사+목적어, 4형식은 주어+수여동사+간접목적어+직접목적어, 5형식은 주어+불완전타동사+목적어+목적보어. 이렇게 외워서는 몇 형식이냐고 물어보는 시험문제에 답을 쓰는 경우에는 도움이 되겠지만 영어를 번역하거나 영작할 때는 응용이 되지 않습니다. 꼭 다음과 같이 똑같이 암기해주세요.

5. 문장의 5형식
1형식은 주어+완전자동사로 구성되며 목적어나 주격 보어는 없고 부사구는 얼마든지 있을 수 있다.
2형식은 주어 + 불완전 자동사 + 주격 보어로 구성된다. 주격 보어는 명사나 형용사로써 주어의 상태를 나타내고 주어와 거의 같은 관계이며 부사구는 얼마든지 있을 수 있다.
3형식은 주어 +완전 타동사 + 목적어로 구성되며 목적어는 명사로써 주어와 다른 존재다. 목적어에는 99% '을, 를' 이라는 토씨를 붙인다.
4형식:주어 + 수여 동사 + 간접목적어 + 직접목적어로 구성되며 간접목적어와 직접목적어는 명사로써 서로 다른 존재이다. 간접 목적어에는 '~에게' 직접 목적어에는 '~을, 를' 이라는 토씨를 붙인다.
5형식:주어 + 불완전타동사 + 목적어 + 목적보어로 구성되며 목적어는 명사이고 목적 보어는 명사나 형용사로써 목적어의 상태를 나타내며 거의 같은 관계다. 목적어에는 '을, 를, 가' 목적 보어에는 '~로, ~하게'라는 토씨를 붙인다.

다 외우셨으면 예문의 각 문장을 이 원칙에 따라 분석해주세요. 즉 주어는 ( ), 동사는 ( ), 뒤에 ( )가 있는데 그것은 ( )하기 때문에 ( )이다. 뒤에 ( )가 있으므로 동사는 ( )이다. 반드시 이렇게 먼저 분석해보신 후에 다음 설명을 보고 자신이 한 것이 맞는지 틀렸다면 어디가 왜 틀렸는지 많이 연구해주세요.

1. 주어는 you. 동사는 look, healthy는 형용사로써 주어의 상태를 나타내고 거의 같은 관계이기 때문에 주격보어이고 very는 형용사를 수식하는 부사이다. 뒤에 주격보어가 있기 때문에 동사look는 불완전자동사다. look는 불완전자동사일 때는 '보다'가 아니고 '보이다'이며 look at가 '보다'라는 뜻임.

2. 주어는 you이고 동사는 look이며 young은 형용사로써 주어의 상태를 나타내고 거의 대등한 관계이기 때문에 주격보어이다. 동사 look은 뒤에 주격보어가 있으므로 불완전 자동사이다. for your age- 전치사 + 명사로 형용사구 혹은 부사구인데 young 이라는 형용사를 수식하기 때문에 부사구로서 나이에 비해서 라는 뜻이다.

3. she는 주어이고 동사는 look이며 age는 명사로써 주어의 상태를 나타내고 주어와 거의 대등한 관계이기 때문에 주격 보어이다. 동사 look는 뒤에 주격보어가 있기 때문에 불완전 자동사다.

4. she는 주어이고 동사는 look at이며 me는 명사로써 주어의 상태를 나타내지 않고 다른 관계이기 때문에 목적어이다. look at는 목적어가 있기 때문에 완전 타동사구이다. 이렇게 분석할 수도 있고 look은 동사이고 at me는 전치사+명사로써 동사를 수식하는 부사구이다. 뒤에 부사구만 있으므로 look는 완전자동사다라고 분석해도 됩니다. and는 접속사이고 smile은 동사인데 뒤에 목적어나 주격보어가 없기 때문에 완전 자동사다.

5. 주어는 that book이고 동사는 look이고 interesting은 형용사로써 주어의 상태를 나타내고 거의 대등한 관계이기 때문에 주격 보어이며 look는 주격보어가 있기 때문에 불완전 자동사

6. he- 주어이고 look는 동사이며 proud는 형용사로써 주어의 상태를 나타내고 거의 대등하기 때문에 주격 보어이며 동사 look는 주격 보어가 있기 때문에 불완전 자동사

7. he- 주어이고 동사는 look이고 proudly와 around는 부사이며 look는 뒤에 목적어나 주격보어가 없고 부사구만 있기 때문에 완전 자동사. look는 완전자동사일 때는 "보다"이고 주격보어가 있는 불완전자동사일 때는 '보이다'라는 뜻이다.

8. he- 주어이고 동사는 got이며 prize는 명사로써 주어의 상태를 나타내지 않고 다른 존재이기 때문에 목적어이며 got는 목적어가 있기 때문에 완전 타동사이다. 완전타동사일 때 get는 "얻다"라는 뜻.

9. I 주어이고 동사는 got이며 home은 집으로라는 부사이고 late는 시간을 말하는 부사이고 last night는 전치사가 생략된 부사구이다. 동사 got는

뒤에 부사와 부사구만 있고 목적어나 주격보어가 없기 때문에 완전자동사이며 get는 완전자동사일 때는 "도달하다"라는 뜻입니다. last night앞에 무슨 전치사가 생략되었느냐라는 질문을 많이 받는데 죄송하지만 아직 이 경우에 전치사가 있는 것을 본 적이 없어서 잘 모릅니다. 보통 night 앞에는 at를 쓰는데 앞에 last가 있는 경우에는 무얼 쓰는지 본 적이 없어서 모릅니다. 그냥 붙이지 않는 것으로 생각해주세요. 개인적인 생각은 앞에 last가 있더라도 at를 붙이는 것이 맞다고 봅니다.

10. coat가 주어이고 my는 소유격이고 동사는 get이고 wet는 형용사로써 주어의 상태를 나타 내고 거의 대등한 관계이기 때문에 주격 보어이며 동사 got은 뒤에 주격 보어가 있기 때문에 불완전 자동사. get는 불완전자동사일 때는 "~가 되다"라는 뜻입니다. my는 품사가 무엇이냐고 물어보시는 분이 있는데 그냥 소유격이라고도 하고 소유격도 명사를 수식하는 것이니까 형용사라고 보시는 분도 있습니다.

11. he는 주어이고 동사는 get이며 me는 명사로써 주어의 상태를 나타내지 않고 주어와 다른 존재이기 때문에 목적어이며 book는 명사로써 목적어 me의 상태를 나타내지 않기 때문에 역시 목적어이며 동사 get는 간접 목적어 me와 직접 목적어 book을 갖고 있기 때문에 수여 동사입니다. 이때 왜 me가 먼저 나오고 book이 나중에 나오는데 me는 간접목적이고 book은 직접목적어냐라고 묻는 분이 있으면 주어의 동작이 me보다 book에 먼저 영향을 미치기 때문에 그렇다고 설명해주시면 됩니다. get는 수여 동사일 때 "~에게~을 가져다주다"라는 뜻입니다.

12 .he- 주어이고 kept는 동사이고 promise는 명사로써 주어의 상태를 나타내지 않기 때문에 목적어이며 keep는 목적어가 있기 때문에 완전타동사입니다. keep는 완전타동사일 때 "지키다, 간직하다"라는 뜻입니다.

13. you가 주어인데 명령문이기 때문에 생략합니다. keep가 동사이며 quiet는 형용사로써 주어의 상태를 나타내기 때문에 주격보어이며 keep는 주격보어가 있기 때문에 불완전자동사입니다. keep는 불완전 타동사로 사용할 때는 "유지하다"라는 뜻입니다.

14.역시 명령문이기 때문에 주어 you는 생략하고 keep가 동사이며 change는 명사로써 주어와 다른 존재이므로 목적어이고 목적어가 있으므로 keep는 완전타동사입니다.

15. 주어 you 생략. please는 부사이고 keep가 동사이며 finger는 명사로써 주어의 상태를 나타내지 않기에 목적어이고 crossed는 과거 분사로써 형용사의 기능을 갖고 있고 목적어의 상태를 나타내기 때문에 목적격 보

어이며 동사 keep는 목적어와 목적보어가 있기 때문에 불완전 타동사임. keep는 불완전타동사일 때는 " ~를 ~로 유지하세요"
당신의 손가락을 교차된 채로 유지하세요가 직역이고 나에게 행운을 빌어주세요.가 의역입니다. cross를 좀 더 설명드리겠습니다. cross는 명사, 동사, 형용사, 부사, 전치사로 쓰이는 단어입니다. 동사로 쓰면 '교차시키다'라는 뜻이 있는데 34과에서 공부했던 분사 구문을 생각해보면 crossing은 현재분사로써 '교차시키는'이라는 능동의 의미가 되고 crossed는 '교차당하는' 즉 '교차되는'이라는 수동이 됩니다. 손가락들이 자신의 의지로 교차하는 것이 아니고 뇌의 명령에 의하여 교차당하기 때문에 수동으로서 '교차되는'이라는 형용사의 의미를 지니게 됩니다. 미국 영화를 보면 가운데 손가락으로 두 번째 손가락(검지)와 교차시켜서 상대방에게 보여주는 장면이 가끔 나옵니다. 행운을 기원하는 body language입니다.
16. he- 주어이고 동사는 keep이며 body는 명사로써 주어의 상태를 나타내지 않는 목적어이고 clean은 형용사로써 목적어의 상태를 나타내기 때문에 목적 보어이며 동사 keep는 목적어와 목적 보어가 있기 때문에 불완전 타동사
17. how는 부사, do는 의문문을 만들기 위한 조동사, you가 주어. keep는 동사이며 in shape 전치사 + 명사로써 형용사구인데 주어의 상태를 나타내며 주어와 거의 대등한 관계이기 때문에 주격 보어이고 동사 keep는 주격보어가 있기 때문에 불완전 자동사입니다. 혹은 in shape를 keep 에 걸리는 부사구로 보고 keep는 뒤에 목적어나 주격보어가 없고 부사구만 있기 때문에 완전자동사라고 분석해도 됩니다. keep in shape 모양 속에 유지하다 즉 적정한 몸매를 유지하다라는 뜻입니다. 사람의 모양이 망가지면 어떻게 됩니까? 똥보가 되든지 갈비씨가 되죠? 미군 방송을 보면 가끔 계몽하는 프로그램으로써 운동하는 모습을 보여주고 Stay in shape. 혹은 Keep in shape.라고 말하는 글자가 화면에 나오는 장면이 있습니다. 군인들에게 체중 관리 잘하여 최상의 컨디션을 유지하라는 뜻입니다. 미군에서는 허리 둘레가 가슴 둘레보다 크면 장군으로 승진되지 않는다고 합니다.
18. what- 주어. 동사-kept. you-명사로써 주어의 상태를 나타내지 않기 때문에 목적어. 동사 kept는 목적어가 있기 때문에 완전 타동사이며 so long- 동사를 수식하는 부사구로써 '그렇게 오래'라는 뜻입니다. long은 형용사로 쓸 때는 "긴, 오랜"이라는 뜻으로 쓰이는데 부사로 쓰면 '오래'라는 뜻입니다.

19. you- 주어이고 keep는 동사이며 dog는 명사로써 주어 you의 상태를 나타내지 않기 때문에 목적어이며 동사 keep는 목적어가 있기 때문에 완전 타동사. in the apartment- 동사를 수식하는 부사구. 이때 이 부사구가 어째서 keep라는 동사를 수식합니까? 이것이 주어인 you나 목적어인 dog를 수식하지 않는 것은 분명하죠? 명사를 수식하지 않는 것은 무조건 부사나 부사구로 생각하시면 됩니다. 만약 in the apartment가 you를 수식한다면 '아파트 속의 너'라는 이상한 말이 되고 dog를 수식한다면 '아파트 속의 개'라는 이상한 말이 됩니다.

20. hands- 주어이고 of a clock은 주어를 한정 수식하는 형용사구로써 서술하는 것이 아니기 때문에 동사의 성격과는 아무런 관련이 없음. very-부사, slowly- 부사이고 동사 turn은 뒤에 목적어나 주격보어가 없고 부사만 있기 때문에 완전 자동사

21. he- 주어이고 동사는 turn이며 the key는 명사로써 주어의 상태를 나타내지 않기 때문에 목적어이고 동사 turn은 뒤에 목적어가 있으므로 완전 타동사이고 in the lock은 부사구로써 동사의 성격과는 아무 관련없음.

22. I- 주어. turn off가 동사이고 the light는 명사로써 주어의 상태를 나타내지 않기 때문에 목적어이며 turn off는 뒤에 목적어가 있으므로 완전 타동사인데 off라는 단어가 붙어서 두 단어로 구성되어 있기 때문에 완전 타동사구입니다.

23. will은 조동사이고 you가 주어이고 turn on이 동사이며 the light가 명사로써 주어의 상태를 나타내지 않고 다른 존재이기 때문에 목적어이며 목적어가 있기 때문에 동사는 완전 타동사구.

24. 명령문이기 때문에 주어 you는 생략합니다. turn off가 동사이고 volume은 명사로써 주어의 상태를 나타내지 않기 때문에 목적어이며 목적어가 있기 때문에 turn off는 완전 타동사구입니다.

25. Will은 조동사이고 you가 주어이며 please는 부사이고 turn down은 동사이고 volume은 명사로써 주어와 다른 존재이기 때문에 목적어이며 목적어가 있기 때문에 turn down은 완전 타동사구입니다.

26. rumour- 주어, turn out이 동사이고 false는 형용사로써 주어의 상태를 나타내기 때문에 주격 보어입니다. 동사 turn out는 주격 보어가 있기 때문에 불완전 자동사구입니다.

39과에서 공부했던 중요한 동사를 다시 한번 점검합시다. 이런 단어를 사

전에서 보면 전치사 못지 않게 엄청나게 많은 용법이 있습니다. 일단 다음 용법만 익혀도 95% 이상 해결됩니다.

주요단어

get	완전타동사	~을 얻다
	완전 자동사	~도달하다
	불완전 자동사	~되다
	수여동사	~에게 ~을 갖다 주다

look	완전자동사	보다
	불완전 자동사	~로 보이다

look at	타동사구	~을 보다

keep	완전타동사	을 지키다. 간직하다. 붙잡다. 키우다
	불완전자동사	유지하다
	불완전타동사	유지하다, 간직하다

turn	자동사	돌다
	타동사	돌리다

turn off	타동사구	끄다
turn on	타동사구	켜다
turn up	타동사구	높이다
turn down	타동사구	낮추다

turn out	불완전자동사구	판명되다

39과가 이 책에서 제일 중요하다고 말씀드릴 수 있습니다. 철저하게 공부하시고 넘어가 주세요. 꼭 부탁드립니다.
그리고 29과부터 한영으로 복습하는 것 잊지 말아주세요.

Lesson40 문장의 5형식에 따른 문장 분석

1. He turned down my request.	1. 그는 나의 요청을 거절했다.
2. That sounds great.	2. 그것은 좋게 들린다. (그것은 좋은 소리를 낸다. 그거 괜찮겠다.)
3. He came back safe and sound.	3. 그는 안전하고 무사히 돌아왔다.
4. Sound travels more slowly than light.	4. 소리는 빛보다 더 천천히 여행한다. (움직인다)
5. I heard a strange sound outside.	5. 나는 밖에서 이상한 소리를 들었다.
6. They sound the bell every hour at the temple.	6. 그들은 그 절에서 매시간 종을 울린다.
7. I found the tool easily.	7. 나는 그 도구를 쉽게 찾았다.
8. The agency found him useful.	8. 그 기관은 그가 유용하다는 것을 발견했다. (그 기관은 그를 유용하다고 생각했다)
9. I find the new house very comfortable.	9. 나는 그 새 집이 매우 편안하다는 것을 발견한다. (편안하다고 생각한다)
10. The judge found him guilty.	10. 그 판사는 그가 유죄인 것을 발견했다. (유죄라고 판결했다)
11. Watch your language.	11. 너의 말을 지켜보아라. (말조심해라)
12. I didn't mean to hurt you.	12. 나는 너를 아프게 하는 것을 의미하지 않았다. (나는 너를 해칠 뜻은 없었다)
13. Does it hurt?	13. 그것은 아프니?
14. What is this called?(이것은 분석하지 마시고 What do you call this?라는 능동문장을 분석해주세요.)	14. 이것이 무어라고 불리나? (이것을 뭐라고 하나?)
15. Feel free to call me any time.	15. 언제라도 마음 놓고 전화해. (언제라도 나에게 전화하기 위하여 자유롭게 느껴라)

16. Mind your own business.   16. 너의 자신의 일이나 신경 써라.

17. Never mind.   17. 전혀 신경쓰지 말아라.(염려마)

18. I don't mind.   18. 나는 상관하지 않아.

19. Please remember me to your wife.   19. 나를 너의 아내에게 기억시켜 줘 (안부 전해줘)

20. I remember seeing you somewhere.   20. 나는 어디에선가 너를 본 것이 기억난다.

21. I remember to see you tomorrow.   21. 나는 내일 너를 볼 것을 기억한다.

22. Don't leave the door open.   22. 문을 열린 채로 남겨 두지 말아라.(열어두지 말라)

23. Don't leave me.   23. 나를 버리지 마.

24. Leave me alone.   24. 나를 혼자 내버려둬.

25. He left Seoul for New York.   25. 그는 뉴욕을 향하여 서울을 떠났다.

26. Americans don't eat fish raw.   26. 미국인들은 생선을 날로(생선회를) 먹지 않는다.

응용장문번역 문제

1. Delegates from developed countries proposed a 25 to 40 percent reduction of the greenhouse gas by the year 2020 from the level seen in 1990.
2. Sanctions are sometimes much lighter than those applicable to counterfeiters of products that have no implications for health, such as T-shirts."
3. Consumers also need to be careful in buying goods and services in the online market. 소비자.
4. The financial transaction tax will allow the European Commission to collect 35 billion euros a year
5. It will encourage more responsible trading by financial institutions.

응용장문번역 답

1. 선진국들로부터의 대표들은 1990년에 보여진 수준으로부터 2020년까지는 온실가스의 25부터 40퍼센트까지의 감소를 제안했다.
2. 제재들은 때때로 티셔츠같이 건강에 대한 아무런 밀접한 관계도 없는 제품들의 위조범들에게 부과할 수 있는 것들보다 많이 더 가볍다.
3. 소비자들도 온라인 시장에서 재화와 용역을 구입하는 것에 있어서 조심할 필요가 있다.

해설 강의

1. He가 주어. turned down 동사. my request명사로써 주어와 다르므로 목적어. 목적어가 있으므로 동사 turn down은 완전타동사구

2. That가 주어. sounds는 동사 great 형용사로써 주어의 상태를 설명하므로 주격보어. 주격보어가 있으므로 sound는 불완전자동사.

3. He가 주어. came은 동사 back은 부사 safe and sound는 부사구. 어떻게 보면 형용사같이도 보이는데 숙어로써 '안전하고 무사하게'라는 뜻으로 쓰입니다. came은 뒤에 부사만 있기 때문에 완전자동사.

4. Sound가 주어 travels동사 more부사 slowly부사 than은 접속사 light 명사인데 이때 than을 전치사로 볼 수도 있습니다. than light는 more를 수식하는 부사구입니다. 뒤에 부사만 있기 때문에 동사 travel은 완전자동사입니다.

5. I가 주어 heard동사 a strange sound명사로써 주어와 다른 존재이기 때문에 목적어 outside는 부사. 목적어가 있기 때문에 동사 heard는 완전타동사.

6. They가 주어 sound동사 the bell명사로써 주어와 다른 존재이기 때문에 목적어 every hour전치사가 생략된 부사구 at the temple부사구. 목적어가 있기 때문에 동사 sound는 완전타동사.

7. I가 주어 found가 동사 the tool은 명사로써 주어와 다른 존재이기 때문에 목적어 easily는 부사. 목적어가 있기 때문에 동사 found는 완전타동사.

8. The agency가 주어 found는 동사 him은 명사로써 주어와 다른 존재이기 때문에 목적어 useful은 형용사로써 목적어의 상태를 나타내기 때문에 목적보어. 목적어와 목적보어가 있기 때문에 동사 found는 불완전타동사.

9. I가 주어. find는 동사. the new house는 명사로써 주어와 다르기 때문에 목적어이고 very는 부사이고 comfortable은 형용사로써 목적어의 상태를 설명하기 때문에 목적보어. 목적어와 목적보어가 있기 때문에 동사 find는 불완전타동사.

10. The judge가 주어 found가 동사 him은 명사로써 주어와 다른 존재이기 때문에 목적어 guilty는 형용사로써 목적어의 상태를 나타내기 때문에 목적보어. 목적어와 목적보어가 있기 때문에 found는 불완전타동사.

11. 명령문이기 때문에 주어 you가 생략되었고 Watch가 동사이고 your language는 명사로써 주어와 다른 존재이므로 목적어. 목적어가 있으므로 동사 watch는 완전타동사.

12. I가 주어 didn't는 조동사 mean은 동사 to hurt동사 you명사. 이제 본격적으로 어려워지기 시작합니다. 끝의 you는 명사로써 주어와 다른 존재이기 때문에 목적어이고 목적어가 있기 때문에 hurt는 완전타동사입니다. 그런데 앞에 to가 있습니다. "to+동사원형은 to 부정사이고 to 부정사는 명사적 용법, 형용사적 용법, 부사적 용법이 있다."는 것은 아시죠? 혹시 모르시면 이 따옴표 안의 문장을 소리내서 여러 번 암기해주세요. 외우시면 아시는 겁니다. 외우지 않으시면 모르시는 것입니다. 이 경우에는 to hurt는 mean의 목적어에 해당되는 명사구입니다. to hurt가 명사구이면 '해치는 것'으로 해석해야 하고 형용사구이면 '해치기 위한, 해치는'으로 해석해야 하고 부사구이면 '해치기 위하여'로 해석해야 합니다. 이것을 mean의 의미하다와 연결지으려면 명사구로 하는 것이 가장 합리적입니다. 명사구도 명사나 마찬가지입니다. 이 명사구는 주어 I와 다른 존재이기 때문에 목적어. 목적어가 있기 때문에 동사 mean은 완전타동사입니다. 이때 mean은 원래 뜻은 의미하다이지만 여기에서는 의도하다라는 뜻으로 씌었습니다. I love you.같이 동사 다음에 한 단어(명사)가 나오면 그것이 명사인지 아닌지는 사전을 보면 알 수 있습니다. 그러나 지금처럼 to 부정사가 나오면 우리가 명사구, 형용사구, 부사구의 가능성을 모두 생각하면서 연구해서 명사구인지, 형용사구인지, 부사구인지 규명해야 합니다. 어떤 때는 순서를 거꾸로 해서 동사가 완전타동사인지, 수여동사인지를 먼저 알아내고 to부정사가 명사구인지, 형용사구인지, 부사구인지를 규명해야 하는 경우도 있습니다.

13. Does는 조동사 it가 주어 hurt가 동사인데 목적어나 주격보어가 없기 때문에 완전자동사입니다.

14. this가 주어 is가 동사 called는 과거분사로써 수동태 what은 주어의 상태를 나타냅니다. 그러므로 주격보어이고 is called는 불완전자동사라고 생각할 수 있지만 석연치않은 점이 있습니다. 이렇게 수동태인 동사를 불완전자동사로 보아도 되는지 저는 아직 모릅니다. 이런 것을 자세히 다룬 문법책도 본 적이 없습니다. I love you.를 수동태로 하면 You are loved by me.인데 you는 주어이고 by me가 부사구이므로 are loved는 완전자동사라고 된 문법책은 보았는데 you를 주어로 보고 are를 동사로 보고 loved를 과거분사이면서 형용사의 성격을 가진 단어로 보고 주어의 상태를 나타내니까 주격보어이고 are를 불완전자동사로 보는 것이 맞지 않는가 하는 의문을 가진 적이 있습니다. 게다가 완전타동사인 문장을 수동태로 할 때는 좀 나은데 call처럼 불완전타동사를 수동으로 했을 때 어떻

게 되는지 저는 아직 모릅니다. 문장의 5형식을 외운 것은 모두 능동일 경우입니다. 이 문장을 능동으로 하면 What do you call this?입니다. 29과에서 불특정한 주어를 you로 한다는 것을 공부한 기억나십니까? 잊으셨으면 다시 한번 봐 주세요. 이 문장에서 you가 주어이고 do는 조동사이고 call이 동사이고 this는 명사로써 주어와 다른 존재이므로 목적어임. what은 명사로써 목적어 this와 거의 대등한 관계이고 목적어의 상태를 설명하므로 목적보어입니다. 목적어와 목적보어가 있으므로 call은 불완전타동사입니다. 우리는 앞으로 수동태 문장이 나오면 이렇게 능동으로 바꾸어서 분석하고 수동태로 바꾸는 연습을 합시다. 그렇게 공부하면 독해, 영작할 때 모두 해결할 수 있는 능력을 쌓을 수 있습니다.

15.주어는 you인데 생략되어있고 Feel이 동사이고 free는 형용사로써 주어의 상태를 나타내므로 주격보어입니다. 주격보어가 있으므로 동사feel은 불완전자동사입니다. to call은 to 부정사로써 free라는 형용사를 수식하기 때문에 부사구입니다. to 부정사 안에서 me는 명사로써 주어인 you와는 다른 존재이므로 목적어입니다. 이때 주어 you는 call과 멀리 있고 중간에 feel free가 있지만 그래도 call하는 존재이므로 주어라고 봅니다. 목적어가 있으므로 call은 완전타동사입니다. any time은 전치사가 생략된 부사구입니다.

16.주어 you는 생략되어 있음. Mind는 동사이고 your own business는 명사인데 주어와 다른 존재이기 때문에 목적어이고 목적어가 있기 때문에 mind는 완전타동사입니다.

17. 주어 you가 생략되어 있고 Never는 부사이고 mind가 동사인데 뒤에 아무 것도 없으므로 완전자동사입니다.

18. I가 주어이고 don't는 조동사이고 mind가 동사인데 뒤에 아무 것도 없으므로 완전자동사입니다.

19. 주어 you가 생략되어있고 Please는 부사이고 remember는 동사이고 me는 명사로써 주어와 다른 존재이므로 목적어이고 to your wife는 전치사+명사로써 부사구입니다. 목적어가 있으므로 remember는 완전타동사입니다.

20. I가 주어이고 remember는 동사이고 seeing은 동명사로써 명사의 성격을 보면 주어와 다른 존재이므로 목적어이고 목적어가 있으므로 remember는 완전타동사입니다. seeing의 동사의 성격을 보면 you는 명사로써 주어와 다른 존재이므로 목적어이고 목적어가 있으므로 seeing은 완전타동사이고 somewhere는 장소를 말하는 부사.

21. 20번의 문장과 구성은 같고 to부정사를 썼습니다. 분석은 똑같고 의미는 미래에 볼 것을 기억한다는 뜻입니다. 동명사는 주로 '과거의 것을 기억한다'로 많이 쓰고 to부정사는 '미래에 할 것을 기억한다'고 많이 씁니다.

22. 주어 you가 생략된 명령문입니다. Don't는 조동사이고 leave가 동사이고 the door는 명사로써 주어와 다르므로 목적어이고 open은 '열린'이라는 뜻의 형용사로써 목적어의 상태를 나타내므로 목적보어이고 목적어와 목적보어가 있으므로 동사 leave는 불완전 타동사입니다.

23. Don't leave me는 영화 '바람과 함께 사라지다'에서 나오는 대사입니다. leave가 동사이고 me는 명사로써 주어와 다른 존재이므로 목적어입니다. 목적어가 있으므로 동사 leave는 완전타동사입니다.

24. Leave me alone. 역시 '바람과 함께 사라지다'에 나오는 대사입니다. leave가 동사이고 me가 명사로써 주어와 다르므로 목적어이고 alone은 형용사로써 목적어의 상태를 나타내므로 목적격 보어이고 목적어와 목적보어가 있으므로 동사 leave는 불완전타동사입니다.

25. He가 주어이고 left가 동사이고 Seoul은 명사로써 주어와 다르므로 목적어이고 for New York는 부사구입니다. 목적어가 있으므로 동사 left는 완전타동사입니다.

26. Americans가 주어이고 don't는 조동사이고 eat가 동사이고 fish는 명사로써 주어와 다른 존재이므로 목적어이고 raw는 형용사로써 목적어의 상태를 나타내므로 목적보어입니다. 목적어와 목적보어가 있으므로 동사 eat는 불완전타동사입니다. 이 문장을 Americans don't eat raw fish.라고도 할 수 있는데 그렇게 되면 raw는 fish를 한정수식하기 때문에 동사의 성격에는 아무런 영향을 미치지 않고 fish는 명사로써 주어와 다르기 때문에 목적어이고 동사 eat는 목적어가 있기 때문에 완전타동사입니다.

꼭 부탁드리는 말씀. 39과와 40과를 완전히 분석할 수 있을 때까지는 더 이상 진도를 나가지 마세요. 42과까지만 확실히 하시고 나면 이 책의 끝까지 편안하고 쉽게 진도가 나갑니다. 철저하게 분석하는 공부를 해주세요. 41과부터는 분석을 이렇게 철저하게 책에 적어놓지 않습니다. 제가 편하려고 그러는 것이 아니라 여러분 스스로 분석할 수 있는 능력을 쌓으시도록 하기 위해서입니다.

30과부터 한영 복습!

문장의 5형식에 따른 문장 분석

1. The President appointed him his secretary.
2. What has brought you here?

3. Can you give me a hand?

4. I'm sorry but I have my hands full.
5. Give me a break this time.

6. They lent me some money.

7. I want to borrow some money.
8. Wish me luck.
9. I wish you the best of luck.

10. My father wanted to make me a lawyer.
11. He made it.
12. I must make you an apology.
13. Let me make you amends for your loss.
14. He made his mother happy.

15. Prosperity makes friends.
16. I will make you a new dress.

17. What kind of a king will he make?
18. Love makes all men equal.

---

1. 그 대통령은 그를 그의 비서 (장관)로 임명했다.
2. 무엇이 너를 여기로 데려왔니? (너 같은 사람이 여기에 웬일로 왔니?)
3. 너는 나에게 손을 줄 수 있니? (나를 도와줄 수 있니?)
4. 미안하지만, 나는 나의 손이 가득 찼다. (나도 바쁘다)
5. 이번에는 나에게 용서를 주어라. (이번 한 번 봐 주세요)
6. 그들은 나에게 약간의 돈을 빌려주었다.
7. 나는 약간의 돈을 빌리고 싶다.
8. 나에게 행운을 기원해줘.
9. 나는 너에게 최고의 행운을 기원한다.
10. 나의 아버지는 나를 변호사로 만들기 원하셨다.
11. 그가 그것을 해냈다.
12. 나는 너에게 사과해야 한다.
13. 내가 너의 손실에 대하여 너에게 배상하게 해줘.
14. 그는 그의 어머니를 행복하게 만들었다. (해드렸다)
15. 번영은 친구를 만든다.
16. 나는 너에게 새 드레스를 만들어주겠다.
17. 그는 어떤 종류의 왕이 될까?

18. 사랑은 모든 사람을 평등하게 만든다.

19. He made the burden heavier.

20. He made a great contribution to the rescue effort.

21. You may make free use of my library.

22. I felt myself guilty.

23. I feel tired.

19. 그는 그 짐을 더 무겁게 만들었다.

20. 그는 그 구조 노력에 큰 공헌을 했다.

21. 너는 나의 서재를 마음대로 이용해도 좋다.

22. 나는 나 자신이 유죄라고 느꼈다.

23. 나는 피곤하게 느낀다. (피곤하다)

응용장문번역 문제

1. The United States has been opposing the idea of presenting a numerical target, calling for reductions on a voluntary basis.
2. Foreign reserves increased 10-fold to $260 billion in a decade.
3. A strong Won is undoubtedly a forceful tool with which to fight inflation.
   원화(한국돈). 의심할바없이. 강력한 수단.
4. Was he revealing his unconscious wishes to turn a democratic Japan into the fascist version of about 80 years ago?
5. The plaintiffs filed damage suits against the operator of Internet portal Nate.
6. The President had Secretary Kerry take a lot of trips to other countries.

응용장문번역 답

1. 미국은 자발적인 기반 위에서의 감축을 요구하면서 수적인 목표를 제시하는 생각에 반대해오고 있다(부대상황).
   미국은 수적인 목표를 제시하는 생각에 반대해서 자발적인 기반 위에서의 감축을 요구해오고 있다(결과).
2. 외환보유고가 십년 내에 2600억불로 열배 증가했다.
3. 강력한 원화는 그것을 가지고 인플레와 싸우기 위한 의심할 바 없이 강력한 도구이다.

해설강의

*이제부터는 스스로 분석하셔야 합니다. 잘 되지 않으면 스스로 분석할 수 있게 39, 40과를 철저히 복습해 주세요.

1.President가 주어 appoint가 동사인데 him이 목적어이고 secretary(명사)는 목적어의 상태를 나타내고 거의 대등한 관계이기 때문에 목적보어. 목적어와 목적 보어가 있기 때문에 appoint는 불완전타동사

2.What이 주어이고 brought가 동사인데 목적어인 you가 있기 때문에 완전타동사이고 here는 부사로써 "여기에, 여기로"라는 뜻.

3.you가 주어이고 give가 동사인데 간접목적어인 me와 직접목적어인 hand가 있기 때문에 수여동사. give me your hand는 문자 그대로 "나에게 너의 손을 달라"혹은 연애하면서 프로포즈할 때 쓰는 말이기도 합니다. 어떤 회화책에서는 항상 프로포즈할 때 쓰는 말이라고도 되어 있는데 반드시 그렇지는 않습니다. 상황에 따라서 그럴 수도 있고 안 그럴 수도 있습니다. Give me a hand는 "나를 도와달라"는 숙어입니다. Give me a big hand는 나에게 큰 박수 쳐주세요 라는 말입니다.

4.I가 주어이고 am이 동사인데 형용사인 sorry가 주어의 상태를 나타내기 때문에 주격보어이고 주격보어가 있기 때문에 불완전자동사. but는 접속사. I가 주어이고 have는 동사인데 목적어인 my hands의 상태를 나타내는 목적 보어 full이 있기 때문에 불완전타동사.

5. 주어인 you가 생략된 명령문. Give가 동사인데 간접목적어인 me가 있고 직접목적어인 break 가 있기 때문에 수여동사. this time은 부사구. Give me a break는 "한번 봐(용서해)주세요."라는 숙어입니다.

6.They가 주어 lent가 동사인데 me가 간접목적어이고 money가 직접 목적어이므로 수여동사.

7.I가 주어 want가 동사인데 to borrow가 명사구로써 목적어의 역할을 하기 때문에 완전타동사이고, money는 완전타동사 borrow의 목적어.

8.you가 생략된 명령문 Wish가 동사인데 간접목적어인 me와 직접목적어인 luck이 있기 때문에 수여동사

9.I가 주어 wish가 동사인데 간접 목적어인 you와 직접목적어인 the best 가 있기 때문에 수여동사이고, of luck은 best를 수식하는 형용사구, 혹은 luck를 직접목적어로 보고 the best of를 형용사구로 보아도 됩니다.

10.father가 주어이고, want는 to make(명사구)를 목적어로 하는 완전 타동사이고, make는 동사인데 목적어인 me 와 목적보어인 lawyer가 있기

때문에 불완전타동사.

11.주어는 He이고 made는 목적어인 it가 있기 때문에 완전타동사로서 make it는 "그것을 만들다"로도 쓰고 "그것을 해내다"라는 뜻으로도 씁니다.

12.I가 주어이고 must는 조동사이며 make가 동사인데 간접목적어인 you와 직접목적어인 apology가 있기 때문에 수여동사로서 "--에게 하다"라는 뜻.

13.주어 you가 생략된 명령문이고 Let가 동사인데 me는 명사로써 주어와 다르기 때문에 목적어이고 make는 to가 없는 원형부정사로써 목적어 me의 상태를 설명하기 때문에 목적보어이고 목적어와 목적보어가 있기 때문에 let는 불완전타동사로서 특히 사역동사라고 한다. you는 명사로써 의미상의 주어 me와 다른 존재이기 때문에 목적어이고 amends는 명사로써 목적어 you와 다른 존재이기 때문에 역시 목적어이고 you는 간접목적어이고 amends는 직접목적어이며 간접목적어와 직접목적어가 있기 때문에 make는 수여동사고 for your loss는 동사 make를 수식하는 부사구로 볼 수도 있고 amends를 수식하는 형용사구로 보아도 됨.

14.He가 주어이고 made는 목적어인 mother와 목적보어인 happy가 있기 때문에 불완전타동사.

15.Prosperity가 주어이고 make는 목적어인 friend가 있기 때문에 완전타동사

16.I가 주어이고 will은 조동사이며, make는 간접목적어인 you와 직접목적어인 dress가 있기 때문에 수여동사.

17.he가 주어이고 make가 동사인데 king은 주어와 거의 대등한 관계이기 때문에 주격보어. 주격보어가 있으므로 make는 불완전자동사로써 "되다"라는 뜻. What kind of a 는 king을 수식하는 형용사구. of a king이 what kind를 수식한다고 생각할 수도 있습니다. 이렇게 make가 "되다"라는 뜻으로도 쓰이는 것을 모르시는 분 많습니다.

18.주어는 love이고 make가 동사인데 목적어인 men과 목적보어인 equal이 있으므로 불완전타동사

19.He가 주어이고 made가 동사인데 목적어 burden과 목적보어인 heavier가 있으므로 불완전타동사.

20.He가 주어이고 made가 동사인데 목적어인 contribution이 있으므로 완전타동사이고 to the rescue effort는 make를 수식하는 부사구. contribution을 수식하는 형용사구로 볼 수도 있음.

21. You가 주어이고 make가 동사인데 목적어인 use가 있으므로 완전 타동사. free는 use를 수식하는 형용사이고 of my library도 use를 수식하는 형용하구.
22.I가 주어이고 felt는 동사인데 목적어인 myself와 목적보어인 guilty가 있으므로 불완전타동사.
23. I가 주어이고 feel이 동사인데 주격보어인 tired가 있으므로 불완전자동사

31과부터 한영 복습!

문장의 5형식에 따른 문장 분석

1. How much do I owe you?	1. 내가 너에게 얼마나 많이 빚지나? (내가 너에게 빚진 게 얼마인가? 얼마를 내야 하나?)
2. You owe me nothing.	2. 너는 나에게 아무 것도 빚지지 않는다.(빚진 것 없다)
3. The dessert is on the house.	3. 디저트는 업소 부담이다. (업소에서 낸다, 서비스다)
4. This is the right way to the station.	4. 이것이 정거장으로의 올바른 길이다.
5. Will you do me a favor?	5. 너는 나에게 호의를 베풀어 줄래? (한 가지 부탁을 들어줄래?)
6. Moderate exercise will do you good.	6. 적절한 운동은 너에게 유익할 것이다.
7. Too much exercise will do you harm.	7. 너무 많은 운동은 너에게 해를 줄 것이다. (해로울 것이다)
8. He did research on rockets.	8. 그는 로켓에 대한 연구를 했다.
9. Where are we?	9. 우리가 어디에 있나? (여기가 어디냐?)
10. You came at the right time.	10. 너는 올바른 시간에 왔다. (적시에 왔다)
11. You came on time.	11. 너는 정시에 왔다.
12. We are short of hands.	12. 우리는 손이 부족하다 (일손이 부족하다)
13. Will you give me a lift?	13. 너는 나에게 승차를 줄래? (나를 태워줄래?)
14. Let's give him a big hand.	14. 우리가 그에게 큰 박수를 주게 해라. (그에게 큰 박수를 쳐주자)
15. I must buy him a pair of shoes.	15. 나는 그에게 구두 한 켤레를 사 주어야 한다.
16. I bought a hamburger for myself.	16. 나는 나 자신을 위한 햄버거를 샀다. (내가 먹을 햄버거를 샀다)
17. What are friends for?	17. 친구는 무엇을 위해서 있니? (친구 좋다는게 뭐냐?)

Lesson 42

18. What's a few thousand dollars?
19. She is the greatest orator I've ever seen.
20. I'd like to open a savings account.
21. His check bounced.
22. Are there any vending machines near here?

18. 몇 천 달러가 뭐냐? (몇 천 달러가 무슨 대수라고?)
19. 그녀는 내가 이때까지 본 적이 있는 가장 위대한 웅변가이다.
20. 나는 저축 계정을 개설하고 싶다.
21. 그의 수표가 부도났다.
22. 이 근처에 어떤 자판기라도 있나?

응용장문번역 문제

1. The U.S. did not sign the Kyodo Protocol that was adopted at the U.N. 10 years ago and took effect in 2005.
2. South Korea recorded $5.2 billion in current account deficit for the first three months of this year.
3. This is no country where greedy, profit-blind businesses can prosper.
4. Aso was referring to the fact that Adolf Hitler and his party turned Germany's exemplary democratic constitution of the Weimar Republic into a fascist system
5. The Obama administration vetoed a ban on the sales of some of Apple's products ordered by the U.S. International Trade Commission.
6. The resolution urges the U.S. government to work with other countries.

응용장문번역 답

1. 미국은 십년 전에 유엔에서 채택되고 2005년에 발효한 교토 의정서를 서명하지 않았다.
2. 남한은 금년의 첫 3개월 동안에 경상 수지 적자에 있어서 52억불을 기록했다.
3. 이것은 탐욕스럽고 이윤에 눈먼 기업들이 번성할 수 있는 나라가 아니다.

해설 강의

1. I가 주어이고 owe가 동사인데 목적어인 you가 있기 때문에 완전타동사. How는 부사인 much를 수식하는 부사이고 do는 조동사. (참고) much를 명사, how를 형용사, owe를 수여동사로 볼 수도 있습니다.

2. You가 주어이고 owe는 동사인데 간접목적어인 me와 직접목적어인 nothing이 있으므로 수여동사.

3. The dessert가 주어이고 is는 동사인데 on the house는 부사구이므로 완전자동사. 짧은 영작 하나 합시다. 점심은 내가 낸다: The lunch is on me. 이 문장에서 on the house는 숙어로써 업소에서 서비스로 준다는 뜻.

4. This가 주어이고 is가 동사인데 way는 명사로써 주격보어이므로 is는 불완전자동사. to the station은 way를 수식하는 형용사구.

5. you가 주어이고 do는 동사인데 간접목적어인 me와 직접목적어인 favor가 있으므로 수여동사.

6. exercise가 주어이고 do가 동사인데 간접목적어인 you와 직접목적어인 good(이때는 명사로 쓰였음)이 있음으로 수여동사. 7번도 같은 패턴.

8. He가 주어이고 did가 동사인데 목적어인 research가 있으므로 완전타동사이고 on rockets는 research를 수식하는 형용사구,

9. we가 주어이고 Where는 장소를 말하는 부사이므로 are는 완전자동사.

10. You가 주어이고 came이 동사인데 at the right time은 부사구이기 때문에 완전자동사. 11번도 같은 패턴.

12. We가 주어이고 are가 동사인데 short of hands가 주어의 상태를 나타내는 주격보어이므로 불완전자동사. short는 형용사이고 of hands가 형용사를 수식하는 부사구로 볼 수도 있고 short of가 hands를 수식하는 형용사구라고 볼 수도 있습니다.

13. you가 주어이고 give가 동사인데 간접목적어인 me와 직접목적어인 lift가 있으므로 수여동사.

14. 주어 you가 생략된 명령문. Let's는 let us의 준말. us는 명사로써 주어 you와 다른 존재이므로 목적어이고 give는 원형부정사로써 목적어 us의 상태를 설명하므로 목적보어이고 let는 목적어와 목적보어가 있으므로 불완전타동사이고 그 중에서 특별히 사역동사임. him은 명사로써 의미상의 주어 us와 다른 존재이므로 목적어이고 hand는 명사로써 목적어 him과 다른 존재이므로 역시 목적어. 간접목적어 him과 직접목적어 hand가 있으므로 give는 수여동사. let은 사역동사 give는 to가 생략된 원형부정사라고 외워주세요.

15. I가 주어이고 buy가 동사인데 간접목적어인 him과 직접목적어인 a pair of shoes가 있으므로 수여동사로써 --에게 --을 사주다라는 뜻.

16. I가 주어이고 bought가 동사인데 목적어인 hamburger가 있으므로 완전타동사 for myself는 hamburger에 걸리는 형용사구(나 자신을 위한 햄버거)로 볼 수도 있고 bought에 걸리는 부사구(나 자신을 위하여)로 볼 수도 있음. 부사구로 보면 동사를 완전타동사라고 생각하는데 아무 문제 없습니다. 형용사구로 보면? bought를 불완전타동사로 보고 hamburger를 목적어로 보고 for myself를 목적보어라고 생각할 수도 있습니다. 그러나, 이 경우는 목적어의 상태를 나타내는 거의 동등한 관계가 아니고 목적어를 한정 수식하는 형용사구입니다. 주격보어나 목적격보어는 명사(구)나 형용사(구)이고 각각 주어와 목적어의 상태를 나타내며 주어 및 목적어와 거의 대등한 관계라는 것을 말씀드렸죠? 지금처럼 한정수식하는 형용사구는 상태를 나타내거나 목적어와 대등한 관계에 있지 않습니다. 그래서 목적보어는 아닙니다. 앞으로 이와 유사한 문장을 좀 더 다루게 됩니다.

17. friends가 주어이고 are가 동사인데 What은 전치사인 for의 목적어. 의문사이기 때문에 맨 앞으로 갔음. for what은 are에 걸리는 부사구로서 무엇을 위하여라는 뜻. 따라서 are는 완전자동사. for what을 friends를 서술하는 형용사구로 본다면 are는 불완전자동사가 되지만 해석불가능함.

18. a few thousand dollars가 주어이고 is가 동사이며 what은 주격보어. 따라서 is는 불완전자동사. 주어에 s가 붙어있는 복수형태이지만 돈의 액수는 얼마가 되든지 단수로 취급합니다. 혹시나 하고 미국인에게 확인해 본 사항입니다. Who are you?에서 주어는 you이지요? 이 문장에서도 주어는 what이 아니고 a few thousand dollars입니다.

19. She가 주어이고 is는 동사인데 the greatest orator가 주어와 대등한 주격보어이므로 불완전 자동사. I've ever seen은 앞에 관계대명사의 목적격인 that이 생략된 형용사절. 그 이하에서는 I가 주어이고 see가 동사인데 목적격인 that이 있기 때문에(생략되었지만) 완전타동사. 관계대명사는 목적격일 때만 생략할 수 있습니다. 목적격이 아닐 때는 관계대명사는 절대 생략하면 안됩니다.

20. I가 주어이고 would는 조동사이고 like가 동사인데 to open(명사구)을 목적어로 받는 완전타동사이고 open은 savings account를 목적어로 하는 완전타동사. 혹은 would like to를 조동사로 보고 open을 완전타동사로 볼 수 있습니다.

21. check가 주어이고 bounce는 완전자동사.

22. vending machines이 주어이고 there는 유도부사이고 are는 완전자동사이고 near here는 부사구.

32과부터 한영 복습!

Lesson43 문장의 5형식에 따른 문장 분석

1. Remember me to your wife.

2. Say hello to your wife for me.

3. Give my regards to your wife.

4. Tell her we miss her very much.

5. How would you like your coffee?
6. Help yourself to the dessert.
7. I am sorry I am late.
8. I am sorry I didn't take your advice seriously.
9. Don't take it too hard.

10. I would like to take your measurements.
11. She is very fussy about clothes.

12. What's your ancestry?

13. Freeze!
14. After you, please.
15. You really take after your father.
16. I was named after him.(They named me after him)
17. What are your new year's resolutions?

1. 나를 너의 부인에게 기억시켜라 (부인에게 안부 전해줘)

2. 나를 위하여 너의 부인에게 안녕이라고 말해줘

3. 너의 부인에게 나의 안부를 주어라. (너의 부인에게 안부 전해줘)

4. 그녀에게 우리가 그녀를 매우 많이 그리워한다고 말해라.

5. 너는 너의 커피를 어떻게 원하니?
6. 디저트 드세요.
7. 늦어서 미안하다.
8. 내가 너의 충고를 진지하게 받아들이지 않았던 것이 미안하다.
9. 그것을 너무 심하게 받아들이지 말아라.

10. 나는 너의 치수를 재고 싶다.

11. 그녀는 옷에 대하여 대단히 신경을 쓴다. (안달한다. 과민하다)

12. 너의 선조는 무엇이냐? (조상이 누구냐? 혈통이 무엇이냐?)

13. 얼어라 (꼼짝 말아라)
14. 당신 후에 제발. (먼저 가시죠)
15. 너는 정말 너의 아버지를 닮는다. (닮았다)
16. 나는 그를 따라 이름이 지어졌다.
17. 당신의 새해의 결심들은 무엇들인가?

18. Are you through with your meal?	18. 당신은 당신의 식사 끝났습니까?
19. Is this restaurant open seven days a week?	19. 이 식당은 일주일에 7일 열려 있습니까?
20. It is open Monday through Friday.	20. 그것은 월요일부터 금요일까지 열려 있습니다.

응용장문번역 문제

1. The U.S. has been rebuffing all convincing evidence that shows greenhouse gases have been causing global warming.
2. Let's not forget a valuable lesson we learned from the Asian financial crisis.
3. Deputy Prime Minister Taro Aso of Japan is no stranger to making ludicrous statements
4. This is the first time that the U.S. government has vetoed a ruling by the ITC in 25 years.
5. The shutdown of the computer system might have been caused by a notebook computer used by an employee of a subcontractor to monitor Nonghyup's servers.

응용장문번역 답

1. 미국은 온실가스가 지구 온난화를 야기해오고 있다는 것을 보여주는 모든 설득력있는 증거를 무시해오고 있다.
2. 우리가 그 아시아 금융 위기로부터 배운 가치있는 교훈을 잊지 말자.

해설강의

1. you가 생략된 명령문. Remember는 me를 목적어로 하는 완전타동사로써 기억시키다라는 뜻. to your wife 는 remember를 수식하는 부사구.

2. you가 생략된 명령문. Say 는 hello를 목적어로 하는 완전타동사 to your wife와 for me는 say를 수식하는 부사구.

3. 마찬가지.

4. you가 생략된 명령문. Tell은 her라는 간접목적어와 we miss her very much라는 직접목적어(명사절)가 있기 때문에 수여동사. very much는 miss를 수식하는 부사구. her 다음에 접속사 that가 생략되어 있음. 직접목적어 안에서는 we가 주어이고 목적어인 her가 있으므로 miss는 완전타동사.

5. you가 주어. coffee가 목적어. would는 조동사이고 like는 완전타동사. how를 부사로 볼 수 있습니다. 그러나 옛날에 Some like it hot라는 유명한 희극영화가 있었습니다. 마릴린 몬로, 토니 커티스, 잭 레몬이 주연한 영화인데 뜨거운 것이 좋아라고 번역되었습니다. 직역하면 일부 사람들은 뜨겁게 하는 것을 좋아한다라고 할 수 있겠습니다. 이때 like는 불완전타동사로 보고 it는 목적어 hot는 목적보어로 보아야 합니다. 그래서 5번의 문장도 불완전타동사+목적어+목적보어로 볼 수도 있습니다.

6. you가 생략된 명령문. Help는 yourself를 목적어로 하는 완전타동사 to the dessert는 부사구. help oneself to는 --를 마음껏 갖다 드세요 라는 숙어.

7. I가 주어 sorry는 형용사로써 주어의 상태를 나타내는 주격보어. 주격보어가 있으므로 am은 불완전자동사. 접속사 that가 생략되어 있고 am도 주격보어 late가 있기 때문에 불완전자동사.

8. I am sorry는 마찬가지 용법이고, take는 목적어인 advice가 있기 때문에 완전타동사. seriously는 부사.

9. you가 생략된 명령문. take는 목적어인 it가 있기 때문에 완전타동사. too hard는 부사구.

10. I가 주어이고 would like는 목적어에 해당하는 명사구(to부정사)인 to take가 있기 때문에 완전타동사이고 take는 목적어인 measurements가 있기 때문에 완전타동사. 또는 would like to를 조동사로 보고 take를 완전타동사로 보아도 됩니다.

11. She가 주어. fussy는 형용사로써 주어의 상태를 나타내는 주격보어. 주격보어가 있기 때문에 is는 불완전자동사. about clothes는 fussy를 수

식하는 부사구.

12. ancestry가 주어이고 what은 명사로써 주어와 거의 대등한 관계이기 때문에 주격보어. 주격보어가 있기 때문에 is는 불완전자동사.

13. you가 생략되어 있는 명령문. Freeze는 얼다라는 동사인데 목적어나 보어가 없기 때문에 완전자동사. 서부영화나 액션 영화에서 총을 들이대고 "꼼짝마!"라고 할 때 쓰는 말.

14. 주어 동사가 없는 부사구. 완전한 문장으로 만든다면 I will go after you, please.라고 할 수 있음. 당신 이후에 제가 하겠습니다라고 남에게 양보하면서 하는 말.

15. really는 부사. take after는 목적어인 father가 있기 때문에 완전타동사구.

16. I가 주어. was이하는 수동태. 능동으로 하면 They named me after him 이 됨. me는 목적어. named는 완전타동사. after him은 부사구.

17. 주어는 resolutions이고 what이 주격보어. 주격보어가 있기 때문에 are는 불완전자동사.

18. you가 주어. Are는 완전자동사. through는 부사이고 with your meal은 부사구로서 식사가 끝나다라는 표현.

19. restaurant이 주어. open은 형용사로서 주격보어(동사로도 많이 쓰임). is는 불완전자동사. seven days a week는 부사구.

20. 마찬가지 용법.

33과부터 한영 복습!

문장의 5형식에 따른 문장 분석

1. She is away from her desk at the moment.

1. 그녀는 지금 그녀의 책상으로부터 떨어져 있다. (자기 자리에 없다)

2. The connection seems to be very bad.

2. 연결이 매우 나쁜 것같이 보인다.

3. I'll hang up and call again.

3. 나는 끊고 다시 걸겠다.

4. Would you mind if I ask a few questions about Korean customs?

4. 만일 내가 한국 관습에 대하여 몇 가지 질문을 한다면 당신은 상관하시겠습니까? (싫어하시겠습니까? 괜찮겠습니까?)

5. No, I don't. Go ahead.

5. 아니요, 나는 상관하지 않습니다. 계속하세요. (네, 괜찮아요. 말씀하세요.)

6. Can you speak up, please?

6. 당신은 크게 말할 수 있습니까?

7. I can hardly hear you.

7. 나는 당신을 거의 들을 수 없습니다. (잘 안들립니다)

8. What time do you start your day?

8. 당신은 몇 시에 당신의 날을 시작합니까? (당신은 몇 시에 하루 일과를 시작합니까?)

9. Let's call it a day.

9. 그것을 하루라고 부르자. (오늘 일과 끝내자)

10. Do you have time?

10. 당신은 시간 있습니까?

11. Do you have the time?

11. 당신은 시간을 갖고 있습니까? (몇 시입니까?)

12. What's the date today?

12. 오늘 날짜는 무엇입니까? (오늘은 며칠입니까?)

13. What day is today?

13. 오늘은 무슨 요일입니까?

14. What's the occasion?

14. 행사는 무엇입니까? (오늘 무슨 날입니까?)

15. What are we celebrating?

15. 우리가 무엇을 경축하고 있습니까?

16. Why are we eating out at this expensive restaurant?

16. 왜 우리가 이 비싼 식당에서 외식하고 있습니까?

17. Today is our tenth wedding anniversary.
18. How time flies!

19. Christmas is just around the corner.
20. Time is really dragging for me.

21. What day does Christmas fall on this year?
22. We are gonna have a three-day weekend.

17. 오늘은 우리의 열 번째 결혼 기념일이다. (결혼 십주년이다)
18. 시간이 어떻게 날아가는지! (세월 빠르기도 하다)

19. 성탄절이 바로 모퉁이 주변에 있다. (다 되어 간다)
20. 나에게는 시간이 정말 질질 끌고 있다. (안 간다)

21. 이 해에 성탄절이 무슨 요일에 떨어지나? (무슨 요일인가?)
22. 우리는 사흘간의 주말을 갖게 될 것이다.

응용장문번역 문제

1. The reality is that the U.S. has been eager to protect its domestic industries by not signing the climate change accord.
2. The government should let the invisible hand decide prices in accordance with the law of demand and supply.
3. None is more stunning than his remark which called for "learning from Nazis" in order to revise Japan's constitution.

응용장문번역 답

1. 현실은 미국이 그 기후 변화 협정을 서명하지 않음으로써 그것의 국내 산업을 보호하기를 열망해왔다는 것이다.
2. 정부는 보이지 않는 손이 수요와 공급의 법칙에 따라서 가격을 결정하게 해야 한다.

해설강의

이제 문장 분석은 되시죠? 아직 안되는 분은 lesson39부터 문장 분석편을 다시 공부해주세요. 남에게 가르칠 수 있을 때까지 철저하게 공부하고 암기해주세요. 이제부터lesson49까지는 별로 설명이 없습니다. lesson50부터 다시 상세하고 길게 설명해드립니다.

1. She가 주어이고 is는 완전자동사. away from her desk는 부사구. at the moment 도 부사구.
2. connection이 주어이고 seems는 불완전자동사이고 to be는 주격보어이고 bad는 형용사로서 다시 to be의 보어. to be는 생략해도 되며 그때는 bad가 주격보어임. seem은 불완전자동사로 쓰는 동사.
3. I가 주어이고 hang up은 완전자동사이고 call도 완전자동사.
4. you가 주어이고 mind는 완전자동사로서 "괘념하다, 싫어하다, 신경쓰다"라는 뜻이고 if는 접속사. I가 주어 ask가 동사인데 목적어인 questions 가 있으므로 완전타동사이고 about Korean customs는 question에 걸리는 형용사구로 보아도 되고 ask에 걸리는 부사구로 보아도 됩니다. 직역하면 "만일 내가 한국 관습에 대하여 몇 가지 질문하면 싫어하시겠습니까?"라는 뜻이 됩니다.
5. No는 부사, 이때 Yes라고 대답하면 "그래, 싫어한다" 라는 뜻이 되므로 조심해야 합니다. I가 주어 don't는 조동사. 주어인 you가 생략된 명령문이고 Go ahead는 완전자동사구로서 회화체로 많이 쓰입니다. 국제 회의 같은 정중한 자리에서는 "Please, proceed"라고 하면 됩니다.
6. you가 주어. speak up 완전자동사구.
7. I가 주어, hear가 동사인데 목적어 you가 있으므로 완전타동사. 이때 your voice라고는 잘 하지 않습니다. hear와 listen to는 어떻게 다릅니까? hear는 본인의 의지와는 상관없이 "듣다, 들리다."이고, listen to는 알아들으려는 의지를 갖고 "듣다"입니다. 영어의 청취 능력은 hearing입니까? listening입니까? listening입니다. hearing이 안되는 사람은 이비인후과에 가서 청각 치료를 받아야 하는 분입니다. 저는 러시아어를 모르지만 그들이 말하는 것을 hearing은 할 수 있습니다. 무슨 말인지 모르니까 listening이 안되는 것입니다.
8. What time은 앞에 at가 생략된 시간을 말하는 부사구. you가 주어. start는 동사인데 목적어 your day가 있으므로 완전타동사.
9. you가 생략된 명령문 Let가 동사인데 목적어 us가 있고 원형부정사 이

며 목적보어인 call이 있으므로 불완전타동사인데 특히 사역동사라고함. call은 동사인데 목적어 it가 있고 그것과 대등한 관계인 목적보어 day가 있으므로 불완전타동사.

10. you가 주어 have가 동사인데 목적어 time이 있기 때문에 완전타동사.

11. 똑같은 패턴인데 time 앞에 the가 있으면 몇시냐라는 뜻.

12. What은 주격보어 is는 불완전자동사이고 the date가 주어.

13. What은 day를 수식하는 형용사이고 day는 주격보어이고 is는 불완전자동사이고 today가 주어. day와 date를 구분해서 암기해주세요.

14. What는 주격보어. is는 불완전자동사. the occasion이 주어.

15.What은 목적어. we가 주어. celebrate는 완전타동사.

16. Why는 부사. we가 주어. eat는 완전자동사 out는 부사. at this expensive restaurant부사구.

17. Today가 주어이고 is는 주격보어 anniversary가 있으므로 불완전자동사.

18. How는 부사. time이 주어. flies는 완전자동사.

19. Christmas가 주어. just around the corner는 부사구이기 때문에 is는 완전자동사.

20. Time이 주어이고, drag는 완전자동사 for me는 부사구.

21. Christmas가 주어이고, fall은 완전자동사. What day는 전치사 on의 목적어인데 의문사이기 때문에 제일 앞으로 나갔고 부사구입니다. this year도 부사구. 이 문장을 직역하면 "올해는 성탄절이 무슨 요일에 떨어지나" 입니다.

22. We가 주어 have는 완전타동사 weekend가 목적어. 주의할 것은 a three-day weekend의 경우는 three-day가 뒤의 weekend라는 명사를 수식하는 형용사적 용법이기 때문에 단수로 하고 three days of weekend에서는 of weekend가 three days를 수식하기 때문에 복수로 해야 합니다.

34과부터 한영 복습!

Lesson45 문장의 5형식에 따른 문장 분석

1. Call me between 9 a.m. and 5 p.m. by day and between 8 and 11 p.m. by night.
2. I worked at a factory by day and studied at a library by night.
3. May I have the day off tomorrow? (May I have tomorrow off?)
4. May I have a few days off next month?
5. May I have this Friday off?
6. Will you do me a favor?

7. May I ask you a personal question?
8. I have a previous engagement.
9. He sounded the alarm.
10. Don't take it personal.

11. I'll take that one over there.
12. I need a ride to the airport.

13. Where shall we pick you up at two sharp?
14. Do you take credit cards?
15. What do I owe you?

16. That will be 1000 dollars.
17. Can you come down a little?

18. Sorry but we don't discount.

1. 낮에는 오전 9시와 오후 5시 사이에, 밤에는 오후 8시에서 11시 사이에 나에게 전화해라.
2. 나는 낮에는 공장에서 일하고 밤에는 도서관에서 공부했다.
3. 내일 하루 쉬어도 됩니까?

4. 다음 달에 며칠 쉬어도 됩니까?

5. 이번 금요일 쉬어도 됩니까?
6. 당신은 저에게 하나의 호의를 베풀어 주시겠습니까?
7. 제가 당신에게 개인적인 질문을 해도 됩니까?
8. 저는 사전 약속이 있습니다.
9. 그는 경보음을 울렸다.
10. 그것을 개인적으로 받아들이지 말아라.

11. 나는 저 너머에 저것을 사겠다.
12. 나는 공항으로의 탑승(차편)이 필요하다.
13. 우리가 두시 정각에 어디에서 당신을 픽업할까요?
14. 당신은 신용카드 받습니까?
15. 제가 당신에게 무엇을 빚집니까? (얼마를 드려야 합니까?)

16. 그것은 천불이 되겠습니다.
17. 당신은 조금 내려갈 수 있습니까? (할인해 줄 수 있습니까?)

18. 미안하지만, 우리는 에누리하지 않습니다.

19. I would like to get a refund on this.
20. I think this is defective.

19. 저는 이것에 대한 환급을 받고 싶습니다.
20. 저는 이것이 결함이 있다고 생각합니다.

응용장문번역 문제

1. Canada and Russia, as well as the U.S. have also been opposing the possible setting up of target emission volumes.
2. The government is moving to hike electricity prices in the latter half of the year, giving up its policy of freezing public utility charges. (부대상황과 결과로 해석해주세요)
3. It caused many Koreans to shake their heads about the mental state of this Japanese politician.
4. Apple had infringed upon our patents and been negotiating in a bad manner.
5. The ITC is an independent federal agency that determines the impact of imports on U.S. industries and directs actions against unfair trade practices.

응용장문번역 답

1. 미국뿐만 아니라 캐나다와 러시아도 목표 방출량의 가능한 설정을 반대해오고 있다.
2. 정부는 공익 사업 요금을 동결시키는 정책을 포기하면서 금년의 후반기에 전기료를 올리기 위하여 움직이고 있다.(부대상황)
3. 정부는 금년의 후반기에 전기료를 올리기 위하여 움직여서 공익 사업 요금을 동결시키는 그것의 정책을 포기하고 있다. (결과)

해설강의

1. you가 생략된 명령문. Call이 동사인데 목적어인 me가 있기 때문에 완전타동사. call은 완전타동사일 때는 "전화하다, 부르다"라는 의미. between 9 a.m. and 5 p.m.은 부사구 by day 부사구 and접속사 between 8 and 11 p.m. 부사구 by night 부사구.

2. I가 주어. work와 study는 완전자동사이고 at a factory는 부사구. by day도 부사구. at a library도 부사구. by night도 부사구.

3. I가 주어 have가 동사인데 the day가 목적어이므로 완전타동사 off는 부사. tomorrow는 부사. have tomorrow off도 마찬가지.

4. 마찬가지.

5. 마찬가지.

6. you가 주어이고 do가 동사인데 me가 간접목적어이고 favor가 직접목적어이기 때문에 수여동사.

7. I가 주어이고 ask가 동사인데 you가 간접목적어이고 question이 직접목적어이므로 수여동사.

8. I가 주어이고 have가 동사인데 engagement가 목적어이므로 완전타동사.

9. He가 주어이고 sound가 동사인데 alarm이 목적어이므로 완전타동사로써 "--를 소리나게 하다"라는 뜻.

10. you가 생략된 명령문 take가 동사인데 it가 목적이고 personal이 형용사로써 목적보어이므로 불완전타동사로써 "--을 --로 받아들이다"라는 뜻. personal은 어떤 비난이나 지적하는 말을 개인감정으로 받아들이는 것을 의미함.

11. I가 주어 take가 동사인데 one이 목적어이므로 완전타동사로써 "산다"는 뜻. 짧은 영작: "사든지 가만히 놔두든지(말든지) 해라" 또는 국제 외교 협상에서 "제안을 받아들이든지 말든지 마음대로 해라"라는 강경한 발언(주로 매파[hawks:강경파를 뜻하는 말]들이 쓰는 말) Take it or leave it. over there는 부사구.

12. I가 주어이고 need가 동사인데 a ride는 목적어이므로 타동사. to the airport는 ride를 한정 수식하는 형용사구로써 목적보어는 아님.

13. Where는 장소를 말하는 부사. we가 주어이고 pick가 동사인데 you가 목적어이므로 완전타동사. up은 부사. at two sharp는 부사구.

14. you가 주어이고 take는 credit cards가 목적어이므로 완전타동사.

15. I가 주어이고 owe가 동사인데 you는 간접목적어이고 what이 직접목

적어이므로 수여동사.

16. That가 주어이고 be가 동사인데 dollars가 주격보어이므로 불완전자동사.

17. you가 주어이고 come down은 완전자동사. a little은 부사구.

18. 주어 I와 불완전자동사 am이 생략된 문장으로써 Sorry는 형용사로써 주격보어. but는 접속사 we가 주어이고 discount는 완전자동사.

19. I가 주어이고 get가 동사인데 refund가 목적어이므로 완전타동사이고 on this는 refund를 수식하는 형용사구.

20. I가 주어이고 think는 완전타동사이고 그 다음에는 that가 생략되어 있고 this is defective는 목적어에 해당하는 명사절. 그 안에서 this는 주어이고 is가 동사인데 defective가 주격보어이므로 불완전자동사. 이 문장을 직역하면 "나는 이것이 결함이 있다는 것을 생각한다." 가 되는데 어색하죠? "나는 이것이 결함이 있다고 생각한다." 라고 번역해주세요. 앞으로 I(You 등) think that --가 나오면 "라고 생각 한다" 라고 꼭 해석해주세요. "라는 것을 생각한다." 라고 번역하면 어색한데 많은 분들이 그렇게 합니다.

35과부터 한영 복습!

Lesson46 문장의 5형식에 따른 문장 분석

1. It's the wrong size.

2. Can I exchange this?
3. Sign this refund check and take it to the cashier.
4. It's a real good buy.

5. You look down.
6. I asked Betty out but she turned me down.

7. Will you give me a wake-up call at 7 tomorrow morning?
8. Would he mind if I ask him to direct me to the station?

9. Will you give me directions?

10. Are there any landmarks near it?
11. What's the most prominent building near it?
12. Are you going my way?

13. Drop me at the bank.

14. Can I take an airport-bound bus here?

1. 그것은 잘못된 사이즈 이다. (사이즈가 맞지 않다)

2. 내가 이것을 교환할 수 있나?
3. 이 환급 전표에 서명하고, 그것을 출납 계원에게 가져가라
4. 그것은 정말 훌륭한 구매이다. (정말 잘 샀다)

5. 너는 우울해 보인다.
6. 나는 베티에게 데이트 신청했으나, 그녀는 나를 거절했다.

7. 당신은 나에게 내일 아침 7시에 기상 전화를 주시겠습니까?
8. 내가 그에게 나를 정거장으로 안내해 달라고 부탁하면 그가 마음 쓸까? (내가 그에게 정거장으로 가 는 길을 알려달라고 부탁하면 싫어할까?)

9. 당신은 나에게 방향을 주시겠습니까? (길을 알려주시겠습니까?)

10. 그것 근처에 어떤 표지 (잘 알려진 것) 라도 있습니까?
11. 그것 근처에서 가장 유명한 건물은 무엇입니까?
12. 당신은 나의 길을 가십니까? (나하고 같은 방향으로 가십니까?)

13. 나를 은행에서 떨어뜨려 주세요. (은행에서 내려주세요)

14. 내가 여기에서 공항행 버스를 탈 수 있습니까?

15. How often do the trains run on this route? About every ten minutes.	15. 이 길로 열차가 얼마나 자주 다닙니까? 약 매 십분마다
16. Are there through buses to the airport?	16. 공항행 직행 버스가 있습니까?
17. I never get carsick but I always get airsick (aboard a plane) or seasick (aboard a ship).	17. 나는 차멀미는 절대 안 하지만, 항상 비행기멀미나 배멀미는 한다.
18. The machine doesn't work right.	18. 그 기계는 올바로 작동하지 않는다.

응용장문번역 문제

1. This seemingly selfish attitude will negatively affect other nations such as China and India.

2. Policymakers should neither underestimate nor exaggerate the country's current debt situation if they want to make sure of its financial soundness.

3. How can a leader in his right mind publicly propose to benchmark the German totalitarian state of the 1930s and '40?

4. We applaud the administration for standing up for innovation in this landmark case.

응용장문번역 답

1. 이 외견상으로 이기적인 태도는 중국과 인도같은 다른 나라에게 부정적으로 영향을 미칠 것이다.

2. 정책 결정자들은 그것의 재정 건전성을 확실히 하기 원한다면 그 나라의 현재의 부채 상황을 과소평가해서도 과장하지도 말아야 한다.

해설강의

1. It가 주어. is는 size가 명사로써 주격보어이므로 불완전자동사.

2. I가 주어이고 exchange는 명사인 목적어 this가 있으므로 완전타동사.

3. you가 생략된 명령문이고 Sign은 check가 목적어이므로 완전타동사이고 take는 it가 목적어이므로 완전타동사이고 to the cashier는 부사구.

4. It가 주어이고 is는 명사인 buy가 주격보어이므로 불완전자동사.

5. You가 주어이고 look는 down이 "우울한" 이라는 형용사로써 주격보어이므로 불완전자동사. down을 부사로 보면 look은 완전자동사.

6. I가 주어이고 ask는 Betty가 목적어이므로 완전타동사이고 out는 부사이고 ask out은 나가자고 청하다. but는 접속사이고 she가 주어이고 turn은 목적어인 me가 있으므로 완전타동사이고 down은 부사.

7. you가 주어이고 give는 간접목적어인 me가 있고 call이 직접목적어이므로 수여동사이고 at 7 tomorrow morning은 부사구.

8. he가 주어이고 mind는 완전자동사. if는 접속사이고 I가 주어이고 ask가 동사인데 him이 목적어이고 to direct는 목적어를 서술하는 목적보어이므로 불완전타동사이고 direct는 me가 목적어이므로 완전타동사이고 to the station은 부사구.

9. you가 주어이고 give는 간접목적어인 me와 직접목적어인 directions가 있으므로 수여동사.

10. Are가 동사인데 there는 유도부사이고 landmarks가 주어이고 near it는 부사구이므로 완전자동사.

11. building이 주어이고 is가 동사인데 what이 주격보어이므로 불완전자동사 near it는 부사구.

12. you가 주어이고 go가 동사인데 my way는 앞에 전치사가 생략된 부사구이므로 완전자동사. 이때 my way를 목적어로 보고 go를 완전타동사로도 볼 수 있음. my way가 부사구로 쓰이는 다른 예문을 들면 I will do it my way. (나는 그것을 나의 방식으로 하겠다.)에서도 I가 주어이고 do가 동사인데 it가 목적어이므로 완전타동사이고 my way는 부사구.

13. you가 생략된 명령문. Drop이 동사인데 me가 목적어이므로 완전타동사 at the bank는 부사구.

14. I가 주어이고 take가 동사인데 bus가 목적어이므로 완전타동사. here는 부사.

15. trains가 주어이고 run은 완전자동사. on this route는 부사구. how often도 부사구. About every ten minutes 부사구. route는 "루트, 혹은 라

Lesson 46

우트" 라고 발음합니다.

16. Are가 동사인데 buses가 주어이고 there는 유도부사이므로 완전자동사. through는 형용사로써 주어를 한정수식하므로 동사의 성격과는 상관없음. to the airport는 형용사구.

17. I가 주어이고 never는 부사이고 get는 동사인데 carsick는 주격보어이므로 불완전자동사. but는 접속사이고 이하는 마찬가지.

18. machine이 주어이고 work는 완전자동사이고 right는 부사.

36과부터 한영 복습!

문장의 5형식에 따른 문장 분석

1. When did you get your driver's license?

2. Are you gonna breast-feed your baby as you did before?

3. No, I am gonna bottle-feed my baby.

4. When is your baby due?

5. Where did you go to school?

6. We went to the same school, didn't we?

7. We are fellow alumni, aren't we?

8. We are the class of 1995.

9. What school did you go to?

10. You are a college graduate, aren't you?

11. What grade are you in?

12. He got a C average on his report card but I am sure he'll get better grades maybe even straight A's next year.

13. I mean it.

14. What do you mean by beating a poor old man?

15. I thought they were through a long time ago, but they are going steady again.

16. Can we have separate checks, please?

---

1. 당신은 언제 운전면허증을 땄습니까?

2. 당신은 전에 했던 것처럼 당신의 아기에게 젖을 먹일 겁니까?

3. 아닙니다. 저는 나의 아기에게 분유(우유)를 먹일 겁니다.

4. 당신의 아기는 언제 예정입니까?

5. 당신은 어디에서 학교에 다녔습니까? (어느 학교에 다녔습니까?)

6. 우리는 같은 학교에 다녔죠?

7. 우리는 동창생이죠?

8. 우리는 1995학번이다.

9. 당신은 어느 학교에 다녔습니까?

10. 당신은 대학 졸업자죠?

11. 당신은 무슨 학년 안에 있습니까?(몇 학년입니까?)

12. 그는 그의 성적표에서 평균 "C"를 받았지만, 나는 그가 내년에 더 나은 점수, 어쩌면 심지어 "올 A"까지 받을 것으로 확신한다.

13. 나는 그것을 의미한다. (정말이야)

14. 너는 불쌍한 노인을 치는 것에 의하여 무엇을 의미하니? (무슨 심보로 불쌍한 노인을 치니?)

15. 나는 그들이 오래전에 끝났다고 생각했지만, 그들은 다시 데이트하고 있다.

16. 우리가 별도의 계산서를 가질 수 있습니까? (따로 따로 계산할 수 있습니까?)

응용장문번역 문제

1. Former U.S. vice president and Nobel laureate Al Gore claimed
that Washington has been blocking progress toward an agreement on
launching negotiations to replace the Kyodo Protocol.
2. The President should take wise steps to establish a workable
mechanism for interactions with the North while effectively cooperating
with Washington.
3. This points to the need for the international community to remain
vigilant against Tokyo's each and every move.
4. The license standard also prevents holders of patents from denying
market access to latecomers.
5. For the past six decades, the country's trade has grown 10,000 times.
십년. 교역. 만배.
6. Frequent Sino-Korean frictions may have been responsible for the
negative attitude of the Chinese to Korea.

응용장문번역 답

1. 전직 미국 부통령이며 노벨상 수상자인 알 고어는 워싱턴이 교또 의정서를
대신하기 위한 협상을 시작하는 것에 대한 합의를 향한 진전을 막아오고
있다고 주장했다.
2. 대통령은 워싱턴과 효과적으로 협력하는 동안 북한과의 상호작용을 위한
효과있는 장치를 설립하기 위한 현명한 조처들을 취해야 한다.

해설강의

1. 운전면허증은 driving license, drive license, driver license, driver's license 중 어느 것 입니까? driver's license입니다. 외워주세요. When은 시간을 말하는 부사. you가 주어이고 get가 동사인데 driver's license가 목적어이므로 완전타동사.

2. you가 주어 breast feed가 동사인데 baby가 목적어이므로 완전타동사. as는 접속사. you가 주어. did는 완전자동사.

3. I가 주어. bottle feed가 동사인데 baby가 목적어이므로 완전타동사.

4. When이 부사, is가 동사인데 baby는 주어이고 due는 형용사로서 주격보어이므로 불완전자동사.

5. Where는 장소를 말하는 부사. you가 주어이고 go가 동사인데 to school은 부사구이므로 완전자동사.

6. We가 주어이고 went가 동사인데 to the same school은 부사구이므로 완전자동사.

7. We가 주어이고 are가 동사인데 fellow alumni는 주격보어이므로 불완전자동사.

8. We가 주어이고 are가 동사인데 the class는 명사로써 주격보어이므로 불완전자동사.

9. you가 주어이고 go가 동사인데 What school은 전치사 to의 목적어이고 to what school은 부사구이므로 완전자동사

10. You는 주어. are가 동사인데 graduate는 명사로써 주격보어이므로 불완전자동사. graduate는 명사는 "졸업생" 이고 동사로 쓰일 때는 from이 따라옵니다.

11. What grade는 전치사인 in의 목적어. in what grade는 부사구이므로 are는 완전자동사 you가 주어.

12. He가 주어 got가 동사인데 average가 명사로써 목적어이므로 완전타동사. on his report card는 부사구. but는 접속사. 그 이하의 문장에서는 I가 주어이고 am은 sure가 주격보어이므로 불완전자동사. 그 다음에는 접속사 that가 생략되어 있음. 그 이하에서는 he가 주어 get가 동사인데 grades가 목적어이므로 완전타동사. maybe는 부사. even은 형용사. A's는 명사로써 grades와 동격. next year는 부사.

13. I가 주어이고 mean은 동사인데 it가 목적어이므로 완전타동사.

14. What는 목적어. you가 주어이고 mean은 동사인데 목적어가 있으므로 완전타동사. by beating a poor old man은 부사구. beating은 동명사

로써 전치사 by의 목적어이기도 하고 man을 목적어로 하는 완전타동사이기도 함.

15. I가 주어 thought가 동사인데 그 이하 문장 전체 명사절을 목적어로 하는 완전타동사. 명사절 안에서 they는 주어이고 were가 동사인데 through가 형용사이기 때문에 불완전자동사. a long time ago는 부사구. but는 접속사 they가 주어 go steady는 한 사람과 꾸준히 데이트하는 것을 의미하는데 steady는 형용사로써 주격보어이기 때문에 go는 불완전자동사. again은 부사. 미국에서는 오늘 이 사람과 데이트하고 내일 저 사람과 데이트해도 또 그런 현장을 피차에 마주치더라도 어색하지 않게 여깁니다. 그러나 go steady 하는 관계가 되면 다른 사람과는 데이트하지 않고 한 사람과 연애하는 사이가 됩니다.

16. we가 주어 have가 동사인데 목적어 checks가 있기 때문에 완전타동사입니다.

37과부터 한영 복습!

문장의 5형식에 따른 문장 분석

1. I'll pick up the tab.

2. This is on me.

3. I'm buying today.

4. I'm treating.
5. Let's go Dutch.
6. Waiter, will you take our order?

7. What does your husband do for a living?

8. What is your husband doing?

9. It fits you perfectly.

10. He is a Korean by birth but an American by citizenship.

11. He is a naturalized citizen.
12. What seems to be the problem?
13. I am afraid I have a cavity.

14. Do you think he will forget us once he becomes rich and famous?
15. I am afraid so.

16. I hope not.

1. 내가 계산서를 집어들겠다. (내가 계산하겠다, 내가 내겠다)

2. 이것은 나의 위에 있다. (이것은 나의 부담이다, 내가 내겠다)

3. 오늘은 내가 사고 있다. (내가 낸다)

4. 내가 대접하고 있다. (내가 낸다)
5. 각자 내자. (각자 부담하자)
6. 웨이터, 당신은 우리의 주문을 받으시겠습니까?

7. 당신의 남편은 생계를 위해서 무엇을 합니까? (당신 남편의 직업이 뭡니까?)

8. 당신의 남편은 무엇을 하고 있습니까?

9. 그것은 당신에게 완벽하게 맞는다. (꼭 맞는다)

10. 그는 출생에 의해서는 한국인이지만 시민권에 의해서는 미국인이다. (그는 태생은 한국인이지만, 국적은 미국인이다)

11. 그는 귀화한 시민이다.
12. 무엇이 문제인 것처럼 보입니까?
13. 나는 충치를 갖고 있다고 겁낸다. (나는 충치가 있다고 생각한다)

14. 너는 그가 일단 부유하고 유명해지면 우리를 잊을 거라고 생각하니?
15. 나는 그렇다고 겁낸다. (나는 그렇게 생각한다)

16. 나는 그렇지 않기를 희망한다.

Lesson 48

17. You look familiar.	17. 당신은 낯익어 보인다.
18. Do I know you?	18. 내가 당신을 압니까? (댁에서 저를 아세요?)
19. You have a very good memory.	19. 당신은 매우 좋은 기억력을 갖고 있다.
20. Can you see me?	20. 당신은 저를 볼 수 있습니까(알아보시겠습니까)?
21. Do you have company?	21. 당신은 동행이 있습니까?
22. Do you have a company?	22. 당신은 회사를 갖고 있습니까?
23. How do you spell your name?	23. 당신은 당신의 이름을 어떻게 철자를 씁니까? (이름의 철자가 어떻게 됩니까?)
24. Call me Bill.	24. 나를 빌이라고 불러라.
25. Don't sir me.	25. 나에게 존칭을 쓰지 말아라.
26. Don't mister me.	26. 나에게 존칭을 쓰지 말아라.

응용장문번역 문제

1. We believe numerical goals are essential reference points in efforts to reduce the effect of global warming as most European countries agree but no agreement is meaningful unless the U.S. is involved.

2. Its nationwide rationing system faces a breakdown and people are subsisting through black market trading, collecting edible plants in the hills, and stealing.

3. Apple has been arguing that Samsung was trying to abuse the patent system.

4. The U.S. Congress sent a letter, calling for the ITC to take the public interest into consideration.(국제무역위원회)

응용장문번역 답

1. 우리는 대부분의 유럽 국가들이 동의하는 것처럼 수적인 목표들이 지구 온난화의 영향을 줄이기 위한 노력에 있어서 필수적인 참조점이라고 믿지만 미국이 포함되지 않는 한 어떤 협정도 의미가 없다.

2. 그것의 전국적인 배급 체계는 붕괴에 직면하고 사람들은 암시장 거래, 언덕에서 식용 식물을 수집하는 것과 절도를 통하여 연명하고 있다.

해설강의

1. I가 주어, pick up이 동사인데 tab이 목적어이므로 완전타동사구.
2. This가 주어, is가 동사인데 on me는 부사구이므로 완전자동사.
3. I가 주어이고 buy는 완전자동사.
4. 마찬가지.
5. you가 생략된 명령문. Let가 동사인데 목적어인 us가 있고 목적보어인 원형부정사 go가 있으므로 불완전타동사의 일종인 사역동사이고 go는 형용사인 보어 Dutch가 따라오므로 불완전자동사. 옛날 영국이 세계의 바다를 지배하기 전, 즉 세계의 상권을 지배하기 전에는 네덜란드가 세계의 상권을 지배하고 있었습니다. 그래서 영국인들은 네덜란드인들을 장사꾼, 노랭이, 수전노로 나쁘게 생각했을 것입니다. 영국 유모어를 보면 네덜란드 사람을 쩨쩨하고 인색한 사람으로 묘사하는 일화가 많습니다. 지금도 네덜란드는 무역과 상업이 굉장합니다.
6. Waiter는 호칭, you가 주어이고 take가 동사인데 명사인 order가 목적어이므로 완전타동사.
7. What은 목적어. husband가 주어이고 do는 완전타동사. for a living은 부사구.
8. What이 목적어. husband가 주어. do가 타동사. 1984년에 세계 미인대회가 한국에서 열렸습니다. 마지막 인터뷰에서 사회자가 "당신 애인은 뭐 합니까?" 라고 물었는데 "What does your boyfriend do?"라고 하니까 " He is waiting for me in the dressing room." 이라고 해서 의사소통이 잘 안된 적이 있었습니다. 직업을 물을 때와 지금 뭐하는가라고 물을 때 혼돈되지 않도록 해주세요.
9. It가 주어 fit가 동사인데 목적어 you가 있으므로 완전타동사 perfectly는 부사.
10. He가 주어, is가 동사인데 주격보어인 Korean이 있으므로 불완전자동사. by birth는 부사구. but는 접속사. American도 주격보어.(주격보어는 하나만 있어야 한다는 법칙은 없습니다.) He is rich and famous.를 참조하세요. by citizenship은 부사구.
11. He가 주어 is가 동사인데 주격보어인 citizen이 있으므로 불완전자동사. naturalized는 과거분사로서 형용사 용법으로 쓰였음.
12. what이 주어이고 seems는 불완전자동사이고 to be는 주격보어이고 그 이하에서는 be가 불완전자동사이고 the problem은 주격보어임. What is the problem?(무엇이 문제냐?)과 what seems to be the problem?(무

엇이 문제인 것처럼 보이느냐?)는 거의 같은 뜻인데 뒤의 것이 좀 완곡한 (혹은 무게 잡는) 표현.

13. I가 주어. am은 불완전자동사이고 afraid가 주격보어이며 그 이하는 동사나 형용사를 수식하는 부사절. 그 안에서 I가 주어 have는 완전타동사. a cavity가 목적어. I am afraid는 정말로 무섭다는 뜻도 되고 그렇게 생각한다(걱정스럽게도)라는 뜻으로도 많이 씁니다.

14. you가 주어. think는 그 이하가 명사절로서 목적어이므로 완전타동사이고 명사절 안에서 he는 주어이고 forget는 us가 목적어이므로 완전타동사이고 once는 접속사로서 "일단" 이라는 뜻이고 부사로 쓰면 "한번" 이라는 뜻입니다. 그 이하에서 he가 주어이고 become은 주격보어인 rich and famous가 있으므로 불완전자동사

15. I가 주어이고 am은 주격보어인 afraid가 있으므로 불완전자동사이고 so는 부사.

16. I가 주어이고 hope는 완전자동사. not는 부사.

17. You가 주어이고 look는 주격보어인 familiar가 있으므로 불완전자동사.

18. I가 주어이고 know는 목적어인 you가 있으므로 완전타동사. 웬 사람이 아는 척 할 때 "댁에서 저를 아세요?" 라고 물어보는 말.

19. You가 주어이고 have는 목적어인 memory가 있으므로 완전타동사.

20. you가 주어이고 see는 목적어인 me가 있으므로 완전타동사. 여기서는 나는 상대방을 기억하는데 그 사람이 나를 기억하는지 자신이 없을 때 물어보는 말.

21. you가 주어이고 have는 목적어인 company가 있으므로 완전타동사.

22. 마찬가지인데 a가 있고 없고가 이런 차이를 가져옵니다.

23. How는 부사이고 you가 주어이고 spell은 목적어인 your name이 있으므로 완전타동사.

24. 주어 you가 생략되었고 Call은 목적어인 me와 목적보어인 Bill이 있으므로 불완전타동사. Bill은 William의 약자(애칭).

※호칭에서 주의할 사항: William Clinton이라는 대통령이 있었습니다. 그를 부를 때 친하면 "Bill" 이라고 부르고 격식을 차리는 사이이면 Mr.Clinton 이라고 해야 합니다. Mr.Bill이라고 하거나 Hey, Clinton이라고 하면 대단한 실례입니다.

25. 주어 you가 생략된 명령문이고 sir는 목적어 me가 있으므로 완전타동사.

26. 마찬가지

38과부터 한영 복습!

Lesson49 문장의 5형식에 따른 문장 분석

1. We are on a first name basis.

2. The mercury dropped to 6 degrees below zero.

3. If someone asks for George Brown, please direct him to me.

4. How can I thank you enough?

5. It was nothing.

6. Thank you for inviting me.

7. Operator, I'd like to call New York, collect.

8. I'd like to know a phone number in Seoul, Korea.

9. Can I have the number for James Brown?

10. May I speak to Mr. Kim?

11. This is he. (Speaking)

12. You have the wrong number. You have the right number.

13. There is no one here by that name.

---

1. 우리는 이름 기반 위에 있다. (말 놓고 지내는 사이이다)

2. 수은주가 영하 6도로 떨어졌다.

3. 만일 누가 조지 브라운에 대하여 물으면, 그를 나에게로 안내해 주세요.

4. 어떻게 내가 당신에게 충분히 감사할 수 있습니까? (얼마나 고마운지 모르겠습니다)

5. 그것은 아무것도 아니었다.

6. 나를 초대해 주신 것에 대하여 당신에게 감사합니다.

7. 교환원, 나는 수신자 부담으로 뉴욕으로 전화하고 싶습니다.

8. 저는 한국 서울의 전화 번호를 알고 싶습니다.

9. 제가 제임스 브라운에 대한 번호를 가질 수 있습니까? (제가 제임스 브라운 번호를 알 수 있습니까?)

10. 내가 미스터 김에게 말해도 좋습니까? (미스터 김과 통화할 수 있습니까?)

11. 이것이 그 사람입니다. (접니다)

12. 당신은 틀린 번호를 갖고 있습니다. (전화 잘못 거셨습니다.) 당신은 올바른 번호를 갖고 있습니다.

13. 여기에는 그런 이름에 의한 아무도 없습니다. (그런 이름 가진 사람 없습니다.)

14. What number did you dial?　14. 당신은 몇 번을 돌렸습니까?
　　　　　　　　　　　　　　　　(몇 번으로 전화하셨습니까?)

15. Only last week, I talked to　15. 단지 지난 주에 나는 이 같은
　him at this same number.　　　번호에서 그에게 말했습니다.
　　　　　　　　　　　　　　　(단지 지난 주에, 나는 이 같은
　　　　　　　　　　　　　　　번호로 그와 통화했습니다.)

16. He no longer works here.　16. 그는 더 이상 여기에서 일하지
　　　　　　　　　　　　　　　않습니다.

17. When did he quit?　　　　17. 그는 언제 그만 두었습니까?
18. I am not a quitter.　　　　18. 나는 그만 두는 사람이 아니다.
19. He is on another line.　　　19. 그는 다른 선 위에 있습니다.
　　　　　　　　　　　　　　　(그는 통화중입니다)

응용장문번역 문제

1. The Japanese Maritime Self-Defense Force has successfully conducted
a test to intercept a missile in an effort to build its own missile defense
system.
2. North Korean authorities are admitting the gravity of the food-
shortage problem, which they describe as "the most urgent question."
3. Leading a healthy life until a very old age depends on how individuals
live.
4. Critics argue that the veto is a protectionist move, saying the U.S.
government failed to provide enough explanation behind the decision.

응용장문번역 답

1. 일본의 해상 자위대는 그것의 자신의 미사일 방어 시스템을 구축하기 위한
노력에 있어서 미사일을 요격하기 위한 실험을 성공적으로 수행했다.
2. 북한 당국은 식량 부족 문제의 중대성을 인정하고 있는데 그들은 그것을
"가장 긴급한 문제"로써 묘사한다.

해설강의

1. We가 주어 , are가 동사인데 on a first name basis는 부사구이므로 완전자동사. 직역은 "우리는 이름(성씨가 아니고) 기반 위에 있다." 입니다.

2. mercury가 주어이고 drop이 동사인데 to 6 degrees below zero가 부사구이므로 완전자동사로써 떨어지다. 타동사로 쓰면 떨어뜨리다가 됩니다.

3. If는 두 문장을 연결하는 접속사. someone이 주어. asks for는 완전타동사구이고 George Brown이 목적어 , please는 부사이고 주어 you가 생략된 명령문이고 direct가 동사인데 him이 목적어이고 to me는 "나에게로"라는 장소를 말하는 부사구이므로 완전 타동사.

4. How는 부사. I가 주어. thank가 동사인데 you가 목적어이고 enough가 부사이기 때문에 완전타동사.

5. It가 주어 , was가 동사인데 nothing이 주격보어이므로 불완전자동사.

6. 주어 I가 생략되어 있고 Thank가 동사인데 you가 목적어이고 for inviting me는 부사구이므로 완전타동사. inviting은 동명사로써 전치사 for의 목적어이자 me를 목적어로 하는 완전타동사.

7. Operator는 호칭 , I가 주어 would like to는 조동사로 보아도 되고 would가 조동사 like가 동사 to call을 명사구인 to+부정사로 보아도 됨. call은 New-York을 목적으로 하는 완전 타동사인데 "--를 전화하다" 라고 하면 어색하기 때문에 "에게 전화하다." 또는 "로 전화하다." 라고 해야 합니다. collect 부사.

8. I가 주어. know는 목적어인 phone number가 있으므로 완전타동사.

9. I가 주어이고 have는 목적어인 number가 있으므로 완전타동사이고 for James Brown은 number를 수식하는 형용사구.

10. I가 주어. speak는 완전자동사. to Mr.Kim은 부사구. 혹은 speak to를 완전타동사구로 볼 수 있음.

11. This는 주어. is는 불완전자동사이고 he가 주격보어.(Speaking이라고 한마디로도 함.)

12. You가 주어. have는 목적어. the wrong(right) number가 있으므로 완전타동사

13. There는 유도부사. is는 완전자동사. no one이 주어이고 here는 부사. by that name은 no one을 수식하는 형용사구.

14. What은 형용사. number가 목적어이고 you가 주어이고 dial은 완전타동사.

15. Only last week는 시간을 말하는 부사구, I가 주어이고 는 talk to는

완전타동사구이고 him은 목적어. 또는 talk를 완전자동사로 보고 to him 을 부사구로 봐도 됨. at this same number는 부사구.

16. He가 주어. no longer는 부사구. work는 완전자동사. here는 부사. 만일 이때 He no longer does not work로 하면 이중으로 두 번 부정하기 때문에 틀립니다.

17. When은 부사 he가 주어이고 quit는 완전자동사.

18. I가 주어. am은 주격보어인 quitter가 있으므로 불완전자동사.

19. He가 주어이고 is는 완전자동사. on another line은 부사구.

Lesson39부터 현재까지 문장의 5형식 즉 동사의 성격을 규명하고 문장을 분석해서 적절한 토씨(조사)를 붙이는 것을 공부했습니다. 번역할 때는 반드시 주어를 먼저 찾아내고 동사를 찾아낸 다음 성격을 규정하고 부사구, 형용사구를 규명한 다음 적절한 토씨를 붙여서 번역하는 습관을 쌓아주세요. 많은 분이 이렇게 기초를 열심히 공부해놓고도 독해를 시키면 마음이 급해서 분석하지 않고 눈에 보이는 대로 직감에 의해서 해석합니다. 여러분은 절대로 그렇게 하지 말고 분석을 철저하게 하면서 공부해주세요. 처음에는 시간이 걸리지만 차츰 정확하게 하면서도 빨리 해낼 수 있게 됩니다. 부정확하게 빨리 하는 사람은 세월이 흘러도 정확해지지 않습니다. 그러면 영어는 늘지 않는 겁니다.

단어 정리 , 암기하시고 lesson39부터 한영으로 복습해 주세요.

Lesson50 가주어 및 진주어

1.To know oneself is difficult.
2.Not to pretend to know is good.
3.It is not easy to know oneself.
4.It takes one hour for me to get here. (It takes me one hour to get here.)
5.It was difficult for him to keep up with his classmates.

6.It is not easy for me to make myself understood in English.

7.It is difficult for me to answer that question.
8.It is rude of you to do so.

9.It is very kind of you to help me.

10.It is too bad of him to desert his old father.
11.It is foolish of you to believe him.
12.It is very wise of him to study English grammar first.
13.It's so thoughtful of you to prepare dinner for us tonight.

14.My rule is to get up early.

15.The company's goal is to control 90% of auto sales.
16.I make it a rule to get up early.

1.자신을 아는 것은 어렵다.
2.아는 척 하지 않는 것이 좋다.
3.자신을 아는 것은 쉽지 않다.
4.내가 여기에 도달하는 것은 한 시간이 걸린다.
5.그가 급우들을 따라가는 것은 어려웠다. (그가 급우들과 보조를 맞추는 것은 어려웠다)
6.내가 나 자신을 영어로 이해되게 만드는 것은 쉽지 않다. (영어로 나 자신의 의사를 이해시키는 것은 쉽지 않다)
7.내가 그 질문에 대답하는 것은 어렵다.
8.당신이 그렇게 하는 것은 무례하다.
9.네가 나를 돕는 것은 매우 친절하다.
10.그가 그의 나이 많은 아버지를 버리는 것은 너무 나쁘다.
11.네가 그의 말을 믿는 것은 어리석다.
12.그가 영문법을 먼저 공부하는 것은 매우 현명하다.
13.네가 오늘 밤 우리를 위하여 저녁 식사를 준비하는 것은 너무나 사려깊다.
14.나의 규칙은 일찍 일어나는 것이다.
15.그 회사의 목표는 자동차 판매의 90%를 장악하는 것이다.
16.나는 일찍 일어나는 것을 규칙으로 만든다.(한다)

응용장문번역 문제

1. It may not be surprising for China to take action to assert its vested interest in North Korea if the world's last Stalinist country is thrown into an emergency situation.
2. It takes six months for new products to reach stores.
3. It's in the designer's best interest to have rich people in the front row in a fashion show.
4. It is natural for Pyongyang to go out diplomatically to mend estranged relations with Tokyo and Washington
5. It is hard for Korea to criticize America's strategic decisions of a century ago.
6. It's time for the nation's first female leader to think deep — and act fast.
7. It was of course not wise of Korea's "Red Devils" to respond in kind by hanging out banners, stating, "There's no future for people who have forgotten their past."

응용장문번역 답

1. 중국이 만일 그 세계의 마지막 공산 독재 국가가 비상 상황으로 던져진다면 북한 내에서의 그것의 기득권을 주장하기 위한 행동을 취할 것은 놀랍지 않을지 모른다.
2. 새로운 제품이 가게에 도달하는 것은 6개월 걸린다.
3. 패션쇼에서 부유한 사람들을 앞줄에 모시는 것이 디자이너의 최고의 이익 안에 있다(즉 가장 이익이다).
4. 평양이 동경 및 워싱턴과의 소원해진 관계를 고치기 위하여 외교적으로 나가는 것은 자연스럽다(당연하다).

해설강의

이제부터 가주어 및 가목적어로써의 it과 to부정사의 명사구 용법에 대하여 공부하시겠습니다.

to부정사는 명사구, 형용사구, 부사구로 쓰입니다. 명사는 5형식에서 무슨 용법으로 쓰입니까? 주어, 목적어, 주격보어, 목적격 보어로 쓰입니다. (이것을 잘 모르시는 분은 39과부터 다시 공부 하셔야 합니다. 문장의 5형식을 잘 모르면 이 부분을 이해할 수 없습니다. 무조건 문장만 외우게 됩니다. lesson39부터 확실히 복습해서 5형식에 따른 문장 분석을 하고 명사, 형용사, 부사의 기능을 파악한 후에 lesson50을 시작해주세요.) 명사구도 똑같이 주어, 목적어, 주격보어, 목적격 보어로 쓰이고 번역은 항상 "--하는 것, --인 것"으로 합니다.

1. To know oneself는 is의 주어인 명사구로서 "자신을 아는 것"이고 difficult는 주격보어이기 때문에 is는 불완전자동사입니다.
2. Not to pretend to know가 주어인 명사구로써 "아는 척 하지 않는 것"이고 is가 동사인데 형용사이며 주격보어인 good이 있기 때문에 불완전자동사.
3. 가주어가 나왔습니다. It은 가주어인데 "그것"이라는 대명사가 아니고 to know oneself를 대신하는 가주어입니다. 진주어는 to 부정사와 명사절(that, when, if 등으로 이루어지는)만 가능합니다. 해석할 때 가주어는 해석하지 않고, 진주어인 명사구나 명사절은 "--하는 것"으로 해석합니다. 그런데, 의외로 많은 분이 간단한 문장에서 명사구(절)이 나오면 "하는 것"으로 해석하지만, 문장이 복잡해지면 괴상하게 바꾸어서 번역합니다. 꼭 "하는 것"으로 번역해주세요. is가 동사인데 형용사이며 주격보어인 easy가 있으므로 불완전 자동사. to know oneself가 진주어.
4. It는 가주어. take가 동사인데 one hour라는 명사인 목적어가 있기 때문에 완전타동사. for me to get here가 진주어인데, 그 안에서 for me는 to get here라는 to 부정사의 의미상의 주어인데, 주의할점은 이 의미상의 주어는 반드시 토씨를 "가, 는, 이"로 해주어야 합니다. 보통의 주어와 마찬가지입니다. 의외로 많은 분이 for 때문에 "--로써는, 에게는"이라고 잘못 번역합니다.
5. It는 가주어. was가 동사인데 형용사이며 주격보어인 difficult가 있으므로 불완전자동사. for him은 to keep up with his classmates의 의미상의 주어이고 for부터 끝까지가 진주어.

6. It는 가주어. is가 동사인데 형용사이며 주격보어인 easy가 있으므로 불완전 자동사. for me는 to make myself understood in English의 의미상의 주어. for이하 전체가 진주어. 그 안에서 make는 동사이고 myself는 목적어이고 understood는 understand의 과거분사형태로써 목적어의 상태를 나타내는 형용사이며 목적보어이므로 불완전타동사. 나 자신이 이해하는 것이 아니고 나 자신이 이해되는 것이므로 수동의 의미가 있어서 과거분사를 썼음. 분사구문 공부할때 능동은 현재분사, 수동은 과거분사라고 외운 것 기억나세요? 기억 나지 않으면 lesson34의 분사구문을 복습해주세요.

7. It는 가주어. is는 형용사이며 주격보어인 difficult가 있기 때문에 불완전자동사이고 for me to answer that question이 진주어. for me는 to answer의 의미상의 주어이고 answer는 목적어 that question이 있기 때문에 완전타동사.

8. It는 가주어이고 그 이외에는 마차가지임. to do so의 의미상의 주어는 of you. for you를 쓰지 않는 이유는 rude 때문임. rude 다음에는 for 대신에 of를 쓰는데 왜 그런가? 조상 대대로 그렇게 합니다. 그냥 외우세요.

9. It가 가주어이고 나머지는 마찬가지임. kind 다음에도 to 부정사의 의미상의 주어에는 of가 오게 되어 있음.

10. bad도 마찬가지임.

11. foolish도 마찬가지임.

12. wise도 마찬가지임.

13. thoughtful도 마찬가지임.

14. rule이 주어이고 is는 to get up이 명사구로써 주격보어이기 때문에 불완전자동사.

15. goal이 주어이고 is는 to control이 명사구로써 주격보어이기 때문에 불완전자동사. control은 목적어인 90%가 있기 때문에 완전타동사. of auto sales는 90%를 수식하는 형용사구.

16. I가 주어이고 make는 목적어인 it와 목적보어인 rule이 있기 때문에 불완전타동사이고 it는 가목적어이고 to get up이 진목적어.

단어를 정리하고, 암기해주세요. 그런 다음 lesson40부터 복습해주세요.

Lesson51 to+부정사 활용

1.Their original plan was for the balloon to fly across the Arctic Ocean.
2.The problem is where to live.
3.The best way is never to see him again.
4.My plan is to build a house here.
5.All I want is for somebody to be thinking about me.

6.The purpose is to prepare children for school.
7.Our sole wish was to preserve peace.
8.The moment was right for them to set up an independent country.
9.I didn't know when to do it.
10.I didn't know with whom to go.
11.He likes it very much to read fictions.
12.I find it difficult to solve this problem.
13.I find it difficult for him to solve the problem.
14.I didn't know how to drive a car then.
15.I don't know when and where to go.
16.I think it easy for you to pass the examination.

1.그들의 원래 계획은 그 기구가 북극해를 가로질러 비행하는 것이었다.
2.문제는 어디에 사느냐이다.
3.최선의 방법은 절대로 그를 다시 보지 않는 것이다.
4.나의 계획은 여기에 집을 짓는 것이다.
5.내가 원하는 모든 것은 누군가가 나에 대하여 생각하고 있는 것이다.
6.그 목적은 어린이들을 학교에 대하여 준비시키는 것이다.
7.우리의 유일한 소원은 평화를 보존하는 것이었다.
8.그 순간은 그들이 독립 국가를 수립하기에 적합했다.
9.나는 언제 그것을 할지 몰랐다.
10.나는 누구와 함께 갈지 몰랐다.
11.그는 허구(소설)를 읽는 것을 매우 많이 좋아한다.
12.나는 이 문제를 푸는 것이 어렵다고 생각(발견)한다.
13.나는 그가 그 문제를 푸는 것이 어렵다고 생각(발견)한다.
14.나는 그때 어떻게 차를 운전하는지 몰랐다.
15.나는 언제 어디로 갈지 모른다.
16.나는 당신이 그 시험을 통과하는 것은 쉽다고 생각한다.

응용장문번역 문제

1. We urge Washington to pay heed to the warning of U.N. Secretary General Ban Ki-moon that there will be catastrophic outcomes
2. Americans and Chinese must avoid letting exaggerated fears create a self-fulfilling prophecy.
3. President Park and her party must think about why students have staged candlelight vigils in Seoul Plaza for more than a month after university professors issued a declaration on the current state of affairs.
4. It is probable that the U.S. government will decide in favor of Apple to order the import ban on Samsung's products

응용장문번역 답

1. 우리는 워싱턴에게 재난스러운 결과가 있을 것이라는 반기문 유엔 사무총장의 경고에 주의를 기울일 것을 촉구한다.
2. 미국인들과 중국인들은 과장된 우려가 자기 충족적인 예언을 만들어내게 하는 것을 피해야 한다.

해설강의

1. Plan 이 주어. was는 for the ballon to fly가 명사구로써 주격보어이기 때문에 불완전자동사. for the ballon은 fly의 의미상의 주어 across the Arctic Ocean는 부사구.

2. problem이 주어. 문장 속에 where, what, who 등이 나오면 반드시 두 가지로 해석해보고 둘 다 말이 되면 듣기 좋은 쪽을 택해야 합니다. 많은 분이 "--하는 곳, --하는 것, --하는 사람"으로 한쪽 용법만 외워서 쓰는데 매우 좋지 않습니다. 앞으로 반드시 "--하는 곳, 어디에서 -- 하는가" " 하는 것, 무엇이 --하는가" "하는 사람, 누가 --하는가"로 두 가지로 다 해보고 듣기 좋은 쪽을 택하세요.

3. way가 주어. is는 to see him이 명사구로써 주격보어이기 때문에 불완전자동사. never, again은 부사.

4. plan이 주어. is는 to build a house가 명사구로써 주격보어이기 때문에 불완전자동사. here는 부사

5. All이 주어. I want는 형용사절. 관계대명사 that가 want의 목적어로 생략되어 있음. is는 for somebody to be thinking about me가 명사구로써 주격보어이기 때문에 불완전자동사. for somebody는 to be thinking about me의 의미상 주어. be thinking은 진행형이기 때문에 "생각하고 있는 것"이 옳습니다.

6. purpose가 주어. is는 to prepare children이 명사구로써 주격보어이기 때문에 불완전자동사. prepare는 children을 목적어로 하는 완전타동사로서 "준비시키다"라는 뜻. for school은 부사구.

7. wish가 주어. was는 to preserve peace가 명사구로써 주격보어이기 때문에 불완전자동사. preserve는 peace를 목적어로 하는 완전타동사. wish는 소원, 기원이고 hope는 희망입니다. 구분해서 외워주세요.

8. The moment가 주어. was는 right가 형용사로써 주격보어이기 때문에 불완전자동사. for them은 형용사(right)를 수식하는 부사구(to set up an independent country)의 의미상 주어. set up은 country를 목적어로 하는 완전타동사구.

9. I가 주어. know는 when to do it가 명사구로써 목적어이므로 완전타동사. 역시 "언제 그것을 할지"와 "그것을 할 때"로 두가지로 해보고 좋은 쪽을 택해주세요.

10. I가 주어. know는 to go가 명사구로써 목적어이기 때문에 완전타동사. with whom 은 to go를 수식하는 부사구.

11. He가 주어. like는 it를 가목적어로 하고 much를 부사로 하는 완전타동사. to read fictions가 진목적어. read는 fictions를 목적어로 하는 완전타동사.

12. I가 주어. find는 가목적어 it와 목적보어 difficult가 있기 때문에 불완전타동사. to solve this problem이 진목적어. solve는 problem을 목적어로 하는 완전타동사.

13. I가 주어. find는 가목적어 it와 목적보어 difficult가 있기 때문에 불완전타동사. for him은 진목적어인 to solve the problem의 의미상의 주어. solve는 problem을 목적어로 하는 완전타동사.

14. I가 주어. know는 명사구로써 목적어인 how to drive a car가 있으므로 완전타동사. drive는 car를 목적어로 하는 완전타동사. then은 부사. 여기에서도 "자동차를 운전하는 방법"과 "어떻게 자동차를 운전하는지"로 해보고 선택해야함.

15. I가 주어. know는 명사구로써 목적어인 when and where to go가 있으므로 완전타동사. "언제 어디로 갈지"과 "갈 때와 장소"로 해보고 선택해야 함.

16. I가 주어. think는 가목적어 it와 목적보어 easy가 있으므로 불완전타동사. for you는 진목적어인 to pass the examination의 의미상의 주어. pass는 examination을 목적어로 하는 완전타동사.

단어를 정리하고 암기해 주세요. 그런 다음 lesson41부터 한영으로 복습해 주세요.

Lesson52 to+부정사 활용

1.He taught us how to regain popularity.

1.그는 우리에게 인기를 다시 얻는 방법(어떻게 인기를 다시 얻는지)을 가르쳐 주었다.

2.I think it the best way to success to work hard. (I think the best way to success is to work hard)

2.나는 열심히 일하는 것을 성공으로의 최상의 방법이라고 생각한다. (나는 성공으로의 최상의 방법은 열심히 일하는 것이라고 생각한다.)

3.I couldn't decide whether to go or not.

3.나는 갈지 말지 (갈지 여부)를 결정할 수 없었다.

4.Three Asian concerns agreed to pay more than one million dollars in fines.

4.세 아시아 회사들이 벌금으로 백만불 이상을 지불하기로 동의했다.

5.I waited for her to come.

5.나는 그녀가 오기를 기다렸다.

6.I had no choice but to study English.

6.나는 영어를 공부하는 것 말고는 선택이 없었다. (선택의 여지가 없었다.)

7.Don't let me interrupt you.

7.내가 너희들을 방해하게 하지 말아라. (나 때문에 방해받지 않도록 해라) (나에게 신경 쓰지 말아라)

8.We hope to hear from you.

8.우리는 너로부터 (소식을, 전갈을) 듣기를 희망한다.

9.We sought to reach an agreement.

9.우리는 합의에 도달할 것을 모색했다.

10.He managed to save some money.

10.그는 가까스로(용케도, 간신히) 약간의 돈을 절약했다.

11.Let bygones be bygones.

11.지난 일은 지난 일이 되게 해라(지난 일은 놔둬라)

12.If someone calls for me while I am out, please have him call 725-1081.

12.내가 밖에 있는 동안 누가 나에 대한 (나를 찾는) 전화를 하면, 제발 그가 725-1081로 걸게 해라.

13.Let me get it.

13.내가 그것을 받게 하라. (내가 그것을 받겠다)

14. He was in a unique position to help her avert this threat.

14. 그는 그녀가 이 위협을 피하도록 도와줄 독특한(유일한) 위치(입장)에 있었다.

15. The government permits the company to import the cars duty free.

15. 그 정부는 그 회사가 그 자동차를 면세로 수입하도록 허락한다.

16. Weather reports help us plan our activities.

16. 기상보도는 우리가 우리의 활동을 계획하도록 돕는다.

응용장문번역 문제

1. The test took place off a Hawaiian island when a Japanese naval vessel tracked and destroyed a dummy ballistic missile fired by the U.S. Navy about 160 kilometers above the Pacific Ocean.
2. It is imperative for the nation to establish an effective system to prevent contagious diseases from threatening public health.
3. After the frustrated minority Democratic Party took to the street, Saenuri Party officials ridiculed them, saying the people would not sympathize with the opposition's calls for democratizing the country that has long been democratized.
4. Experts have mixed opinions about the decision by the U.S. government but they share the view that it will benefit consumers.

응용장문번역 답

1. 그 실험은 일본 해군 선박이 태평양 상공 약 160킬로미터에서 미국 해군에 의하여 발사된 모조 탄도 미사일을 추적하여 파괴했을 때 한 하와이섬 근해에서 발생했다.
2. 국가가 전염병들이 공공 보건을 위협하는 것을 방지하기 위한 효과적인 시스템을 수립하는 것은 절대필요하다.

해설강의

1. He가 주어. taught는 간접 목적어 us와 직접목적어에 해당되는 명사구 how to regain popularity가 있으므로 수여동사. 명사구는 의문사 how로 연결된 to부정사. 이럴때 how는 "어떻게" 와 "방법" 양쪽으로 번역해보고 듣기 좋은 쪽으로 번역해야 함. 많은 학생들이 두 가지로 해보는 것이 귀찮아서 한 가지로만 하는데 좋지 않습니다. 꼭 양쪽으로 해보세요.

2. I가 주어. think는 가목적어인 it와 목적보어인 the best way가 있으므로 불완전타동사이고 to success는 전치사+명사구로써 way를 수식하는 형용사구이며 to 부정사가 아님. to 부정사가 되려면 to 다음에 동사원형 (succeed)이 와야 함. to work가 진목적어이고 hard는 부사. 이 문장을 ' I think it is the best way to success to work hard. ' 로도 할 수 있습니다. 이때는 think 다음에 that가 생략되어 있고 think는 완전 타동사. 그 이하는 it는 가주어이고 is는 불완전자동사이고 the best way는 주격보어이고 to work hard는 진주어임. 영작할 때나 독해할 때 이 두 용법을 자유자재로 활용할 수 있도록 확실히 공부해주세요.

3. I가 주어. decide는 목적어에 해당되는 명사구인 whether to go or not 가 있으므로 완전타동사. whether는 "--인지," "여부" 로 해보고 듣기 좋은 쪽으로 선택해야 함.

4. concerns가 주어. agree는 명사구인 to pay만 있으므로 완전타동사. more than one million dollars는 pay의 목적어 in fines부사구.

5. I가 주어. wait for는 her를 목적어로 하고 to come을 목적어의 상태를 서술하는 형용사구인 목적보어로 하는 불완전 타동사. (wait를 완전자동사로 보고 for her는 to come의 의미상의 주어로 보고 to come을 부사구로 볼 수도 있음.)

6. I가 주어. had는 choice를 목적어로 하는 완전타동사. but to study English는 choice를 한정수식하는 형용사구. but는 전치사이고 to study 는 명사구.

7. 주어 you가 생략되어 있고 let는 목적어인 me와 목적어의 상태를 서술하는 목적보어에 해당되는 원형부정사 interrupt가 있는 불완전타동사이고 you는 interrupt의 목적어.

8. We가 주어. hope는 to hear를 목적어로 하는 완전타동사이고 from you는 부사구. hope는 희망하다, want는 원하다로 구분해서 외워주세요.

9. We가 주어. sought는 to reach를 목적어로 하는 완전타동사. an agreement는 reach의 목적어.

10. He가 주어. manage는 to save를 목적어로 하는 완전타동사. money 는 save의 목적어.

11. 주어 you가 생략되어 있고 Let는 목적어 bygones와 목적보어인 원형 부정사 be가 있으므로 불완전타동사. be는 주격보어인 bygones가 있으므 로 불완전자동사. be동사의 두 가지 기본적인 뜻은? "이다, 있다." 입니다.

12. If는 두 문장을 연결하는 접속사이고 someone이 주어이고 calls for는 me를 목적어로 하는 완전타동사구이고 while은 두 문장을 연결하는 접 속사. I는 주어. am은 완전자동사이고 out는 부사. 본문에서는 주어 you 가 생략되어 있고 have는 목적어 him과 목적보어에 해당되는 원형부정사 call이 있으므로 불완전타동사. call은 725-1081을 목적어로 하는 완전타 동사.

13. 주어인 you가 생략된 명령문이고 Let는 목적어인 me와 목적보어에 해당되는 원형부정사 get가 있으므로 불완전타동사이고 it는 get의 목적 어.

14. He가 주어 was는 완전자동사. in a unique position는 부사구. to help는 명사 position을 수식하는 형용사구이고 help는 her를 목적어로 하고 원형부정사 avert를 목적보어로 취하는 불완전타동사이고 avert는 threat를 목적으로 하는 완전타동사. help는 사역동사가 아니지만 목적보 어를 원형부정사로 취하는 특별한 동사입니다.

15. government가 주어. permit는 목적어인 company와 목적보어에 해당 되는 to import가 있으므로 불완전타동사. cars는 import의 목적어. duty free는 부사구.

16. reports가 주어. help는 목적어인 us와 목적보어에 해당되는 원형부정 사 plan이 있으므로 불완전타동사이고 activities는 완전타동사 plan의 목 적어.

단어를 정리하고 암기해주세요. 그런 다음 lesson42부터 한영으로 복습해 주세요.

Lesson53 to+부정사 활용

1.Dozens of farm workers got sick enough to be sent to hospitals.

2.He was in too much pain to do much talking.

3.She didn't want to marry me because I was broke.

4.You chose to go.

5.He is on another line now.

6.Would you like to hold on or call again?

7.He went to Pusan on business.

8.Would you like to leave your name and phone number?

9.Please tell him George called.

10.Care to leave a message?

11.Your car is ready to go.

12.Will you be free to have lunch with me?

13.I am just not in the mood to eat out tonight.

1.수십 명의 농장 근로자들이 병원에 갈 만큼(보내질 만큼) 충분히 병들었다.
(수십명의 농장 근로자들이 입원해야 할 만큼 병들었다)

2.그는 많은 말을 하기에는 너무나 많은 고통 속에 있었다.

3.그녀는 내가 빈털터리였기 때문에 나와 결혼하기를 원하지 않았다.

4.너는 갈 것을 선택했다. (너는 가는 쪽을 택했다)

5.그는 지금 다른 선 위에 있다. (그는 통화중이다)

6.당신은 들고 계시기를 원합니까, 다시 걸기를 원하십니까?
(기다리시겠어요, 다시 거시겠어요?)

7.그는 사업 상 부산에 갔다. (그는 부산으로 출장 갔다)

8.당신은 당신의 이름과 전화번호를 남겨 놓기를 원하 십니까?

9.제발 그에게 조지가 전화했다고 말해주십시오.

10.메시지를 남겨놓고 싶으십니까?

11.당신의 차는 갈 준비가 되어 있습니다.

12.당신은 나와 함께 점심을 먹기 위하여 자유롭겠습니까? (나와 같이 점심 식사할 수 있겠습니까?)

13.나는 단지 오늘 밤 외식할 분위기 안에 있지 않습니다. (나는 단지 오늘 밤 외식할 기분이 아닙니다)

Lesson 53

14.Since I was in a hurry, I thought I had no choice but (to) step on it.
15.Shall I get you something to drink?
16.What do you have?
17.I happened to be in the neighborhood, so I just dropped in to say hello.

14.나는 급했기 때문에 가속하는 것 이외에는 선택의 여지가 없다고 생각했다.
15.내가 당신에게 마실 어떤 것을 가져다 드릴까요?
16.당신은 무엇을 가지고 있습니까? (뭐가 있습니까?)
17.나는 우연히 이 동네에 있게 되어서, 단지 인사하려고 들렸습니다.

응용장문번역 문제

1. Japan has become the first U.S. ally to develop such a missile interception capability.
2. Some experts say that the spread of the virus in spring and early summer is unusual, pointing out that the outbreak has much to do with climate change.(부대 상황, 결과로 번역해주세요)
3. It was the agency chief appointed by the incumbent president that committed these egregious wrongdoings.
4. Earthquake experts around the world say it`s impossible to predict earthquakes with any kind of accuracy.

응용장문번역 답

1. 일본은 그런 미사일 요격 능력을 개발한 첫 미국 동맹이 되었다.(to부정사를 과거의 뜻으로도 씁니다.)
2. 몇몇 전문가들은 봄과 이른 여름의 그 바이러스의 확산은 이례적이라고 말해서 그 발병은 기후 변화와 많은 관련성이 있다는 것을 지적한다.(결과)
3. 몇몇 전문가들은 그 발병은 기후 변화와 많은 관련성이 있다는 것을 지적하면서 봄과 이른 여름의 그 바이러스의 확산은 이례적이라고 말한다.(부대상황)

해설강의

1. Dozens of farm workers가 주어. got는 주격보어인 sick가 있으므로 불완전자동사. enough는 부사. to be sent to hospitals는 수동태로써 enough를 수식하는 부사구.

2. He가 주어. was는 in too much pain이 부사구이므로 완전자동사. to do much talking은 too를 수식하는 부사구이고 do는 talking을 목적어로 하는 완전타동사. too+to와 so+that가 똑같다고 배우신 분이 많죠? 그렇게 되는 경우도 있고 되지 않는 경우도 있으므로 일단 구분해서 외워주세요. 영화 "바람과 함께 사라지다"에서 여주인공 스칼렛이 "I am too young to be a widow"라고 말하는 장면이 있는데 "나는 과부가 되기에는 너무 젊다"와 "나는 너무 젊어서 과부가 될 수 없다. "중에서 어느 쪽이 옳습니까? 앞으로 too+to는 올라오면서 so+that는 내려가면서 번역해주세요. 참고로 so that가 붙어 있는 경우에는 다릅니다. so that 이하가 "---하도록"으로 해석해야 합니다. I want to make money so that I can marry her. 를 해석하면 "나는 그녀와 결혼할 수 있도록 돈을 벌기를 원한다. "라고 합니다.

3. She가 주어. want 는 to marry를 목적어로 하는 완전타동사이고 marry는 me를 목적으로 하는 완전타동사 because는 접속사 I가 주어 was는 주격보어인 broke가 있기 때문에 불완전자동사.

4. You가 주어. chose는 명사구인 to go를 목적어로 하는 완전타동사.

5. He가 주어. is는 완전자동사. on another line now는 부사구.

6. You가 주어. Would like to는 조동사. hold on은 완전자동사구. or는 접속사. call도 완전자동사. again은 부사.

7. He가 주어이고 went는 완전자동사이고 나머지는 모두 부사구.

8. Would like to는 조동사. leave는 name and phone number가 목적어이므로 완전타동사.

9. tell은 간접목적어 him과 직접목적어에 해당되는 명사절 George called가 있으므로 수여동사.

10. 조동사 do와 주어인 you가 생략된 의문문. Care는 명사구인 to leave를 목적어로 하는 완전타동사이고 leave는 message를 목적어로 하는 완전타동사.

11. car가 주어. is는 주격보어인 ready가 있으므로 불완전자동사이고 to go는 형용사인 ready를 수식하는 부사구.

12. You가 주어. be는 주격보어인 free가 있으므로 불완전자동사 to have

는 형용사인 free를 수식하는 부사구. lunch는 have의 목적어. with me는 have를 수식하는 부사구.

13. I가 주어. am은 완전자동사. in the mood는 부사구. to eat out는 mood를 수식하는 형용사구. tonight는 부사.

14. Since는 접속사. I가 주어. was는 완전자동사. in a hurry는 부사구. I가 주어 thought는 완전타동사이고 그 이하가 목적어에 해당되는 명사절. I가 주어. had는 choice를 목적으로 하는 완전타동사. but이하는 choice를 수식하는 형용사구. to는 생략해도 되고 넣어도 됨. step은 완전자동사. on it는 부사구.

15. I가 주어. get는 간접목적어인 you와 직접목적어인 something이 있으므로 수여동사. to drink는 something을 수식하는 형용사구.

16. What은 목적어. you가 주어. have는 완전타동사입니다. 잠깐 여담을 하나 말씀드리겠습니다. 제가 통역대학원 2학년 1학기를 끝낸 후 미국인 교수님이 몇몇 학생을 집으로 초대했습니다. 더운 여름에 그 집에 들어갔더니 "What shall I get you to drink?" 라고 말씀하시는데 "뭐가 있습니까?" 라고 물어보고 싶은데 얼른 영어로 어떻게 표현할지 생각이 나지 않았습니다. 그래서 대강대강 눈치로 의사소통해서 간신히 사이다 한 잔을 얻어 마셨습니다. 나중에 다른 여학생이 들어오길래 저 여학생은 어떻게 하나? 하고 자세히 보았더니 세련되게 "What do you have?" 라고 하더군요. 이 문장은 그때 배운 문장입니다. 그런데 그 이후로 미국인 집에 가서 "뭘 마실래?" 라는 질문을 받아본 적이 없어서 아직 써먹은 적은 없습니다.

17. I가 주어. happen은 완전자동사이고 to be는 부사구. in the neighborhood는 부사구. so는 접속사. I가 주어. drop in은 완전자동사구. to say는 부사구. hello는 say의 목적어.

단어 정리 및 암기해주세요. 그런 다음 lesson43부터 한영으로 복습해주세요.

Lesson54 to+부정사 활용

1.I want to talk to you about what a government can do.

2.I want to cancel my order.
3.He promised me to come again.

4.I'm on a diet to lose weight.

5.Give me a minute to change.

6.He pretended to be happy.
7.They planned to attend a rally.

8.The police threatened to use firearms.
9.They were determined to wipe out the student movement.

10.The government is trying to establish a climate of respect for law and order.
11.Tobacco industry executives sought to hide their knowledge that their product was addictive.
12.Where should I get off to go to the station?
13.I'll tell you when.

14.This is a wrong place for him to announce the news.
15.It's part of a bid to stop smoking among teenagers.

1.나는 정부가 무엇을 할 수 있는지에 대하여 너에게 이야기하고 싶다. (나는 정부가 할 수 있는 것에 대하여 너와 이야기 하고 싶다)

2.나는 나의 주문을 취소하고 싶다.
3.그는 나에게 다시 오겠다고 약속했다.

4.나는 체중을 빼기 위한 다이어트 중이다.

5.나에게 옷을 갈아입을 일분을 다오.

6.그는 행복한 척 했다.
7.그들은 한 집회에 참석하려고 계획했다.

8.경찰은 화기를 사용하겠다고 위협했다.
9.그들은 그 학생 운동을 박멸하려고 결심되어 있었다.

10.정부는 법과 질서에 대한 존경의 분위기를 확립하려고 노력하고 있다.
11.담배 산업 중역들은 그들의 제품이 중독성이라는 그들의 지식을 숨길 것을 모색했다.
12.내가 정거장에 가려면 어디에서 내려야 하나?
13.내가 너에게 그 때를 말해 주겠다.

14.이곳은 그가 그 소식을 발표하기에 나쁜 장소이다.
15.그것은 십대 사이에서의 흡연을 중단시키기 위한 시도의 일부이다.

응용장문번역 문제

1. In 2003, the country started a project to devise the missile shield in cooperation with the U.S. following North Korea's 1998 test-firing of a Taepodong-1 ballistic missile.
2. The health authorities are being criticized for failing to take the appropriate action to contain the disease in its early stages.
3. For Korean leaders to lead the economy in the right direction, they must shatter two myths spawned by chaebol and their cronies.
4. The Portuguese government has revealed its draft budget for 2013, which is one of the harshest in the country's recent history as it undergoes German-mandated austerity measures to repay its 78-billion-euro bailout.

응용장문번역 답

1. 2003년에 그 나라는 대포동 1 탄도 미사일의 북한의 1998년 실험 발사에 뒤이어 미국과 협력하여 그 미사일 방패를 고안하기 위한 프로젝트를 시작했다.
2. 보건 당국은 그것의 초기 단계에 그 질병을 억제하기 위한 적절한 조처를 취하지 못한 것에 대하여 비판받고 있다. (contain은 '담다'인데 '억제하다'라는 뜻으로도 많이 씀)

해설강의

1. I가 주어. want는 to talk를 목적어로 하는 완전타동사이고 talk는 완전 자동사이고 to you는 부사구(talk to를 완전 타동사구로 볼 수도 있음). about 이하는 부사구. about이하를 분석하면 what a government can do(정부가 할 수 있는것, 정부가 무엇을 할 수 있는지 중에서 듣기 좋은 쪽을 선택)는 명사절로써 about의 목적어이며 what은 복합관계대명사로써 do의 목적어이고 government가 주어.

2. I가 주어. want는 to cancel을 목적어로하는 완전타동사이고 cancel은 order를 목적어로 하는 완전타동사.

3. He가 주어. promise는 간접목적어 me와 직접목적어에 해당되는 명사구 to come이 있는 수여동사.

4. I가 주어. am은 완전자동사. on a diet(다이어트중)는 부사구. to lose는 diet를 수식하는 형용사구이고 lose는 weight를 목적어로 하는 완전타동사. to lose weight는 부사구로 보면 "체중을 빼기 위하여"이며 만일 형용사구 라면 "체중을 빼기 위한"이 됩니다.

5. 주어 you가 생략된 명령문이고 Give는 간접목적어인 me와 직접목적어인 minute가 있으므로 수여동사이고 to change는 minute를 수식하는 형용사구.

6. He가 주어이고 pretend는 목적어에 해당되는 명사구 to be가 있으므로 완전타동사이고 be는 happy를 주격보어로 하는 불완전자동사.

7. They가 주어. plan은 목적어에 해당하는 명사구인 to attend가 있으므로 완전타동사이고 rally는 완전타동사인 attend의 목적어.

8. police가 주어. threaten은 목적어에 해당되는 명사구 to use가 있으므로 완전타동사이고 firearms는 완전타동사 use의 목적어.

9. They는 주어. were determined는 수동태이고 to wipe out은 determined를 수식하는 부사구이고 movement는 완선타동사인 wipe out의 목적어. determine은 결심하다이고 decide는 결정하다입니다. 별로 큰 차이가 없는 것 같지만 공부를 열심히 한다든지 목숨을 바친다든지 등은 결심하는 것이고 점심을 짜장면을 먹겠다는 정도는 대단한 각오가 필요하지는 않은 결정하다입니다.

10. government가 주어. try는 목적어에 해당되는 명사구 to establish가 있으므로 완전타동사이고 climate는 완전타동사 establish의 목적어이고 of respect는 climate를 수식하는 형용사구이고 for law and order는 respect를 수식하는 형용사구.

11. executive가 주어. sought는 목적어에 해당되는 명사구인 to hide가 있으므로 완전타동사이고, knowledge는 완전타동사 hide의 목적어이고 that 이하는 knowledge와 동격이고(--라는 지식) that는 접속사임. knowledge를 선행사로 하는 관계대명사라고 생각할 수 있으나 그렇게 되려면 뒤의 절 안에서 명사(주어, 목적어, 보어, 소유격)의 역할을 해야 하는데 이 경우에는 그렇게 되지 않으므로 등위 접속사임. 그 안에서 product가 주어. was는 주격보어 addictive가 있으므로 불완전자동사.

12. Where는 장소를 말하는 부사이고 I가 주어이고 get off는 완전자동사이고 to go는 부사구이고 to the station도 부사구.

13. I가 주어이고 tell은 간접목적어인 you와 직접목적어인 when이 있으므로 수여동사.

14. This가 주어이고 is는 주격보어인 place가 있으므로 불완전자동사이고 그 이하는 place를 수식하는 형용사구이며 for him은 to announce의 의미상의 주어이고(따라서 "그가"로 번역해야 하며 "그에게"라고 하면 틀림) news는 완전타동사인 announce의 목적어.

15. It가 주어이고 is는 주격보어인 part가 있으므로 불완전자동사이고 그 이하는 part를 수식하는 형용사구이고 bid는 전치사 of의 목적어이고 to stop은 bid를 수식하는 형용사구이고 smoking은 완전타동사인 stop의 목적어이고 among teenagers는 smoking을 수식하는 형용사구. part(일부분) 앞에서는 99% 관사를 생략함.

단어를 정리하고 암기해주세요. 그런 다음 lesson44부터 한영으로 복습해주세요.

Lesson55 to+부정사 활용

1.Some states are suing tobacco companies to recover Medicaid costs for smoking-related illnesses.

1.몇 몇 주들은 흡연 관련 질병에 대한 의료 보호 비용을 되찾기 위하여 담배 회사들을 고소하고 있다.

2.Just about everyone wants the prime minister to resign.

2.거의 모든 사람이 그 수상이 사임하기를 원한다.

3.He controls enough parliamentary votes to defeat the no-confidence motion.

3.그는 그 불신임 동의안을 무산시키기에 충분한 국회 표를 장악한다.

4.I have nothing to lose.

4.나는 잃을 아무 것도 없다.

5.The riot police smashed through barricades to round up some student protesters.

5.폭동 진압 경찰이 일부 학생 시위자들을 검거하기 위하여 바리케이드를 부수고 들어갔다.

6.I have no reason to believe they are still alive.

6.나는 그들이 아직 살아있다고 믿을 아무 이유도 없다.

7.What can we do to fight the crime?

7.우리가 그 범죄와 싸우기 위하여 무엇을 할 수 있나?

8.They seek to root out the problem.

8.그들은 그 문제의 뿌리를 뽑을 것을 모색한다.

9.The timing is right to do that.

9.그것을 하기에 시기가 적절하다.

10.The spread of AIDS prompted men to search for younger sex partners.

10.에이즈의 확산은 남성들이 더 젊은 성 상대자를 찾도록 충동했다.

11.When you happen to come to town, be sure to look me up again.

11.당신이 혹시 시내에 오게 될 때, 반드시 다시 나를 찾아오세요.

12.I am sorry to hear that you've got divorced.

12.나는 당신이 이혼했다는 것을 듣게 되어서 유감입니다.

응용장문번역 문제

1. The one-trillion-yen project is apparently aimed at defending Japan from possible missile attacks from North Korea.
2. It also warned that the nation will face growing problems with avian influenza and new strains of viruses threatening the health of not only animals but also humans.
3. This is the last opportunity for Chun to both save his minimal face as an ex-leader and help the nation's history trudge along.
4. We are talking about the pirates involved in some of the very dangerous attacks we've reported on in recent years.
5. A former ambassador to an African country may have caused a diplomatic dispute.
6. It is worrisome that Pyongyang has not yet shaken off its adherence to nuclear and missile programs.

응용장문번역 답

1. 그 일조엔 프로젝트는 일본을 북한으로부터의 가능한 미사일 공격으로부터 방어하는 것을 명백히 겨냥한다.
2. 그것은 또 그 국가가 동물 뿐만 아니라 인간의 건강도 위협하는 조류 독감과 새로운 종의 바이러스와 관련된 커지는 문제들을 직면할 것이라고 경고했다.
problem with는 '--와 관련된 문제'라는 뜻.

해설강의

1. states가 주어. sue는 companies를 목적으로 하는 완전타동사. to recover는 부사구이고 Medicaid costs는 완전타동사인 recover의 목적어. for illnesses는 cost를 수식하는 형용사구.

2. everyone이 주어. want는 목적어 prime minister와 목적보어 to resign이 있으므로 불완전타동사.

3. He가 주어. control은 votes를 목적으로 하는 완전타동사. to defeat는 enough를 수식하는 부사구. motion은 완전타동사 defeat의 목적어.

4. I는 주어. have는 nothing을 목적으로 하는 완전타동사. to lose는 nothing을 수식하는 형용사구.

5. police가 주어. smash through는 barricade(우리 말에서 쓰는 바리케이드와는 발음이 다르므로 사전에서 발음을 확인해주세요.) 를 목적어로 하는 완전타동사구. to 이하는 부사구. round up은 protesters를 목적어로 하는 완전타동사구.

6. I가 주어. have는 reason을 목적어로 하는 완전타동사. to 이하는 reason을 수식하는 형용사구. believe는 명사절인 they are still alive를 목적어로 하는 완전타동사. they는 주어 are는 주격보어인 alive가 있으므로 불완전자동사. believe는 "--라고 믿는다"라고 해석해주세요. "--라는 것"은 실제로 그럴 때 이야기이고 "라고"는 그럴 수도 있고 그렇지 않을 수도 있는 불확실한 상황일 때 쓰는데 "믿는다" 라고 말하는 것은 대부분 불확실한 경우입니다.

7. What은 do의 목적어이고 we가 주어이고 to 이하는 do를 수식하는 부사구. fight는 crime을 목적어로 하는 완전타동사이지만 우리 말로 "--와 싸우다." 로 해야 말이 됨.

8. They가 주어. seek은 명사구인 to 이하를 목적어로 하는 완전타동사구.

9. timing이 주어이고 is는 불완전자동사이고 right는 주격보어이다. to do that은 부사구.

10. spread는 주어이고 prompt는 불완전타동사이고 men은 목적어이고 to search목적격 보어. search for는 partners를 목적어로 하는 완전타동사구.

11. When은 접속사. you가 주어. happen은 완전자동사이고 to 이하는 부사구이고 come은 완전자동사이고 to town은 부사구이고 그 이하는 주어인 you가 생략된 명령문이고 be는 불완전자동사이고 sure는 주격보어이고 to 이하는 부사구이고 look는 me를 목적어로 하는 완전타동사이고 up

Lesson 55

은 부사 again도 부사.
12. I가 주어이고 am은 불완전자동사이고 sorry는 주격보어이고 to이하는 부사구. hear는 명사절인 that이하를 목적어로 취하는 완전타동사이고 그 이하에서 you가 주어이고 got divorced는 수동태.
divorce는 이혼시키다라는 뜻이기 때문에 수동태로 주로 씀.

단어 정리 및 암기해주세요. 그런 다음 lesson45부터 한영으로 복습해주세요.

Lesson56 to+부정사 활용

1.He cannot be poor to buy the car.

2.To do his best, he could not succeed.

3.He must be rich to marry her.

4.He must have been rich to marry her.

5.He had to be rich to marry her.

6.This juice is for you to drink.

7.A man to raise the fund must be employed.

8.Monks have the ability to raise money for food and clothing.

9.This is the only place left for us to go.

10.She has an unshakable belief in her right to govern Pakistan.

11.She rose to deliver a 40minute speech.

12.The president might use his constitutional power to dismiss the parliament.

13.He was selling TV sets at cost to get rid of an overstock.

1.그 차를 사다니, 그는 가난할 리가 없다.

2.그의 최선을 다했지만, 그는 성공할 수 없었다.

3.그는 그녀와 결혼하기 위하여 부자여야 한다. (그가 그녀와 결혼하다니 부자임에 틀림없다)

4.그녀와 결혼하다니 그는 부자이었음에 틀림없다.

5.그는 그녀와 결혼하기 위하여 부유해야 했다.

6.이 쥬스는 네가 마실 것이다.

7.그 기금을 모금할 사람이 고용되어야 한다.

8.승려들이 음식과 의복을 위한 돈을 모금할 능력을 갖고 있다.

9.이것이 우리가 갈 남겨진 유일한 장소이다.

10.그녀는 파키스탄을 통치할 자신의 권리에 대한 흔들리지 않는 믿음을 갖고 있다.

11.그녀는 40분 연설을 하기 위하여 일어섰다. (그녀는 일어서서 40분 연설을 했다)

12.그 대통령은 그의 헌법상의 권한을 사용하여 그 의회를 해산시킬지 모른다. (그 대통령은 의회를 해산시키기 위하여 헌법상의 권한을 사용할지 모른다)

13.그는 과잉 재고를 없애기 위하여 텔레비전 수상기를 원가에 팔고 있었다.

14.They are to go to the polls in national elections.	14.그들은 전국 선거에서 투표소로 가게 되어 있다. (그들은 전국 선거에서 투표소에 가야 한다)
15.He was never to return home.	15.그는 결코 귀국할 수 없는 운명이었다. (그는 결코 집으로 돌아갈 수 없는 운명이었다) (그는 결코 집으로 돌아갈 수 없게 되어 있었다)

응용장문번역 문제

1. The test is raising concerns about an escalating arms race in East Asia.
2. Countries around the world are stepping up their efforts to fight global warming but their action has not been enough to drastically reduce emissions of carbon dioxide and other greenhouse gases.
3. The International Maritime Bureau says piracy is at its lowest level since 2008.
4. Something else happened on this day in history, and it makes October 24 an annual event.
5. It was actually the first ruling that held companies accountable for leaking customers' information.
6. China stressed the need for the U.S. and other developed nations to perform their "historical responsibility."

응용장문번역 답

1. 그 테스트는 동아시아에서의 고조되는 무기 경쟁에 대한 우려를 고조시키고 있다.
2. 세계 전역의 국가들은 지구 온난화와 싸우기 위한 그들의 노력을 강화하고 있지만 그들의 행동은 이산화탄소와 다른 온실가스들의 방출을 급격히 줄이기에 충분하지 않아왔다.

해설강의

1. He가 주어. be는 주격보어인 poor가 있으므로 불완전자동사. to이하는 부사구. buy는 car를 목적어로 하는 완전타동사. to buy the car는 "그 차를 사다니" 라는 조건의 의미입니다. "그 차를 사기 위하여" 라고 하면 괴상한 말이 되죠?

2. To do his best(그의 최선을 다 했지만)는 독립부정사라고도 하고 절대부정사라고도 하는 특별한 패턴. do는 best를 목적어로 하는 완전타동사. he가 주어 succeed는 완전자동사.

3. He가 주어. be는 주격보어 rich가 있으므로 불완전자동사. to이하는 부사구. marry는 her를 목적어로 하는 완전타동사. "그녀와 결혼하다니" 라고 해도 되고 "그녀와 결혼하기 위하여" 라고 할 수도 있습니다. 상황에 따라서 적절한 뜻을 선택해야 합니다.

4. He가 주어. been은 주격보어인 rich가 있으므로 불완전자동사. to이하는 부사구. marry는 her를 목적어로 하는 완전타동사.

5. 마찬가지 패턴.

6. juice가 주어. is는 완전자동사. for이하는 부사구이지만 "당신이 마실 것" 이라고 번역해야 합니다. 언어의 차이 때문에 그렇습니다. 이것을 명사구로 보면 어떤 불합리한 것이 있습니까? 명사구라면 for you to drink is this juice. 라고 해도 말이 되어야 하는데 그렇지 못 합니다. 이 문제는 영문법 학자들께서 논의하시도록 하고 우리는 더 이상 논하지 맙시다. for you는 to drink의 의미상 주어. drink는 의미상 juice를 목적어로 하는 완전타동사. (문장구성상으로는 목적어가 없으므로 완전자동사)

7. man이 주어. to이하는 man을 수식하는 형용사구. raise는 the fund를 목적어로 하는 완전타동사. must be employed는 수동태.

8. Monks가 주어. have는 the ability를 목적어로 하는 완전타동사. to 이하는 ability를 수식하는 형용사구. raise는 money를 목적어로 하는 완전타동사. for이하는 money를 수식하는 형용사구.

9. This가 주어. is는 주격보어인 place가 있으므로 불완전자동사. left이하는 place를 수식하는 형용사구. for이하는 left를 수식하는 부사구. for us는 to go의 의미상 주어. go는 완전자동사.

10. She가 주어. has는 belief를 목적어로 하는 완전타동사. in이하는 belief를 수식하는 형용사구. to이하는 right를 수식하는 형용사구. govern은 Pakistan을 목적어로 하는 완전타동사.

11. rose는 완전자동사. to deliver는 부사구이고 deliver는 완전타동사이

Lesson 56

고 speech는 목적어.

12. president가 주어. use는 power를 목적어로 하는 완전타동사. to이하는 power를 수식하는 형용사구로 보면 "정부를 해산시키 위한"이고 부사구로 보면 "정부를 해산시키기 위하여"가 되는데 어느 쪽이 자연스럽습니까? 부사구로 보는 것이 자연스럽죠? dismiss는 the government를 목적어로 하는 완전타동사.

13. He가 주어. sell은 TV sets를 목적어로 하는 완전타동사. at cost는 sell을 수식하는 부사구. to이하도 sell을 수식하는 부사구. get rid of는 an overstock을 목적어로 하는 완전타동사구.

14. They 가 주어. are은 완전자동사. to이하는 부사구. go는 완전자동사. to the polls은 부사구. in national elections도 부사구. be+to 부정사 용법: --하기로 되어 있다. -- 해야 한다. --- 할 운명이다. 로 많이 씁니다. 암기해주세요. 여기서는 --하기로 되어 있다.

15. He가 주어. was는 완전자동사. to이하는 부사구. return은 완전자동사. home은 부사. 여기서는 --할 운명이다.

단어 정리 및 암기해주세요. 그런 다음 lesson46부터 한영으로 복습해주세요.

1.Criminals are to be punished.

2.This is too heavy for me to carry.

3.This is so heavy that I cannot carry.

4.My boss is so stingy that he brown-bags it all the time.

5.He is sure to come tomorrow.

6.Senators voted to reject the bill.

7.He got her to type the letter.

8.He let her do it her way.

9.Nobody made her study English.

10.He helped her do her homework.

11.He asked me to let George build my house.

12.He read the letter written by her.

13.I'd like to have a phone installed in my apartment.
I'd like to have my phone disconnected in my apartment.

14.Where did you have your new suit custom-tailored?

15.I bought it off the rack.

16.I had a little alteration made.
(I had a few alterations made.)

1.범죄자들은 처벌 받아야 한다.
(범죄자들은 처벌 받게 되어 있다)

2.이것은 내가 운반하기에는 너무 무겁다.

3.이것은 너무 무거워서 나는 운반할 수 없다.

4.나의 사장은 너무나 인색해서 언제나 도시락을 갖고 다닌다.

5.그는 내일 올 것이 틀림없다.

6.상원의원들이 그 법안을 거부하기로 투표했다.

7.그는 그녀가 그 편지를 타자 치게 했다.

8.그는 그녀가 그것을 그녀의 방식으로 하도록 했다.

9.아무도 그녀가 영어를 공부하게 만들지 않았다.

10.그는 그녀가 숙제를 하도록 도와주었다.

11.그는 나에게 조지가 나의 집을 짓게 해 달라고 요청했다.

12.그는 그녀에 의해서 씌어진 그 편지를 읽었다.

13.나는 나의 아파트에 전화가 설치되게 하고 싶다.
나는 나의 아파트에 전화가 끊어지게 하고 싶다.

14.당신은 어디에서 당신의 새 양복이 맞추어지게 했습니까?

15.나는 그것을 옷걸이로부터 샀다 (나는 기성복을 샀다)

16.나는 약간의 수정이 만들어지게 했다. (나는 조금 고치게 했다)

17.Who is the girl to sing?

18.Who is the girl studying in my
study?

17.노래할 소녀는 누구인가?
(누가 노래할 소녀인가?)

18.나의 서재에서 공부하는 소녀는
누구인가?

응용장문번역 문제

1. China showed a mild reaction to the test, saying that it hoped Japan
would not cause instability in the region.
2. The results are not at all what the United States had hoped to
accomplish.
3. What forced the government to move was mounting pressure from
the public as the deadline for the recovery of unlawful assets drew near.
4. The U.N. charter says the U.N.'s goals are to maintain international
peace and security, develop friendly relations among nations and work
together to solve global problems.

응용장문번역 답

1. 중국은 일본이 그 지역에서 불안정을 야기시키지 않기를 희망한다고
말하면서 그 테스트에 대하여 온건한 반응을 보였다.
2. 그 결과는 미국이 성취하기를 희망했던 것이 전혀 아니다.

해설강의

1. Criminal이 주어. are는 완전자동사. to이하는 부사구. be punished는 수동태.

2. This가 주어. is는 heavy를 주격보어로 하는 불완전자동사. too는 부사. for me는 to carry의 의미상 주어이고 to carry는 heavy를 수식하는 부사구.

3. This가 주어. is는 heavy를 주격보어로 하는 불완전자동사. so는 heavy를 수식하는 부사. that이하는 so heavy를 수식하는 부사절. 그안에서 I가 주어. carry는 완전자동사.(목적어 this가 생략된 완전타동사로 생각할 수도 있음.)

4. boss가 주어. is는 주격보어인 stingy가 있는 불완전자동사. that이하는 so stingy를 수식하는 부사절. 그 안에서 that는 접속사. he가 주어. brown-bag은 it를 목적으로 하는 완전타동사구. it는 (그것)이라는 뜻이 아니고 관용어. all the time은 부사구.

5. He는 주어. is는 주격보어인 sure가 있는 불완전자동사 to come은 sure를 수식하는 부사구. tomorrow는 부사. is sure to come:올 것이 확실하다. 틀림없이 온다. "그는 올 것으로 확신한다." 라고 할 수 있으나 그렇게 잘 쓰지 않습니다. 꼭 그렇게 하고 싶으면 He is sure that he will come. 으로 할 수 있는데 그렇게 쓰는 경우를 본 적이 없습니다.

6. Senator가 주어. vote는 완전타동사이고 to reject가 목적어에 해당되는 명사구. the bill은 완전타동사. reject의 목적어.

7. He가 주어. got은 목적어 her와 목적보어 to type가 따르는 불완전타동사이고 the letter는 완전타동사 type의 목적어.

8. He는 주어. let는 목적어 her와 목적보어인 원형부정사 do가 따르는 불완전타동사 중에서도 사역동사. (사역동사는 make, have, let가 있고 bid는 고전문학에서 가끔 쓰지만 현대 영어에서는 사역동사로는 거의 쓰지 않음) 사역동사는 목적어 다음에 원형부정사(to가 없는 부정사: root 부정사라고도 함.)를 쓰는 동사입니다. get는 사역동사가 아니며 "--하게 하다" 라는 뜻인데 강제성은 크지 않습니다. let은 사역동사로써 목적어에 해당되는 존재가 하고 싶어 하니까 허용한다는 의미입니다. have는 목적어에 해당되는 존재가 "--하게 하다"인데 조금 강합니다. "make"는 강제성이 매우 높습니다. "--하게 만들다." it는 완전타동사인 do의 목적어. her way는 부사구.

9. Nobody가 주어. made는 사역동사. her가 목적어. study는 원형부정사로써 목적보어이고 English는 완전타동사인 study의 목적어.

10. He가 주어. help는 목적어인 her와 목적보어인 원형부정사 do가 있으므로 불완전타동사. her homework는 완전타동사 do의 목적어. help는 사역동사가 아니지만 거의 항상 목적보어를 원형부정사로 쓰는 동사임. 어떤 사전에는 영국식은 to를 넣고 미국식은 생략한다고 되어있는데 영국의 BBC 뉴스를 보면 항상 생략합니다. 또 목적어가 to 부정사일 경우에도 to를 생략합니다. 짧은 영작: 그가 그 문제를 해결하는 것을 도왔다를 영작해 보세요. He helped solve the problem. 으로 to를 생략합니다.

11. He가 주어. ask는 불완전타동사로써 me는 목적어이고 to let가 목적보어이고 let는 사역동사로써 George가 목적어이고 build는 원형부정사로써 목적보어이며 house를 목적어로 하는 완전타동사이기도 함. ask는 부탁하다, 요청하다, 질문하다로 많이 씁니다. 요구하다라고 하면 틀립니다. 요구하다와 요청하다가 같다고 생각하시는 분이 많습니다. 자녀가 부모에게 용돈을 요청합니까, 요구합니까? 요구한다면 문제 있는 집안입니다. 파업할 때 요청합니까, 요구합니까? 요구합니다.

12. He가 주어. read는 the letter를 목적어로 하는 완전타동사. written by her는 letter를 수식하는 형용사구.

13. I가 주어. would like to는 조동사로 생각하는 것이 편리함. have는 사역동사이고 a phone은 목적어이고 installed는 목적보어임. 이때 원형이 오지않고 과거분사가 온 것은 수동태이기 때문임. 전화기가 스스로 설치하는 것이 아니고 설치당하는 것이기 때문임. (my phone disconnected도 마찬가지 유형인데 떼어낸다는 뜻) in my apartment는 부사구.

14. Where는 장소를 말하는 부사. you가 주어. have는 사역동사. suit는 목적어이고 custom-tailored는 목적보어인데 역시 수동의 의미이기 때문에 과거분사를 썼음.

15. I가 주어. bought는 it를 목적어로 하는 완전타동사. off the rack는 부사구.

16. I가 주어. had는 사역동사이고 alterations는 목적어. made는 목적보어인데 역시 수동태. a little은 불가산명사를, a few는 가산명사를 수식하기 위하여 씁니다.

17. Who는 주격보어. is는 불완전자동사 the girl이 주어이고 to sing은 girl을 수식하는 형용사구.

18. Who는 주격보어이고 is는 불완전자동사이고 the girl이 주어이며 studying은 주어를 한정 수식하는 형용사. in my study는 부사구.

단어를 정리하고 암기해주세요. lesson47부터 한영으로 복습해주세요.

지각동사, 분사구문, 동명사

1.He finished it, working 15 hours a day.

1.그는 하루에 15시간을 일하면서 그것을 끝냈다.

2.Why do you keep avoiding me?

2.왜 너는 나를 피하는 것을 계속하니? (왜 계속 나를 피하니?)

3.Would you mind putting out your cigarette?

3.담배를 끄시는 것을 꺼려하시겠습니까? (담배불 좀 꺼주시겠습니까?)

4.Of course not.

4.물론 꺼려하지 않습니다. (물론입니다)

5.I didn't insist on going with her.

5.나는 그녀와 함께 가는 것을 고집하지 않았다.

6.He is proud of being punctual.

6.그는 정확한 것을 자랑스러워한다. (그는 정확한 것에 대한 자부심을 갖고 있다)

7.He is proud of his father's being rich.

7.그는 자기 아버지의 부유한 것을 자랑스러워한다.

8.I want to live to see my son become rich and get married.

8.나는 살아서 내 아들이 부유해지고 결혼하는 것을 보고 싶다.

9.She smiled to hear him talk in Kyungsangdo dialect.

9.그녀는 그가 경상도 사투리로 말하는 것을 듣고 미소 지었다.

10.I saw him clean the room.

10.나는 그가 방을 청소하는 것을 보았다.

11.I watched him drive.

11.나는 그가 운전하는 것을 지켜보았다.

12.I don't want to see a man beg.

12.나는 남자가 비는 것을 보고 싶지 않다. (나는 남자가 구걸하는 것을 보고 싶지 않다)

13.Do you know the lady standing over there?

13.당신은 저 너머에 서 있는 그 숙녀를 압니까?

14.Did you see the boy stand(ing) over there?

14.너는 그 소년이 저 너머에 서 있는 것을 봤니?

15.He put off going to Pusan.

15.그는 부산에 가는 것을 연기했다.

16.Do you mind my sitting here?	16.당신은 내가 여기에 앉는 것을 꺼리십니까? (내가 여기에 앉아도 괜찮겠습니까?)
17.I have enjoyed reading the article.	17.나는 그 기사를 읽는 것을 즐겨왔다.
18.I am sure of being responsible for it.	18.나는 그것에 책임이 있다고 확신한다.
19.I am sure of your being responsible for it.	19.나는 네가 그것에 책임이 있다고 확신한다.

응용장문번역 문제

1. Military experts say China might fear that Japan could use the missile interception technology to help the U.S. defend Taiwan in case of military conflict with China.
2. The question is as important for the rest of the world as it is for the United States.
3. The incumbent administration wants to prove it has no other political motives than re-erecting the sense of justice
4. On October 24, 1945, a majority of the countries ratified that charter and the United Nations officially came into existence.
5. It's clear that this installation is closely watched by the People's Liberation Army,

응용장문번역 답

1. 군사 전문가들은 중국은 일본이 중국과의 군사 충돌의 경우에 미국이 대만을 방어하는 것을 돕기 위하여 그 미사일 요격 기술을 이용할 수 있을 것을 두려워할지 모른다고 말한다.
2. 그 질문은 미국에 대하여 그런 만큼 세계의 나머지에게 대해서도 중요하다.

해설강의

1. He는 주어. finish는 it를 목적어로 하는 완전타동사. working이하는 분사구문으로써 finish를 수식하는 부사적 용법. 분사구문은 Lesson34에서 상세히 다루었음. 잊은 분은 복습해주세요. 15 hours a day는 부사구

2. Why는 부사. you가 주어. keep는 동명사 avoiding을 목적어로 하는 완전타동사이고 me는 완전타동사 avoid의 목적어. 현재분사는 부사나 형용사의 역할을 하고 동명사는 명사의 역할(주어, 목적어, 보어)을 함

3. you가 주어. mind는 타동사. putting out가 동명사로써 목적어. cigarette는 동명사의 목적어.

4. Of course not는 부사구

5. I가 주어. insist on은 타동사구이고 going은 동명사로써 목적어. with her는 부사구. (insist를 완전자동사로 보고 going은 전치사 on의 목적어로 볼 수도 있음)

6. He가 주어. is는 불완전자동사. proud는 주격보어. of being punctual은 proud를 수식하는 부사구이고 being은 동명사로써 전치사 of의 목적어이고 being은 불완전자동사이고 punctual이 주격보어.

7. 앞의 문장과 똑같은데 동명사의 소유격 his father's가 있음

8. I가 주어. want는 완전타동사. to live가 명사구로써 목적어. to see는 결과를 말하는 부사구. my son은 see의 목적어이고 become은 원형부정사로써 목적보어이고 불완전자동사임. rich는 주격보어. get도 원형부정사로써 목적보어이며 get married는 수동태. 지각동사(보다, 듣다,등)도 사역동사처럼 목적어와 원형부정사인 목적보어가 따라오는 불완전타동사의 일종으로써 "하는 것을 보다, 듣다." 등으로 해석합니다. ".....하는 누구를 보다" 등으로 해석하면 안됩니다.

9. She가 주어. smile완전자동사. to hear는 부사구
him은 지각동사 hear의 목적어이고 talk는 원형부정사로써 목적보어 in Kyungsangdo dialect는 부사구. (녹음할때는 "경상도"를 빼고 했습니다. 미국인 아나운서가 고생할 까봐 그랬습니다.)

10. I는 주어, saw는 지각동사. him은 목적어. clean은 원형부정사로써 목적보어이고 room은 clean의 목적어

11. I가 주어. watch는 지각동사로써 him이 목적어이고 drive는 원형부정사로써 목적보어.

12. I가 주어. want는 타동사이고 to see는 명사구로써 목적어이고 man은 지각동사인 see의 목적어이고 beg는 원형부정사로써 목적보어.

13. you가 주어이고 know는 완전타동사. the lady는 목적어. standing은 lady를 수식하는 형용사이고 over there는 부사구.

Lesson 58

14. you가 주어. see는 지각동사이고 the boy가 목적어이고 standing은 목적보어. 원형부정사가 오는 것이 원칙이지만 진행의 성격을 강조하기 위하여 현재분사를 쓰는 경우가 많음. over there는 부사구.

15. He가 주어. put off는 완전타동사구. going이 동명사로써 목적어. to Pusan은 부사구

16. you가 주어. mind는 완전타동사. sitting은 동명사로써 목적어이고 here는 부사

17. I가 주어. enjoy는 타동사. reading은 동명사로써 목적어이고 the article은 동명사의 목적어

18. I가 주어. am은 불완전자동사. sure는 형용사로써 주격보어. of being responsible for it은 형용사(sure)를 수식하는 부사구이고 being은 동명사로써 전치사 of의 목적어. responsible은 주격보어이고 being은 불완전자동사. for it는 responsible을 수식하는 부사구.

19. 앞의 문장과 같은 유형인데 동명사 being의 소유격 your가 있음.

분사와 동명사의 차이를 살펴봅시다. 동명사는 항상 명사(동사의 성격을 띈)의 역할을 하고 따라서 주어, 목적어, 보어의 역할만 합니다. 해석은 "하는 것" 으로 하며 직역에서는 절대 예외 없습니다. 분사는 부사나 형용사의 역할을 하며 (진행형을 만드는 것은 또 별개입니다.) 해석은 "하는, 하면서, 하기 때문에) 등으로 해석합니다. 영어의 문장에서 ing가 붙어있는 단어를 보았을 때 분사인지 동명사인지 구별하는 것은 대단히 중요합니다. following the example은 "그 예를 따르는 것" (동명사). the following example은 "그 뒤따르는(다음) 예" (분사). 이 경우에는 관사의 위치를 보면 쉽게 알 수 있습니다. 이렇게 쉽게 알아볼 수 있는 경우도 있고 어려운 경우도 있는데, 그럴 때는 두 가지로 다 해석해보고 자연스로운 쪽을 택해야 합니다. 자연스럽다는 말은 우리말로 자연스럽게 된다는 뜻도 되고 문법적으로 주어, 목적어, 보어 중의 하나인 명사로 씌었는지 부사나 형용사로 씌었는지를 판단하는 것입니다. killing lions는 동명사로 보면 "사자들을 죽이는 것"이고 분사로 보면 "죽이는 사자들"입니다. 이럴 경우는 문장의 구성을 보고 또 앞뒤의 논리 전개를 보고 판단해야 합니다. put off going :가는 것을 연기하다, enjoyed reading the article: 그 기사를 읽는 것을 즐겼다. (동명사) sure of being responsible (책임있는 것을 확신하는:being는 전치사 of의 목적어인 동명사) your being responsible (너의 책임있는 것 : being은 전치사 of의 목적어인 동명사)

Lesson 48부터 한영으로 복습해주세요.

Lesson59 관계대명사, 전치사 + 관계대명사 심층분석

1.The IMF is unhappy with the government's handling of the economy.

2.The trade barrier did not stop businesses from selling the car.

3.I know a new Korean restaurant that opened recently.

4.Let's give it a try.

5.I'm buying.

6.It's becoming harder to find others who share the belief.

7.The mother whose children work hard is happy.

8.This is the book (which) I bought yesterday.

9.I sympathize with the girl (whom) he raped.

10.The teacher by whom I am taught English is very kind.

11.The house in which he lives is very large.

12.This is the chair on which I sit.

13.The sculptures which you are looking at are masterpieces.

14.Weather reports are very important to people who plan the routes of ships and airplanes.

1.IMF는 정부의 경제의 처리에 대하여 불만이다.

2.그 무역 장벽이 사업체들이 그 차를 파는 것을 중단시키지는 않았다.

3.나는 최근에 개업한 새로운 한국 식당을 안다.

4.그것에게 시식을 주자.(그것을 시식해 보자)

5.내가 사고 있다. (내가 산다)

6.그 믿음을 공유하는 다른 사람들을 발견하는 것이 더 어려워지고 있다.

7.그의 자녀들이 열심히 일하는 어머니는 행복하다.

8.이것이 내가 어제 산 책이다.

9.나는 그가 강간한 그 소녀를 동정한다.

10.내가 (그에 의하여) 영어를 가르침 받는 그 선생님은 매우 친절하다.

11.그가 (그 안에) 사는 그 집은 매우 크다.

12.이것이 내가 그 위에 앉는 의자이다.

13.당신이 보고 있는 그 조각들은 걸작품들이다.

14.기상보도는 선박과 비행기의 항로를 계획하는 사람들에게 매우 중요하다.

Lesson 59

응용장문번역 문제

1. They do not rule out the possibility of Beijing using force to subjugate the island to its rule.
2. If the overall climate is one of distrust, what looks like a hedge to one side can look like a threat to the other.
3. China is trying to modernize its military, aided by its fast growing economy.
4. The 'genuinely conservative' Park administration is doing what liberal governments could not.
5. It is the first case in which corporate responsibility has been recognized widely in class-actions lodged by victims of online hacking incidents.
6. It defies our understanding that the government betrayed its promise of achieving fiscal balance next year and extended the target year to 2014.
7. It is hard to know why these suits occurred mainly when the Korean firms' market share began to rise noticeably.

응용장문번역 답

1. 그들은 베이징이 그 섬을 그것의 통치에 종속시키기 위하여 무력을 사용할 가능성을 배제하지 않는다.
2. 그 전반적인 분위기가 불신의 것이라면 한쪽 측에게 방지책으로 보이는 것이 다른 편에게는 위협같이 보일 수 있다.
3. 중국은 그것의 빠르게 성장하는 경제에 의하여 원조를 받아 그것의 군대를 현대화하려고 노력하고 있다.

해설강의

35과의 관계대명사, 관계부사 복습해주세요.

1. IMF가 주어. is는 불완전자동사. unhappy는 주격보어. with이하는 부사구. handling은 동명사로써 전치사의 목적어. of the economy는 handling을 수식하는 형용사구.

2. barrier가 주어. stop 완전타동사. businesses 목적어. from selling the car는 부사구이고 stop A from ~ing 는 A가 ~하는 것을 중단시키다 라는 의미의 숙어

3. I가 주어. know가 완전타동사. restaurant목적어. that는 관계대명사. open은 완전자동사. recently부사.

4. 주어 you가 생략된 명령문이고 let는 사역동사이고 목적어는 us이고 give는 원형부정사로써 목적격 보어이고 간접목적어 it와 직접목적어 a try를 취하는 수여동사이기도 함.

5. I가 주어. buy는 완전자동사

6. It는 가주어. become은 불완전자동사. harder는 주격보어이고 to find가 진주어이면서 완전타동사. others가 목적어. who는 관계대명사의 주격. share는 완전타동사. the belief는 목적어

7. The mother가 주어이고 whose는 관계대명사 소유격. children이 주어이고 work는 완전자동사. hard는 부사. is는 mother를 주어로 하는 불완전자동사이고 happy는 주격보어.

8. This가 주어이고 is는 불완전자동사이고 the book주격보어이고 관계대명사인 which의 선행사이고 which이하는 관계대명사가 이끄는 형용사절로써 which는 완전타동사 bought의 목적어. 관계대명사는 목적격으로 쓰일 때만 생략 가능함. I는 형용사절 내에서의 주어

9. I가 주어. sympathize with는 타동사구이고 the girl은 목적어. whom은 관계대명사로써 rape의 목적어. he가 주어.

10. teacher가 주어이고 by whom I am taught English는 주어를 수식하는 형용사절이고 is는 불완전자동사이고 kind는 형용사로써 주격보어. 형용사절 내에서는 I가 주어이고 am taught는 수동태이고 English는 taught의 목적어. by whom은 부사구.

11. The house가 주어이고 in which he lives는 주어를 수식하는 형용사절이고 is는 불완전자동사이고 large는 주격보어. 형용사절 내에서는 he가 주어이고 live는 완전자동사이고 in which는 부사구.

12. This가 주어이고 is는 불완전자동사이고 the chair는 주격보어이고 on which I sit는 주격보어를 수식하는 형용사절. 그 안에서는 I가 주어. sit는 완전자동사이고 on which는 부사구.

13. sculptures가 주어. which you are looking at는 주어를 수식하는 형용사절. are가 불완전자동사. masterpieces는 주격보어. 형용사절 내에서는 you가 주어이고 look at는 타동사구이고 which가 목적어.

14. reports가 주어. are는 불완전자동사. important는 주격보어. to people은 부사구. who plan the routes of ships and airplanes는 people을 수식하는 형용사절. 그 안에서는 who가 주어이고 plan은 완전타동사이고 route는 목적어이고 of ships and airplanes는 route를 수식하는 형용사구.

Lesson49부터 한영으로 복습해주세요.

Lesson60 관계대명사, 삽입절이 있는 문장

1.People who work outdoors are also concerned about the weather.

2.There are many coin-op laundries in the US that have coin-operated washers and dryers.

3.A lot of people use a substance (which) we all say we abhor.

4.Complaining was just about all (that) the opposition could do to the President.

5.Do you know the name of the tunnel the entrance of which we see over there?

6.There are some basic rules in the game without which you can not play it.

7.Emotions were high in Pakistan's National Assembly where lawmakers gathered to debate a motion on loan defaults.

8.There are rumours that this government is collapsing.

9.The President announced a plan to wipe out coca farms.

10.I want my lights and gas turned on.

I want my lights and gas tuned off.

1.밖에서 일하는 사람들도 날씨에 대하여 염려한다.

2.미국에는 동전으로 작동하는 세탁기와 드라이어가 있는, 많은 동전으로 작동하는 세탁소들이 있다.

3.많은 사람들이 우리가 모두 혐오한다고 말하는 물질을 사용한다.

4.불평하는 것이 야당이 대통령에게 할 수 있는 거의 전부였다.

5.당신은 우리가 저 너머에서 그것의 입구를 보는 그 터널의 이름을 압니까?

6.그 게임에는 그것이 없으면 그것을 할 수 없는 몇 가지 기본 규칙들이 있다.

7.국회의원들이 채무불이행에 대한 동의안에 대하여 토의하기 위하여 모인 파키스탄의 국회에서 감정이 높았다. (감정이 격앙되어 있었다)

8.이 정부가 붕괴하고 있다는 소문이 있다.

9.대통령은 코카 농장을 일소하기 위한 계획을 발표했 다.

10.나는 전기와 가스가 켜지기를 원한다.

나는 전기와 가스가 꺼지기를 원한다.

응용장문번역 문제

1. What do you think has happened in North Korea?
2. Whom do you think she loves?
3. We cannot but express our grave concerns about the North's latest underground atomic bomb explosion which it says was conducted near the town of Kilju in North Hamgyong Province on Monday.
4. What has made such brazenness possible were lawyerly maneuvering and a political truce.
5. Some pundits claim that the North has been increasingly resorting to saber-rattling tactics and nuclear blackmail in a desperate attempt to attract more attention from the Barack Obama administration which they believe is preoccupied with more pressing issues related to Afghanistan and Iran.
6. The Korean government plans to lodge a formal protest for what it sees as another attempt by Tokyo to reiterate its claims to Dokdo.

응용장문번역 답

1. 너는 북한에서 무엇이 발생했다고 생각하나?
2. 너는 그녀가 누구를 사랑한다고 생각하나?
3. 우리는 그것이 월요일 함경북도의 길주 마을 근처에서 실시되었다고 말하는 북한의 가장 최근의 지하 원자탄 폭발에 대한 우리의 중대한 우려를 표명하지 않을 수 없다.

해설강의

1. People이 주어. who work outdoors는 주어를 수식하는 형용사절. are also concerned수동태. about the weather는 부사구

2. There는 유도부사. are는 완전 자동사. laundries가 주어. in the U.S.는 부사구. that have coin-operated washers and dryers는 laundries를 수식하는 형용사절.

3. People이 주어. use는 타동사. a substance목적어. (which) we all say we abhor는 형용사절. 그 안에서 we all say는 삽입절. 그 안에서는 we all 이 주어이고 say는 완전타동사이고 we abhor which 가 say의 목적어. we all say we abhor the substance(우리 모두가 우리는 그 물질을 혐오한다고 말한다.)를 관계대명사가 이끄는 형용사절로 바꾸면 which we all say we abhor이 되고 우리말로는 (우리 모두가 혐오한다고 말하는)이 됩니다. we가 주어이고 abhor는 완전타동사이고 which는 목적어.
*abhor는 미국사람도 잘 모르는 어려운 단어입니다. 이 문장은"타임"지에서 발췌한 문장입니다.

4. Complaining이 주어. was가 불완전자동사이고 all이 주격보어. (that) the opposition could do to the President는 형용사절. the opposition은 주어이고 do는 타동사이고 that가 목적어이고 to the president는 부사구. that는 관계대명사로써 타동사 do의 목적어이므로 생략 가능.

5. you가 주어. know 가 타동사. the name 은 목적어. of the tunnel은 형용사구. the entrance of which we see over there는 형용사절인데 그 안에서 we가 주어이고 see가 완전타동사이고 entrance가 목적어이고 of which는 entrance를 수식하는 형용사구이고 which의 선행사는 tunnel이고 over there는 부사구. Do you know the name of the tunnel? We see the entrance of the tunnel over there. 를 합치면 (the entrance of the tunnel)이 (the entrance of which)로 바뀜. which는 we 앞으로 가야 하는데 the entrance of which 는 뗄 수 없습니다.

6. There는 유도부사. are 는 완전자동사. rules는 주어. in the game 부사구. without which you can not play it는 형용사절. 그 안에서 without which 는 부사구. you는 주어. play는 완전타동사. it 는 목적어.

7. Emotions가 주어. were는 불완전자동사. high는 주격보어. in Pakistan's National Assembly는 부사구. where lawmakers gathered to debate a motion on loan defaults. 는 형용사절. where는 관계부사. lawmakers는 주어. gather는 완전자동사. to debate는 부사구. motion은

debate의 목적어. on loan defaults는 motion을 수식하는 형용사구.

8. There는 유도부사. are는 완전자동사. rumours가 주어. that this government is collapsing는 동격인 명사절. that 는 접속사인데 동격의 명사절을 이끌기 때문에 등위접속사라고 함.

9. The President가 주어. announce는 완전타동사. a plan은 목적어. to wipe out coca farms는 형용사구이고 wipe out 는 완전타동사이고 coca farms은 목적어.

10. I가 주어. want 는 불완전타동사. lights and gas 가 목적어. turned on(off)는 목적보어.

Lesson 50부터 한영 복습해주세요.

등위접속사, 형용사절, 명사절

1.The attacks were in support of coca leaf growers who staged demonstrations.

2.How can you expect people who never respected our drug laws to enforce them now?

3.Who is the boy that swims in the pool?

4.He is the best friend that I have.

5.He is the only boy that I can trust.

6.Citizens captured a sex offender whose schemes authorities did not take seriously.

7.It is certain that we can not do it.

8.The fact that he stole the money can not be denied.

9.Do you know what your daughter did to him?

10.This is what she did.

11.I think I know who did it.

12.Whatever he buys is interesting.

13.Whatever book he buys is interesting.

14.You may choose whichever you like.

15.You may choose whichever book you like.

1.그 공격은 시위를 벌이는 코카잎 재배자들의 지지 속에서였다. (지원하기 위해서였다)

2.어떻게 당신은 우리의 마약법을 결코 존중하지 않았던 사람들이 이제 그것들을 (그 법들을) 집행할 것으로 기대할 수 있나?

3.수영장에서 수영하는 저 소년은 누구인가?

4.그는 내가 갖고 있는 가장 좋은 친구이다.

5.그는 내가 신뢰할 수 있는 유일한 소년이다.

6.시민들이 당국이 그의 계획을 심각하게 여기지 않았던 성범죄자를 잡았다.

7.우리가 그것을 할 수 없다는 것은 분명하다.

8.그가 그 돈을 훔쳤다는 사실은 부인될 수 없다.

9.당신은 당신의 딸이 그에게 무엇을 했는지 압니까?

10.이것이 그녀가 한 것이다.

11.나는 누가 그것을 했는지 안다고 생각한다.

12.그가 사는 무엇이든 흥미있다.

13.그가 사는 어떤 책이든지 재미있다.

14.너는 네가 좋아하는 어떤 것이든지 선택해도 좋다.

15.너는 네가 좋아하는 어떤 책이든지 선택해도 좋다.

응용장문번역 문제

1. The United States still disagrees on how to solve the continuing problem of agricultural overproduction.
2. Prosecution needs the proven fact that counterfeits have actually resulted in injuries or death.
3. There are growing fears that the world cannot contain global warming without taking revolutionary measures.

4. The ex-leader, who spent years in prison for his military coup d'etat of 1979 and massacre in Gwangju in the following year which brought him to power as well as bribery and corruption while he ruled the country from 1981-87, has flouted law and justice by refusing to pay the fines, saying his entire fortune was "290,000 won."
5. U.S. President Barack Obama has scrapped plans to hold a bilateral summit with Russian President Vladimir Putin following Moscow's decision to grant asylum to whistle blower Edward Snowden.

응용장문번역 답

1. 미국은 농업 과잉 생산의 지속적인 문제를 해결하는 방법에 대하여 여전히 동의하지 않는다.
2. 기소는 위조품들이 부상이나 사망의 결과를 실제로 가져왔다는 입증된 사실을 필요로 한다.
3. 세계가 혁명적인 조처를 취하지 않고는 지구 온난화를 억제할 수 없다는 커지는 두려움이 있다.

해설강의

1. The attacks가 주어. were완전자동사. in support 부사구. of coca leaf growers는 support를 수식하는 형용사구. who staged demonstrations는 grower를 수식하는 형용사절이고 who가 주어이고 stage는 완전타동사이고 demonstrations는 목적어.

2. How는 부사. you가 주어. expect는 불완전타동사. people이 목적어이고 to enforce가 목적보어이고 them은 완전타동사인 enforce의 목적어. who never respected our drug laws는 people을 수식하는 형용사절이고 who가 주어이고 respect는 완전타동사이고 laws가 목적어.

3. the boy가 주어이고 is는 불완전자동사이고 who는 주격보어이고 that swims in the pool은 boy를 수식하는 형용사절이고 that는 관계대명사로써 주어이고 swim은 완전자동사이고 in the pool은 부사구.

*선행사가 the boy이기 때문에 who를 쓰는 것이 일반적이나 앞에 who를 이미 썼기 때문에 중복을 피하기 위하여 that를 씀.

4. He가 주어. is는 불완전자동사이고 the best friend는 주격보어이고 that I have는 friend를 수식하는 형용사절로서 I가 주어이고 have는 완전타동사이고 that 는 목적어로써 생략가능함. 선행사에 best 나 only가 있으면 관계대명사는 that를 씀.

5. He가 주어. is는 불완전자동사이고 the only boy는 주격보어이고 that I can trust는 boy를 수식하는 형용사절로서 I가 주어이고 trust는 완전타동사이고 that가 목적어로써 생략가능함.

6. Citizens가 주어이고 capture는 완전타동사이고 a sex offender가 목적어이고 whose schemes authorities did not take seriously는 형용사절로써 whose schemes가 목적어이고 authorities가 주어이고 take는 완전타동사.

7. It는 가주어이고 is는 불완전자동사이고 certain은 주격보어이고 that we can not do it가 진주어로써 "우리가 그것을 할 수 없다는 것"으로 해석. we가 주어이고 do가 완전타동사이고 it 는 목적어.

8. The fact가 주어. be denied는 수동태이고 that he stole the money 는 동격인 명사절로써 "――라는 사실"로 번역함. 이때 that는 접속사. 이 that를 관계대명사로 보고 그 이하를 형용사절로 볼 수 없나요? 관계대명사는 형용사절 안에서 주격, 목적격, 소유격으로 쓰일 수 있는데 he stole the money가 주어, 목적어, 완전타동사가 완전히 갖추어져 있으므로 that는 관계대명사가 아닙니다. 관계부사로 본다면? that는 관계부사로는 못쓰고

접속사나 관계대명사로만 쓸 수 있습니다. 이 경우에 that를 등위접속사라고 합니다.

9. you가 주어이고 know는 완전타동사이고 what your daughter did to him이 목적어에 해당되는 명사절이고 your daughter가 주어이고 did가 완전타동사이고 what 이 목적어이고 to him은 부사구이고. what 은 의문사로써 "무엇을, --것" 두 가지로 해석해보고(당신 딸이 무엇을 했는지, 당신 딸이 한 것) 듣기 좋은 쪽을 택해야 함.

10. This가 주어. is가 불완전자동사 what she did가 명사절로써 주격보어이며 "그녀가 한 것" "그녀가 무엇을 했는지" 중에서 선택. she가 주어이고 did는 완전타동사이고 what이 목적어.

11. I가 주어. think는 완전타동사. 접속사인 that가 생략되어 있음. I know who did it는 명사절로써 목적어이고 I가 주어이고 know가 완전타동사이고 who did it가 명사절로써 목적어이며 "누가 그것을 했는지"와 "그것을 한 사람" 중에서 선택. who가 주어이고 did가 완전타동사이고 it가 목적어.

12. Whatever he buys가 명사절로써 주어이며 ("그가 사는 무엇이든지," 가 자연스러움) is가 불완전자동사이며 interesting은 주격보어이다. 명사절 안에서는 he가 주어이고 buy가 완전타동사이며 whatever가 목적어

13. Whatever book he buys가 명사절로써 주어이며 "그가 사는 어떤 책이든지" is가 불완전자동사이고 interesting은 주격보어. 명사절에서는 he가 주어이고 buy가 완전타동사이고 whatever book이 목적어.

14. You가 주어 choose가 완전타동사. whichever you like는 명사절로써 목적이며 "네가 좋아하는 어떤 것이든지"가 자연스러움. you가 주어이고 like는 완전타동사이고 whichever가 목적어.

15. You가 주어. choose가 완전타동사이고 whichever book you like가 명사절로써 목적어이며 "네가 좋아하는 어떤 책이든"이 자연스러움. you가 주어이고 like는 완전타동사이고 whichever book은 목적어.

lesson 51부터 한영복습해주세요.

Lesson62 종속절, 주절, 복문, 단문

1.Lend this money to whomever you trust.

2.It is he that is to blame.

3.I don't care what you think.

4.May I ask what this is about?

5.Could you tell me what the regular fare is between Los Angeles and New York?

6.Whose finger was on the button almost defined electoral success.

7.Compare what you have done with what you have seen.

8.Why this is a problem was dramatically illustrated when keynoter Susan was ousted as a former marijuana user.

9.The question is who will reach there first.

10.It is a mystery to me how they can live together when they no longer love each other.

11.There are various problems the solution of which is hopeless.

12.Is this the man of whom you spoke yesterday?

1.이 돈을 네가 신뢰하는 누구에게나 빌려주어라.

2.비난해야 할 사람은 그 사람이다.

3.나는 네가 무엇을(어떻게) 생각하든 상관하지 않는다.

4.이것이 무엇에 대하여서인지 내가 물어도 되니? (왜 이러는지 물어도 되니?, 무슨 일인지 물어도 되니?)

5.당신은 저에게 로스앤젤레스와 뉴욕 사이의 정규 요금이 얼마인지 말해줄 수 있습니까?

6.누구의 손가락이 그 단추 위에 있느냐가 선거 승리를 거의 규정지었다. (결정지었다)

7.당신이 한 것을 당신이 본 것과 비교하라.

8.이것이 왜 문제인가 하는 것은 기조 연설가 수전이 이전 마리화나 사용자로서 축출되었을 때 극적으로 나타났다.

9.문제는 누가 거기에 먼저 도착할 것인가이다.

10.그들이 더 이상 서로 사랑하지 않을 때 어떻게 함께 살 수 있는가 하는 것은 나에게는 미스테리이다.

11.그것의 해결이 희망 없는 다양한 문제들이 있다.

12.이 분이 어제 네가 그분에 대하여 말한 그분인가?

응용장문번역 문제

1. Korea currently meets 99 percent and 53 percent of its demands for rice and barley, respectively, through domestic production but its self-sufficiency ratios for wheat and corn are a meager 0.2 percent and 0.8 percent, which is behind the 38-percent jump in the nation's grain bill last year despite the 2.6-percent drop in import volume.
2. The recovery procedure started too late, which means it must be all the more thorough.
3. White House press secretary Jay Carney says there was not enough progress in the bilateral agenda between the two countries to hold a summit meeting in September and said that the whistle blower was a big factor contributing to the decision.
4. Korea's annual spending on English education is estimated at 22 trillion won and the lion's share of this is judged to be private expenses shouldered by households..
5. Kenya is a republic where the citizens elect their leaders and that's what they did yesterday and this comes after a new constitution was passed in 2010 and is the most complex election in Kenya's history.

응용장문번역 답

1. 한국은 국내 생산을 통하여 쌀과 보리에 대한 그것의 수요의 99퍼센트와 53퍼센트를 각각 현재 충족시키지만 밀과 옥수수에 대한 그것의 자급률은 빈약한 0.2퍼센트와 0.8퍼센트인데 그것이 수입 물량에 있어서의 2.6 퍼센트 하락에도 불구하고 작년에 그 나라의 곡식 비용에 있어서의 38퍼센트 급등의 배후에 있다.

해설강의

1. 주어 you가 생략된 명령문. Lend가 완전타동사이고 money가 목적어이고 to이하는 부사구이며 whomever you trust는 전치사 to 의 목적어인 명사절이며 "네가 신뢰하는 누구에게라도"라고 번역. you가 주어이고 trust는 완전타동사이며 whomever가 목적어.

2. It is --that 강조용법. he가 주어이고 is는 완전자동사이고 to blame은 부사구인데 he is to blame에서 he를 강조하기 위하여 쓰는 문장. to be blamed라고 하는 것이 논리적으로 맞겠지만 이렇게 씁니다. '마실 물'이라고 할 때 water to drink.라고 하는 것과 마찬가지.

3. I가 주어이고 care는 완전타동사이고 what you think가 목적어에 해당되는 명사절인데 "네가 생각하는 것, 내가 무엇을 생각하든"이 직역이고 "네가 어떻게(어떤) 생각하든"이 의역. you가 주어 think는 완전타동사이고 what이 목적어.

4. I가 주어이고 ask 는 완전타동사이고 what this is about는 목적어에 해당되는 명사절인데 "이것이 무엇에 대해서인지"로 번역. this가 주어이고 is는 완전자동사 about what 은 부사구.

5. you가 주어이고 tell은 수여동사이고 me는 간접목적이고 what the regular fare is (정규요금이 얼마인지) between Los Angeles and New York는 직접목적어에 해당되는 명사절인데 regular fare가 주어이고 is는 불완전자동사이고 what이 주격보어이며 between Los Angeles and New York는 fare를 수식하는 형용사구.

6. Whose finger was on the button (누구의 손가락이 그 단추 위에 있는지) 이 주어에 해당되는 명사절이고 define이 완전타동사이고 electoral success가 목적어인데 명사절 내에서는 whose finger가 주어이고 was는 완전자동사이고 on the button은 부사구.

7. 주어인 you가 생략된 명령문인데 compare가 완전타동사이고 what you have done(네가 한 것, 네가 무엇을 했는지 중에서 선택)이 목적어에 해당되는 명사절인데 you가 주어이고 done이 완전타동사이고 what이 목적이며 with what you have seen("네가 본 것". "네가 무엇을 보았는지"

중에서 선택)는 부사구이며 with는 전치사이고 what you have seen은 전치사의 목적어인 명사절인데 you가 주어이고 seen은 완전타동사이고 what은 목적어.

주의사항

이 문장은 35과에서 공부한 전치사+관계대명사의 문장과 다릅니다. 이때 what은 선행사가 없는 복합관계대명사이고 what you have seen은 형용사절이 아니고 with의 목적어인 명사절입니다. 전치사+관계대명사가 있는 문장은 선행사를 수식하는 형용사절입니다. 잘 모르시겠는 분은 35과를 잘 복습해주세요.

8. Why this is a problem (왜 이것이 문제인지, 이것이 문제인 이유 중 선택)가 주어인 명사절이고 was dramatically illustrated 는 수동태이고 when은 접속사이고 keynoter Susan이 주어이고 was ousted는 수동태이며 as a former marijuana user는 부사구이며 명사절 내에서 this가 주어이고 is는 불완전자동사이고 problem은 주격보어이고 why는 접속사.

9. The question이 주어이고 is는 불완전자동사이고 who will reach there first (누가 거기에 처음 도착할지, 거기에 처음 도착할 사람 중 선택)는 주격보어에 해당되는 명사절인데 who가 주어이고 reach는 완전자동사이고 there는 부사이고 first는 부사.

10. It는 가주어. is는 불완전자동사. a mystery주격보어. to me부사구. how they can live (어떻게 그들이 살 수 있는지, 그들이 살 수 있는 방법 중 선택)는 진주어이고 when은 접속사이고 they는 주어. no longer는 부사구. love는 완전타동사이고 each other는 목적어인데 진주어 내에서는 they가 주어이고 live는 완전자동사이고 how는 접속사.

11. There는 유도부사이고 are는 완전자동사이고 problems은 주어이고 the solution of which is hopeless(그것의 해결이 희망 없는)는 problem을 수식하는 형용사절인데 the solution이 주어이고 is는 불완전자동사이고 hopeless는 주격보어이고 of which는 solution을 수식하는 형용사구.

12. Is는 불완전자동사. this는 주어이고 the man은 주격보어이고 of

whom you spoke(그에 대하여 당신이 말한)는 형용사절인데 you가 주어이고 spoke는 완전자동사이고 of whom은 부사구.

lesson52부터 한영복습해주세요.

Lesson 62

Lesson63 종속절, 주절, 복문, 단문

1. The book the cover of which is red is mine.
2. This is the man with whom John lives.
3. This is the cat by which the rat was killed.

4. There are persons without whom a society cannot last very long.
5. It is true that he is poor but smart.
6. I think it true that he is poor but smart.
7. I think it is true that he is stupid and rich.
8. Who he is is not known to all.

9. Who he is is not known to anybody.
10. There was not a girl that was not kind.
11. He is not such a man as tells a lie.
12. He has as many books as you have.
13. I have the same watch as you have.
14. It is natural that you be disappointed at not passing the exam.
15. When you are going to do anything, keep it in mind that you should do your best.

1. 그것의 표지가 빨간 책은 나의 것이다.
2. 이분이 존이 그와 함께 사는 사람이다.
3. 이것이 그것에 의하여 그 쥐가 살해당한 고양이이다.
(이것이 그 쥐를 죽인 고양이이다.)
4. 그들이 없으면 사회가 매우 오래 지속될 수 없는 사람들이 있다.
5. 그가 가난하지만, 똑똑하다는 것은 사실이다.
6. 나는 그가 가난하지만 똑똑한 것은 사실이라고 생각한다.
7. 나는 그가 멍청하고 부자라는 것은 사실이라고 생각한다.
8. 그가 누구인지는 모두에게 알려져 있지는 않다. (부분부정)
9. 그가 누구인지는 누구에게도 알려져 있지 않다. (전체부정)
10. 친절하지 않는 소녀가 없었다.
11. 그는 거짓말하는 그런 사람이 아니다.
12. 그는 당신이 갖고 있는 것만큼 많은 책을 갖고 있다.
13. 나는 네가 갖고 있는 것과 똑같은 시계를 갖고 있다.
14. 당신이 그 시험에 통과하지 못한 것에 실망하는 것은 당연하다.
15. 어떤 것이라도 하려고 할 때 최선을 다해야 한다는 것을 명심해라.

응용장문번역 문제

1. The person you have given this information to then enters it into a computerized database.
2. Now that it is clear that the United States is in recession, the debate has moved on to whether it will be short and shallow or long and deep.

3. It is to reaffirm that such concepts as law and justice have not completely disappeared in this country, which has become a playground for lawbreakers and all other kinds of foul players.
4. The nuclear power plant's operator says it expects it'll take over 40 years and 11 billion U.S. dollars to clean up the aftermath of the disaster.
5. Confrontation over the three elements of cooperation, over which South Korea had persistently demanded resolution since late 2004 when South Korean companies began moving into the complex, has finally found some breathing room.

응용장문번역 답

1. 당신이 이 정보를 준 그 사람은 그런 다음 그것을 전산화된 데이터베이스에 입력시킨다.
2. 미국이 침체 속에 있는 것이 분명한 지금(이제 미국이 침체 속에 있는 것이 분명하기 때문에), 그 토론은 그것이 짧고 얕을지 길고 깊을지로 옮겨갔다.

해설강의

1. The book이 주어이고 the cover of which is red가 형용사절 (그것의 뚜껑이 빨간)이고 is는 불완전자동사이고 mine은 주격보어인데 형용사절 내에서 cover가 주어이고 of which는 cover를 수식하는 형용사구이고 is 는 불완전자동사이고 red는 주격보어.

2. This가 주어이고 is는 불완전자동사이고 the man은 주격보어이고 with whom John lives(존이 그와 함께 사는)는 형용사절이고 그 안에서 with whom은 부사구이고 John이 주어이고 live는 완전자동사.

3. This가 주어이고 is는 불완전자동사이고 the cat은 주격보어이고 by which the rat was killed (그것에 의하여 그 쥐가 살해된)는 형용사절인데 the rat가 주어이고 was killed는 수동태이고 by which는 부사구.

4. There 는 유도부사이고 are가 완전자동사이고 persons가 주어이고 without whom a society can not last very long(그가 없으면 사회가 매우 오래 지속될 수 없는)은 형용사절인데 without whom은 부사구이고 society는 주어이고 last(지속되다)는 완전자동사이고 very long은 부사.

5. It는 가주어. is는 불완전자동사. true는 주격보어. that he is poor but smart(그는 가난하지만 똑똑하다는 것)가 진주어인데 he가 주어 is는 불완전자동사. poor와 smart는 주격보어. but는 접속사.

6. I가 주어. think는 불완전타동사. it는 가목적어. true는 목적보어. that he is poor but smart가 진목적어.

7. I가 주어. think는 완전타동사이고 it is true that he is stupid and rich 는 목적에 해당되는 명사절인데 그 안에서 it는 가주어 is는 불완전자동사이고 true는 주격보어이며 that he is stupid and rich(그가 멍청하고 부유하다는 것)는 진주어인데 그 안에 he는 주어이고 is는 불완전자동사이고 stupid and rich는 주격보어. 6번과 7번이 같지 않느냐는 질문을 많이 받습니다. 뜻은 같지만 문장패턴이 다릅니다. 귀찮아하지 말고 양쪽 패턴을 다 이해하고 암기해주세요.

8. Who he is (그가 누구인가 하는 것)가 주어에 해당되는 명사절인데 he 가 주어 is는 불완전자동사이고 who는 주격보어이고 is not known은 수동태이고 to all은 부사구.

9. 마찬가지 패턴.

10. There는 유도부사. was는 완전자동사이고 girl은 주어이며 that was not kind는 형용사절인데 that는 관계대명사의 주격이고 was는 불완전자동사이고 kind는 주격보어. 이때 that가 아니고 who가 아닌지 물어보시

는 분이 많은데 강조의 성격이 있어서 that를 씁니다. 미국인 두 사람에게 확인한 내용입니다.

11. He가 주어. is는 불완전자동사. such는 형용사. a man은 주격보어이고 as는 man을 선행사로 하는 관계대명사의 주격이고 tells는 완전타동사이고 a lie는 목적어.

12. He가 주어. has는 완전타동사. as many books가 목적어이고 뒤의 as는 books를 선행사로 하는 관계대명사 목적격으로써 완전타동사 have의 목적어. (앞의 as는 지시부사, 뒤의 as는 접속사로도 볼 수 있음)

13. I가 주어이고 have는 완전타동사이고 the same watch가 목적어이고 as는 watch를 선행사로 하는 관계대명사 목적격으로써 완전타동사 have의 목적어.

14. It는 가주어이고 is는 불완전자동사이고 natural은 주격보어이고 that 이하가 진주어인데 you가 주어이고 should가 생략되어 있음. 이런 문형에서 주절에 natural, suggest, recommend등이 있으면 조동사 should를 생략함. be disappointed는 수동태 at not passing the exam는 부사구인데 passing은 전치사 at 의 목적어인 동명사.

15. When은 두 문장을 연결하는 접속사이고 you가 주어이고 do가 완전타동사이고 anything은 목적어이며 주절에서는 주어 you가 생략된 명령문이고 keep는 완전타동사이고 it는 가목적어이고 in mind는 부사구이고, that이하가 진목적어인데(최선을 다해야 한다는 것) you가 주어이고 do가 완전타동사이고 best가 목적어임.

lesson 53부터 한영복습해주세요.

종속절, 주절, 복문, 단문

1.I took it for granted that he would marry her.

2.It grew so hot that we turned on the air conditioner.

3.It was when I was attending a pop concert that I saw her for the first time.

4.Political analysts are just as convinced that Clinton will beat Dole as they were that Reagan would beat Mondale.

5.The soldiers were lining up for dinner when they were attacked.

6.I don't know when he will return.

7.Do you know why he cannot come?

8.His father died on the day when he was born.

9.I don't know the name of the town where he went.

10.Drop by my house when you happen to be in the neighborhood.

11.Put back the book where you found it.

12.He showed me how he had succeeded.

1.나는 그가 그녀와 결혼하리라는 것을 당연히 여겼다.

2.날씨가 너무 더워져서 우리는 에어컨을 켰다.

3.내가 그녀를 처음 본 것은 내가 팝 콘서트에 참석하고 있을 때였다.

4.정치 분석가들은 레이건이 먼데일을 무찌를 것이라고 확신했던 것과 똑같이 클린턴이 도울을 무찌를 것이라고 확신한다.

5.그 군인들은 공격당했을 때 저녁 식사를 위하여 줄 서고 있었다.

6.나는 그가 언제 돌아올지 모른다.

7.너는 왜 그가 올 수 없는지 아니?

8.그의 아버지는 그가 태어난 날에 죽었다.

9.나는 그가 간 그 마을의 이름을 모른다.

10.당신이 우연히 이 동네에 있게 될 때 우리 집에 들르세요.

11.그 책을 네가 그것을 발견한 곳에 도로 놓아라.

12.그는 자신이 성공한 방법을 나에게 보여주었다.

응용장문번역 문제

1. It is the lack of education by parents and schools that helps to make these beliefs all the more true to a young person.
2. The magazine claimed the world could face its worst food crisis in three decades, citing industrial countries with grain self-sufficiency ratios of over 100 percent securing more grain.

3. The reason why the law enforcement authorities must do all they can to force the general-turned-president to pay unsettled penalties of 162.7 billion won is not just for helping to ease popular resentment.
4. Authorities in Yemen say they have foiled a major al-Qaeda plot to blow up oil and gas export facilities and capture two of the country's main ports.
5. Most of the blame must be placed on Seoul City that should have halted work at the construction site.
6. Pushing ahead with what could end up as a permanent environmental disaster for short-term gains would be one of the dumbest things a government can do.

응용장문번역 답

1. 이 믿음들을 한 젊은 사람에게 더욱 더 참되게 만들도록 돕는 것은 부모와 학교에 의한 교육의 부재이다.
2. 그 잡지는 더 많은 곡식을 확보하는 100퍼센트 이상의 곡식 자급률을 가진 선진국들을 인용하면서 세계가 삼십년 내에 그것의 최악의 식량위기를 직면할 수 있을 것이라고 주장했다.

해설강의

1. I가 주어. took는 완전타동사. it는 가목적어. for granted는 부사구. that이하가 진목적어. he가 주어. marry는 완전타동사. her는 목적어.

2. It는 관용어법으로 주어이며 날씨, 온도를 가리킴 grew는 불완전자동사이고 hot는 주격보어이고 so는 부사이며 that이하는 부사절 we가 주어이고 turned on 은 타동사구이며 air conditioner가 목적어.

3. It는 가주어, that이하가 진주어인데, when I was attending a pop concert를 강조하기 위한 용법이고, was는 불완전자동사. when이하는 주격보어에 해당하는 명사절로 볼 수도 있고, was를 완전자동사로 보고 when이하를 부사절로 볼 수도 있음. I가 주어. attend 는 완전타동사. pop concert는 목적어. that이하가 진주어. I가 주어. saw는 완전타동사. her는 목적어. for the first time은 부사구. I saw her for the first time when I was attending a pop concert.를 강조하는 문장.

4. Political analysts가 주어이고 are just as convinced는 수동태. 이 문장을 능동으로 바꾸어서 분석해보면 They convince political analysts that Clinton will beat Mondale.(just as는 어떻게 처리해야 할지 제가 잘 모릅니다. 용서해주세요)로 해서 that이하는 수여동사인 convince의 직접목적어에 해당되는 명사절. 간접목적어는 analysts가 됩니다. 그 이하에서는 Clinton이 주어. beat는 완전타동사. Dole은 목적어. as는 접속사. they가 주어. were 다음에 convinced가 생략된 수동태. that이하는 convince의 목적어에 해당되는 명사절. 그 명사절 안에서는 Reagan이 주어. beat는 완전타동사. Mondale이 목적어.

5. The soldiers가 주어. line up은 완전자동사. for dinner는 부사구. were attacked는 수동태.

6. I가 주어. know는 완전타동사이고 그 이하는 명사절로써 목적어에 해당되며 when은 접속사이고 he가 주어. return은 완전자동사.

7. you가 주어이고 know는 완전타동사이고 그 이하가 명사절로써 목적어에 해당되며 why가 접속사이고 he가 주어이고 come은 완전자동사.

8. father가 주어이고 died는 완전자동사이고 on the day는 부사구이며 그 이하는 day를 수식하는 형용사절이고 when 은 관계부사이고 he가 주어이고 was born은 수동태.

9. I가 주어. know는 완전타동사이고 the name이 목적어이고 of the town은 name을 수식하는 형용사구이고 where이하는 town을 수식하는 형용사절이고 where는 관계부사이고 he가 주어이고 went는 완전자동사.

10. 주어 you가 생략된 명령문이고 Drop은 완전자동사이고 by my house 는 부사구이고 drop by를 타동사구로 보고 house를 목적어로 볼 수 있음. when은 접속사이고 you가 주어이고 happen은 불완전자동사이고 to be 는 주격보어이고 in the neighborhood는 부사구.

11. 주어 you가 생략된 명령문이고 Put는 완전타동사이고 back은 부사이 고 the book은 목적어이고 where you found it이하는 부사절이고 where 는 접속사이고 you가 주어이고 found는 완전타동사이고 it는 목적어.

12. He가 주어이고 show는 수여동사이고 me는 간접목적어이고 how he had succeeded는 직접목적어이며 how는 접속사이고 he가 주어 succeeded는 완전자동사

lesson 54부터 복습해주세요.

Lesson65 종속절, 주절, 복문, 단문

1.The exact time when the murder had been committed was never found out.

2.I don't know why he cut the class.

3.I don't know where it took place.

4.This is where it happened.

5.I went to the seaside where the scenery was very beautiful.

6.I went to New York, where I saw Mr. Kim.

7.I went to New York last year, when I saw Mr. Kim.

8.He showed me how he could speak English well.

9.This is why I cannot agree with you.

10.It was this house that John bought last year.

11.It was last year when John bought this house.

12.It was John that bought this house.

13.I started from where she lived.

14.I took him where she lived.

15.He decided to give her the flower whether she liked it or not.

1.그 살인이 저질러진 정확한 시간은 결코 발견되지 않았다.

2.나는 왜 그가 수업을 빼먹었는지 모른다. (그가 수업을 빼먹은 이유를 모른다.)

3.나는 어디에서 그것이 일어났는지 모른다. (나는 그것이 일어난 장소를 모른다.)

4.이것이 그것이 발생한 곳이다.

5.나는 경치가 매우 아름다운 해변으로 갔다.

6.나는 뉴욕으로 갔는데, 그곳에서 미스터 김을 보았다.

7.나는 작년에 뉴욕에 갔는데, 그때 미스터 김을 보았다.

8.그는 나에게 자신이 영어를 잘 말할 수 있는 방법을 보여주었다. (어떻게 영어를 잘 말할 수 있는지 보여 주었다.)

9.이것이 내가 당신과 동의할 수 없는 이유이다. (이것이 왜 내가 당신과 동의할 수 없는가이다)

10.존이 작년에 산 것은 이 집이었다.

11.존이 이 집을 산 것은 작년이었다.

12.이 집을 산 사람은 존이었다.

13.나는 그녀가 사는 곳으로부터 출발했다.

14.나는 그를 그녀가 사는 곳으로 데려갔다.

15.그는 그녀가 그것을 좋아하든 않든 그녀에게 그 꽃을 주기로 결정했다.

응용장문번역 문제

1. When you purchase computer software, you purchase it with the understanding that it will be for use on a single computer.

2. The medical technologies for organ transplants have developed remarkably in recent years, and major hospitals in Korea have achieved nearly 90 percent success in living- donor transplants of livers but there is serious difficulty in finding donors, so hundreds of Koreans are reported to be going to China each year to have operations in which they get livers from cadavers.

3. Chun Doohwan's children, who are neither successful businesspeople nor professionals, are said to have hundreds of millions of dollars.

4. It comes amid growing fears about the revival of U.S. protectionism that many argue is now protecting major U.S. enterprises from their global rivals.

응용장문번역 답

1. 컴퓨터 소프트웨어를 구매할 때 그것이 단 하나의 컴퓨터 위에서의 사용을 위해서일 것이라는 이해와 함께 그것을 구매한다.

2. 장기 이식을 위한 의료 기술이 최근 여러 해에 괄목할 만하게 발전했고 한국의 대형 병원들은 간의 살아있는 기증자 이식에 있어서 거의 90% 성공을 달성했지만 기증자를 찾는 것에 있어서 심각한 어려움이 있어서 수백명의 한국인들이 그들이 시체로부터 간을 얻는 수술을 받기 위하여 매년 중국으로 가고 있다고 보도된다.

해설강의

1. The exact time이 주어이고 관계부사 when이하는 주어를 수식하는 형용사절이며 그 안에서 the murder가 주어이고 had been committed는 수동태이고 was never found out는 주어의 수동태.

2. I가 주어. know가 완전타동사이고 why he cut the class는 목적어에 해당되는 명사절이고 why는 접속사이고 he가 주어이고 cut는 완전타동사이고 class는 목적어.

3. I가 주어이고 know가 완전타동사이고 where는 접속사이고 그 이하가 목적어에 해당되는 명사절로써 it가 주어이고 took place는 완전자동사.

4. This가 주어이고 is는 불완전자동사이고 where 이하하는 주격보어에 해당되는 명사절이고 접속사 where 이하에서는 it이 주어이고 happen은 완전자동사.

5. I가 주어이고 went는 완전자동사이고 to the seaside은 부사구이고 관계부사 where이하는 seaside를 수식하는 형용사절이고 그 안에서 the scenery가 주어이고 was는 불완전자동사이고 beautiful은 주격보어.

6. I가 주어이고 went는 완전자동사 to New York은 부사구이고 관계부사인 where이하는 형용사절이며 그 이하에서 I는 주어. saw는 완전타동사이고 Mr.Kim은 목적어.

7. I가 주어. went는 완전자동사이고 to New York은 부사구이고 last year도 부사구이며, 관계부사 when이하는 year를 수식하는 형용사절이고 I가 주어이고 saw는 완전타동사이고 Mr. Kim이 목적어.

8. He가 주어. show는 수여동사이고 me는 간접목적어이고 how 이하는 직접목적어에 해당되는 명사절이고 he가 주어이고 speak는 완전타동사이고 English는 목적어이고 well은 부사.

9. This가 주어이고 is는 불완전자동사이고 why이하는 명사절인 주격보어이며 I가 주어 agree with는 완전타동사구이고 you가 목적어.

10. It-that강조용법으로써 John bought this house last year에서 this house를 강조하기 위하여 이런 패턴을 썼음.

11. 마찬가지로 last year를 강조하기 위하여 이런 패턴을 썼음. that로 쓰면 안되나?라는 질문이 많아서 미국인에게 물어봤더니 그렇게 하면 어색하답니다.

12. I가 주어이고 start는 완전자동사이고 from는 부사구인데 where she lived(그녀가 사는 곳: 살았던 곳으로 할 수 있으나 시제의 일치의 원칙에 따라서 주절이 과거이기 때문에 현재로 번역해야함.)는 전치사 from의 목

적어에 해당되는 명사절. she lived는 완전자동사.

14. I가 주어이고 took는 완전타동사이고 him은 목적어이고 where she lived는 장소를 말하는 부사절이며 그 안에서 she가 주어이고 lived는 완전자동사.

15. He가 주어이고 decided는 완전타동사이고 to give는 목적어에 해당되는 명사구이고, give는 간접목적어인 her와 직접목적어인 the flower가 있으므로 수여동사이고, whether she liked it or not는 부사절이며, she가 주어. like는 완전타동사이고 it는 목적어

lesson 55부터 복습해주세요.

Lesson66 종속절, 주절, 복문, 단문

1.No sooner had she seen him than she turned and ran away.

2.I will never forget this as long as I live.

3.Let me know the time of your arrival so that I can meet you at the station.

4.I took every precaution lest I should fail again.

5.He was such an honest man that everybody trusted him.

6.However hard you may try, you could never master English in a year.

7.No matter how hard you may try, you could never master English in a year.

8.The more you know him, the more you will like him.

9.He was preparing what he suspected would be the most important announcement in a decade.

10.He used to come here last year.

11.He is used to coming here.

12.A car is used to come here.

13.The professor is preparing an entrance examination.

14.The student is preparing for an entrance examination.

1.그녀는 그를 보자마자 돌아서서 달아났다.

2.나는 살아있는 한 이것을 결코 잊지 않을 것이다.

3.내가 정거장에서 당신을 만날 수 있도록 내가 당신의 도착시간을 알게 해주세요.

4.나는 다시 실패하지 않도록 모든 사전 주의를 다 기울였다.

5.그는 너무나 정직한 사람이어서 누구나 그를 신뢰했다.

6.아무리 열심히 노력하더라도 일년 내에 결코 영어를 매스터하지 못할 것이다.

7.아무리 열심히 노력하더라도 일년 내에 결코 영어를 매스터하지 못할 것이다.

8.그를 더 많이 알수록 더 그를 좋아하게 될 것이다.

9.그는 십년 만에 가장 중요한 발표가 될 것이라고 추측하는 것을 준비하고 있었다.

10.그는 작년에 여기에 오곤 했다.

11.그는 여기에 오는 것에 익숙하다.

12.이곳에 오기 위하여 자동차가 사용된다.

13.그 교수는 입학 시험을 준비하고 있다.

14.그 학생은 입학 시험에 대비하고 있다.

Lesson 66

응용장문번역 문제

1. Once installed on that system, it is not to be loaded on any other computer.

2. Researchers and pharmacologists around the world are working on amazing new drugs, but their efforts are undermined by the murderous opportunists who fake legitimate products.

3. We hope he meant what he said.

4. Some of them have come up with a scenario in which the Chinese military might occupy the North in order to protect its strategic interests.

5. In yet another action by Tokyo that is challenging its relations with Seoul, a new survey has revealed about six out of 10 Japanese think the Korea-controlled Dokdo islets are in fact Japanese territory.

6. Over two dozen businesses from South Korea are operating in the Gaeseong Industrial Complex, producing about $19 million worth of products each month.(분사구문 결과와 부대상황으로 번역하세요)

응용장문번역 답

1. 일단 그 시스템에 설치되면 그것은 어떤 다른 컴퓨터에도 적재되지 않도록 되어있다.

2. 전세계의 연구원들과 약리학자들이 놀라운 신약에 대하여 작업하고 있지만 그들의 노력은 정당한 제품을 위조하는 살인적인 기회주의자들에 의하여 손상된다.

해설강의

1. 주어는 she. see는 완전타동사. him은 목적어. No sooner는 부사구. than이하는 부사절. 주어는 she. turned와 ran away는 완전자동사.

2. 주어는 I. forget은 완전타동사. this는 목적어. as long as는 부사절을 이끄는 접속사. 주어는 I. live는 완전자동사.

3. 명령문이므로 주어 You 생략. let은 불완전타동사(사역동사). me는 목적어. know는 목적보어(원형부정사). time은 know의 목적어. of your arrival은 time을 수식하는 형용사구. so that은 접속사. I가 주어. meet은 완전타동사. you는 목적어. at the station은 부사구.

4. 주어는 I. took은 완전타동사. precaution은 목적어. lest는 접속사 역할을 함. 그 이하에서 주어는 I. fail은 완전자동사. again은 부사.

5. 주어는 he. was는 불완전타동사. honest man은 주격보어. such는 형용사. that은 접속사의 역할. 그 이하에서 주어는 everybody. trust는 완전타동사. him은 목적어. such는 부사. 해석은 '너무나' [such-that, 이나 so-that이나 같음.]

6. However는 접속사. 주어는 you, try는 완전자동사. hard는 부사. 주절에서 주어는 you. master는 완전타동사. English는 목적어. in a year는 부사구.

7. No matter how는 접속사의 역할을 함. hard는 부사. 주어는 you. try는 완전자동사. 주절에서 주어는 you. master는 완전타동사. English는 목적어. in a year는 부사구.

8. the more는 접속사의 역할을 함. you가 주어. know는 완전타동사. him은 목적어, the more는 부사. you는 주어. like는 동사. him은 목적어. "The more -, the more - "둘 다 부사구임. 따라서 뒤에 완전한 문장이 와야한다.

9. 주어는 He. prepare는 완전타동사. 명사절 what이하는 목적어. 명사절 내에서 주어는 what. he suspected는 삽입절. be는 불완전자동사. announcement는 주격보어. in a decade는 부사구.

 what he suspected would be the most important announcement in a decade. 는 He suspected that it would be the most important announcement in a year를 복합관계대명사 what을 사용하여 줄인 문장임.

10.주어는 He. used to는 조동사. come은 완전자동사. here는 부사. last year는 부사구.

used to 동사원형 : ~하곤 했다.

11. 주어는 He. is는 불완전자동사. used는 형용사로써 주격보어. to coming은 부사구. here은 부사.

be used to 동명사 : ~하는데 익숙하다.

12. 주어는 A car. is used는 수동태. to come은 부사구. here는 부사.

be used to 동사원형 : ~하기 위해 사용되다.

13. 주어는 The professor. prepare는 완전타동사. examination은 목적어.

14. 주어는 The student. prepare는 완전자동사. for an entrance examination은 부사구.

prepare : ~을 준비하다. prepare for :~에 대비하다.

Lesson67 능동, 수동

1.He's just got divorced, so he's been a little short lately.

2.Many babies are born to teenagers.

3.What can not be cured must be endured.

4.How is the word spelt?

5.Korea is known to almost all people around the world.

6.What is this flower called?

7.Let it be done at once.

8.They expect to vote on Friday.

9.They are expected to vote on Friday.

10.More than 24 seamen were killed and 35 more were wounded.

11.He was hoping that he would be allowed to return home.

12.My car was rear-ended by a truck.

13.The monks are followed by a wooden coffin.

14.The monks followed a wooden coffin.

15.The poor boy was well taken care of by a kind lady.

1.그는 막 이혼했기 때문에 최근에 조금 쪼들려왔다.

2.많은 아기들이 십대에게 태어난다.

3.고쳐질 수 없는 것은 견디어져야 한다.
(고칠 수 없는 것은 참아야 한다.)

4.그 단어는 어떻게 철자가 쓰여지나?
(그 단어는 철자가 어떻게 되나?)

5.한국은 전세계의 거의 모든 사람에게 알려져 있다.

6.이 꽃은 무엇이라 불리나?

7.그것이 즉시 행해지게 하라.

8.그들은 금요일에 투표할 것으로 예상한다.

9.그들은 금요일에 투표할 것으로 예상된다.

10.24명 이상의 선원이 살해되고 35명이 더 부상당했다.

11.그는 집으로 돌아가도록 (귀국하도록) 허용되기를 희망하고 있었다.

12.내 차는 트럭에 의하여 추돌당했다.

13.그 승려들은 나무 관에 의하여 뒤따라진다.
(나무 관이 승려들을 따라간다)

14.그 승려들은 나무관을 따라갔다.

15.그 불쌍한 소년은 한 친절한 부인에 의하여 잘 돌보아졌다.

16.He was believed to be an
honest man by all.

16.그는 모든 사람에 의하여 정직한
사람으로 믿어졌다.(모든 사람이
그를 정직한 사람으로 믿었다.)

17.It used to be thought the sun
went round the earth.

17.태양이 지구를 돈다고 생각된
적이 있었다.

18.Are credit cards honored here?

18.여기에서는 신용카드가
존중됩니까?(신용카드 받습니까?)

19.Your reservation is made for
flight 208 leaving for Chicago
Friday at 2 p.m..

19.금요일 오후 2시에 시카고를
향해서 떠나는 208비행기편에
대한 당신의 예약이 만들어집니다.
(예약이 되어 있습니다.)

응용장문번역 문제

1. Even though you probably will not be prosecuted for loading a
program on a friend's computer, this is where your ethics come in.
2. China, which regards Taiwan as an integral part of its territory that
has sheltered behind the U.S. navy since the days of the Chinese civil
war, vows that any Taiwanese declaration of independence will be met
by force.
3. The bill will let bribe-takers off the hook if the money they are
offered has nothing to do with their duties.

응용장문번역 답

1. 비록 (당신이:생략가능)친구의 컴퓨터에 한 프로그램을 적재하는 것에
대하여 아마도 기소되지는 않겠지만 이것이 (당신의:생략가능)윤리가
들어오는 곳이다.
2. 대만을 중국 내전의 날들 이래로 미국 해군 뒤에 숨어온 자신의 영토의 한
뺄 수 없는 부분으로 여기는 중국은 어떤 대만의 독립 선언이라도 무력에
의하여 마주쳐질 것이라고 공언한다.

해설강의

이제 수동태와 능동태의 중요한 부분을 공부합시다. 첫째 수동태는 be동사 + 과거분사의 형태를 취하며 반드시 동사가 타동사인 경우에만 가능합니다. 자동사는 절대 수동태가 될 수 없습니다. 둘째 번역할 때 능동은 "--하다, --시키다." 수동은 "--되다. --받다. --당하다"가 기본입니다. 셋째 수동태는 한정용법과 서술 용법이 있습니다. 한정 용법은 "받는, 되는, 당하는"으로 해석하고 서술은 "받다, 되다, 당하다."로 해석합니다. 넷째, 수동태의 시제는 be동사의 시제에 의하여 결정됩니다. 뻔하고 다 아는 이야기이지요? 그런데 이 기본을 확실히 지키지 않으면 길고 복잡한 문장을 번역할 때 고생합니다. 공부하는 단계에서 이 기본 원칙을 지키면서 직역부터 먼저 하고 그 다음에 의역하는 습관을 쌓아주세요. 처음부터 의역하면 일관성이 없어지고 원칙을 무시하는 거짓말을 하게 됩니다. 짧고 쉬운 문장은 원칙을 무시하고 눈치로 번역할 수 있지만 길고 복잡한 문장은 그렇게 할 수 없습니다.

1. 주어는 He, got divorced는 수동태, just는 부사. so는 접속사, He가 주어. be는 불완전 자동사. short은 주격보어. he's는 he has의 줄임말임. he is got divorced라는 영어는 없습니다. divorce는 특별한 용법의 단어로써 '이혼시키다'라는 타동사인데 수동이면 be + divorced 혹은 is+ divorced로 직역하면 '이혼 당하다'이고 의역하면 '이혼하다'입니다. 추가설명 be동사 + 과거분사는 수동태이고 have+과거분사는 현재완료입니다. 35과, 36과, 37과와 단어 문법 종합 정리의 현재완료 참조.
2. 주어는 babies, be born은 수동태, to teenagers는 부사구. bear는 능동일 때는 '낳다'이고 수동일 때는 '낳아지다'가 직역이고 의역은 '태어나다'입니다. 전치사는 by가 가장 많이 쓰이지만 예외도 많습니다. 이 경우에 by를 쓰면 '의하여'가 되고 to를 쓰면 '에게'가 됩니다.
3. 명사절 What cannot be cured가 주어인 명사절이고 be endured는 수동태. 명사절 내에서 주어는 what, be cured는 수동태.
4. How는 부사. 주어는 the word. is spelt는 수동태.
5. 주어는 Korea. is known은 수동태. to almost all people은 부사구. around the world 부사구.
6. 주어는 this flower. be called는 수동태. what은 flower를 수식하는 보어. 문장을 평서문으로 바꿔보면 They call this flower what. 이 됨. what는 this flower를 수식하는 목적격보어. 불완전타동사의 수동태. 'call' 능

동 → -를 -라고 부르다. 'call' 수동 → -이 -라고 불리다.

7, 주어인 You는 명령문이므로 생략. Let은 불완전타동사(사역동사). it은 목적어. be는 원형부정사로서 목적격보어. be done은 수동태. at once는 부사구.

8. 주어는 they, expect는 완전타동사. to vote는 명사구로써 목적어. on Friday는 부사구.

9. 주어는 they. are expected는 수동태. to vote는 부사구. on Friday는 부사구.

10. 주어는 seamen. were killed는 수동태 and는 접속사. more가 주어. were wounded는 수동태.

11. 주어는 he. hope은 완전타동사. 명사절 that이하는 목적어. 명사절 내에서 주어는 he. be allowed는 수동태. to return home은 부사구.

12. 주어는 my car. was rear-ended는 수동태 by a truck은 부사구.

13. 주어는 monks. are followed는 수동태. by a wooden coffin은 부사구.

14. 주어는 monks. follow는 완전타동사. coffin은 목적어.

15. 주어는 boy. was well taken care of 는 수동태. by a kind lady는 부사구.

16. 주어는 He. was believed는 수동태. to be는 주격보어 an honest man은 be동사의 보어. by all은 부사구.

17. it은 가주어. That the sun went round the earth가 진주어. that 생략. 주어는 sun. went는 완전자동사. round the earth는 부사구. used to는 조동사. be thought는 수동태.

18. 주어는 credit cards. is honored는 수동태. here는 부사.

19. 주어는 reservation. is made는 수동태. for the flight 208은 부사구로 볼 수도 있고 형용사구로 볼 수도 있음. leaving은 flight208을 수식하는 형용사. for Chicago는 부사구, Friday at 2p.m.은 부사구

Lesson68 가정법

1.If I had enough money(Had I enough money), I would buy you a diamond ring.
2.I wish I knew.

3.If I had known your phone number (Had I known your phone number), I would have given you a ring.
4.You shouldn't have done this.

5.I wish I had a room reserved for tonight.

6.I wish I hadn't gotten a ticket for running a red light.
7.I wish this were not a formal party.
8.The missile could have handed Argentina victory in the war.

9.If they had had the ability to make money, they would have had food and clothes.
(Had they had the ability to make money, they would have had food and clothes)
10.He should be in high school now if he had not flunked a grade.
(Had he not flunked a grade, he should be in high school now.)

1.내가 충분한 돈을 갖고 있다면 너에게 다이아 반지를 사 줄텐데

2.내가 알면 좋겠다
(나도 알면 좋겠다. 나도 몰라)
3.내가 너의 전화번호를 알았더라면 너에게 전화를 했을 텐데.

4.너는 이것을 하지 말았어야 한다.
(이러지 않아도 되는데)
(이렇게까지 하지 않아도 되는데)
5.내가 오늘 밤에 방을 예약해두면 좋을텐데.
(예약해 놓은 상태이면 좋을텐데)
6.내가 빨간 신호등 위반으로 딱지를 떼지 않았으면 좋을텐데.
7.나는 이것이 공식 파티가 아니면 좋겠다.
8.그 미사일은 아르헨티나에게 그 전쟁에서 승리를 가져다 줄 수 있었을 텐데.
9.만일 그들이 돈을 벌 능력을 갖고 있었다면 그들은 식량과 의복을 갖고 있었을 텐데.

10.그가 한 학년을 낙제하지 않았더라면 지금 고등학교에 있을 텐데.

11.If the blood products had been heat treated, they could not have been contaminated by the HIV virus.
(Had the blood products been heat treated, they could not have been contaminated by the HIV virus)
12.I should have known you were lying.
13.If only I hadn't promised him.

14.Were it not for the sun, nothing could live.
(If it were not for the sun, nothing could live)
15.Should I have been three minutes late, I should have missed the train.
(If I had been three minutes late, I should have missed the train)
(Had I been three minutes late, I should have missed the train)
16.Should you not go, he would go.
(If you should not go, he would go.)

11.그 혈액 제품이 열처리되었더라면 그들은 HIV 바이러스에 감염될 수 없었을 텐데.

12.나는 네가 거짓말하고 있는 것을 알았어야 하는 건데.
13.내가 그에게 약속만 하지 않았더라면!
14.태양이 없다면 어떤 것도 살 수 없을 것이다.

15.내가 3분 늦었더라면 그 기차를 놓쳤을 것이다.

16.네가 가지 않는다면 그가 갈 것이다.

응용장문번역 문제

1. The programmers of the software would not have been denied compensation for their developments, if users had not distributed their software illegally.

2. Conditions for tax revenue would not have become worse if the economic stagnation had not been protracted.

응용장문번역 답

1. 사용자들이 그들의 소프트웨어를 불법적으로 유통시키지 않았더라면 그 소프트웨어의 프로그래머들은 그들의 개발에 대한 보상을 부인당하지 않았을 것이다.

해설강의

1. 이제 중요하고 어려운 가정법을 공부합시다. 다음 문법 원리를 소리내서 암기해주세요.

"가정법과 추측은 다르다. 가정법은 반드시 현재 사실이나 과거 사실의 반대이다. 추측은 그럴 수도 있고 그렇지 않을 수도 있다."

"이 몸이 새라면, 내가 빌 게이츠라면"은 현재 사실의 반대이므로 가정법 과거에 해당되어서 "If I were a bird" "If I were Bill Gates,"로 합니다. 주의 사항으로써 가정법과거일 때 be동사를 쓰는 경우는 반드시 were를 쓰게 되어있습니다. was를 쓰는 경우도 많이 보는데 그것은 회화체로써 문법을 무시하고 편의주의로 하는 영어입니다. 헤밍웨이의 노인과 바다에도 보면 'If the boy was here,'라는 대사가 여러 번 나오는데 저자가 일부러 교육을 많이 받지 않은 어부들의 영어를 표현하느라고 그렇게 한 것입니다. "백두산이 폭발한다면, 북한이 붕괴한다면"은 그럴 수도 있고 그렇지 않을 수도 있으므로 가정법이 아니고 추측입니다. "If Mt.Baekdu erupts, If North Korea collapses"라고 단순 현재형으로 합니다. 위의 원리를 암기했으면 다음 문법 원리를 소리내서 암기해주세요.

"가정법 과거는 현재 사실의 반대이고 가정법 과거 완료는 과거 사실의 반대이다."

그러면 과거 완료의 반대는 어떻게 되나?라는 의문이 드실텐데 그런 경우는 없습니다. 제가 40년 이상 영어를 공부하면서 그런 문장은 한번도 본 적이 없습니다. 위의 문법 원리를 암기하셨으면 다음 문법 원리를 소리내서 암기해 주세요.

"가정법 과거의 기본 문형은 If+주어+과거형 동사, 주어+조동사(would, should, might, could)+동사원형이고
가정법 과거 완료의 기본 문형은 If+주어+과거완료, 주어 + 조동사 +현재완료이다."

위의 문법 원리를 다 암기하셨으면 다음 문법 원리를 암기해주세요.

"가정법 과거는 '---한다면 —할텐데'라고 현재로 해석하고 가정법 과거 완료는 '--했다면 —했을텐데'라고 과거로 해석한다."

이제 위의 원리에 따라 각 문장을 살펴봅시다.

1. If는 접속사. 주어는 I. had는 완전타동사이고 가정법 과거로써 현재사실의 반대를 나타냄. money는 목적어. 주절에서 주어는 I. would buy는 수여동사로써 현재사실의 반대를 나타냄. you는 간접목적어. ring은 직접목적어.
2. 주어는 I, wish는 완전타동사. I knew는 명사절로써 목적어. 그 안에서 주어는 I. knew는 완전자동사로써 현재사실의 반대를 나타냄.
3. If는 접속사. 주어는 I. had known은 완전타동사이며 가정법 과거 완료로써 과거사실의 반대를 나타냄. number는 목적어. 주절에서 주어는 I. would have given은 수여동사로써 과거사실의 반대를 나타냄. you는 간접목적어. ring은 직접목적어.
4. 주어는 You. should not have done은 완전타동사로써 과거사실의 반대를 나타냄. this는 목적어.
5. 주어는 I. wish는 완전타동사. That이 생략된 명사절이 목적어. 명사절 내에서 주어는 I. had는 불완전타동사로써 현재사실의 반대를 나타냄. room은 목적어. reserved는 목적격보어. for tonight은 부사구.
6. 주어는 I. wish는 완전타동사. That이 생략된 명사절이 목적어. 명사절 내에서 주어는 I. had not gotten은 완전타동사로써 과거사실의 반대를 나타낸다. ticket은 목적어. for running은 부사구. running은 동명사로써 전치사 for의 목적어이자 a red light를 목적어로 하는 완전타동사. hadn' t got으로 하면 had not과 같은 뜻으로써 '갖고 있지 않다면'이 됩니다. 흑인 영어에서 have got을 have와 똑같이 쓰는데 요즈음은 백인들도 회화체에서 그렇게 많이 씁니다.
7. 주어는 I. wish는 완전타동사. that은 생략. this가 주어. were는 불완전자동사로써 현재사실의 반대를 나타낸다. party는 주격보어.
8. 주어는 missile. could have handed는 수여동사로써 과거사실의 반대를 나타냄. Argentina는 간접목적어. victory는 직접 목적어. in the war는 부사구.
9. If는 접속사. they는 주어. had had는 완전타동사로써 과거사실의 반대를 나타내므로 과거완료임. ability는 목적어. to make는 ability를 수식

하는 형용사구. money는 make의 목적어. 주절에서 주어는 they. would have had는 완전타동사로써 과거사실의 반대를 나타내므로 조동사+현재완료임. food and clothes는 목적어.

10. 주어는 He. should be는 완전자동사로써 현재사실의 반대를 나타내므로 조동사+동사원형. in high school now는 부사구. if는 접속사. 주어는 he. had not flunked는 완전타동사로써 과거사실의 반대를 나타내므로 과거완료임. grade는 목적어. high school앞에 a를 붙여야 되지 않느냐는 질문을 가끔 받는데 when I was in college:내가 대학에 다닐 때라고 할 때 붙지 않는 것과 같습니다. 역시 미국인 두 사람에게 확인해보았습니다.

11. If는 접속사. products가 주어. had been heat treated는 수동태로써 과거사실의 반대이므로 과거완료임. 주절에서 주어는 they. could not have been contaminated는 수동태로써 과거사실의 반대이므로 조동사+현재완료. by the HIV virus는 부사구.

12. 주어는 I. should have known은 완전타동사로써 과거사실의 반대이므로 조동사+현재완료임. 접속사 that생략. 주어는 you. lye는 완전자동사. you were lying은 실제로 과거에 거짓말을 하고 있었으므로 과거진행형을 사용함.

13. If는 접속사. 주절은 생략. only는 부사. I가 주어. had not promised는 완전타동사로써 과거사실의 반대이므로 과거완료. him은 목적어. '바람과 함께 사라지다'에서 나오는 대사.

14. 15. 16.번의 이런 패턴도 많이 씁니다. 암기해주세요.

lesson 58부터 복습해주세요.

직접화법, 간접화법

1.He said to me, "I owe you an apology."

2.He told me that he owed me an apology.

3.He will ask, "Do you take a 100 dollar bill?"

4.He will ask if they take a 100 dollar bill.

5.The teller asked me, "Do you want large bills?"

6.The teller asked me if I wanted large bills.

7.The bank teller said, "You had better have an account with this bank."

8.The bank teller recommended I have an account with the bank.

9.She said, "This is a little something for you on your graduation."

10.She said that was a little something for me on my graduation.

11.He asked, "Do you have any vacancies?"

12.He asked if they had any vacancies.

13.Lincoln said, "Honesty is the best policy."

14.Lincoln said that honesty is the best policy.

1.그는 나에게 "나는 당신에게 한 사과를 빚지고 있다"(나는 사과할 것이 있다) 라고 말했다.

2.그는 나에게 사과할 것이 있다고 말했다.

3.그는 "당신은 100달러 지폐를 받습니까?"라고 물을 것이다.

4.그는 그들이 100달러 지폐를 받는지 물을 것이다.

5.그 출납계원은 나에게 "당신은 고액권을 원하십니까?"라고 물었다.

6.그 출납계원은 나에게 고액권을 원하는지 물었다.

7.그 은행 출납계원은 "이 은행의 계정을 갖는 것이 좋을 것입니다"라고 말했다

8.그 은행 출납 계원은 내가 그 은행의 계정을 가질 것을 권했다.

9.그녀는 "이것은 당신의 졸업에 대하여 당신을 위한 작은 어떤 것입니다"라고 말했다.

10.그녀는 그것이 나의 졸업에 대하여 나를 위한 작은 어떤 것이라고 말했다.

11.그는 "여러분은 어떤 빈자리라도 갖고 있습니까?"라고 물었다.

12.그는 그들이 어떤 빈자리라도 갖고 있는지 물었다.

13.링컨은 "정직이 최선의 정책이다"라고 말했다.

14.링컨은 정직이 최선의 정책이라고 말했다.

응용장문번역 문제

1. To prosecutorial investigators who conducted seizure and search at his home, Chun said, "I'm sorry for causing you troubles, gentlemen." 간접화법으로도 만들어보시고 번역도 해보세요.
2. Should the two Koreas reunite, the ethnic Koreans in Manchuria may secede from China, igniting a string of ethnic tensions in the world's most populous country.

응용장문번역 답

1. 그의 집에서 압류와 수색을 실시하는 검찰 수사관들에게 전두환은 "신사 여러분, 여러분에게 수고를 야기한 것에 대하여 미안합니다." 라고 말했다.

해설강의

직접 화법과 간접 화법을 공부합시다. 직접화법에는 say를 쓰고 간접화법에는 tell을 쓴다는 것은 이미 알고 계시죠?

문장분석의 관점에서 보면 say는 완전타동사이고 따옴표(quotation mark) 내의 문장은 목적어에 해당되는 명사절입니다. to+명사는 부사구입니다. tell은 수여동사이고 뒤에 간접목적어와 직접목적어가 옵니다. 간접화법의 문장을 해석할 때는 주절의 동사가 과거이고 종속절의 동사도 과거이면 종속절은 현재로 해석합니다. 주절의 동사가 과거이고 종속절의 동사가 과거완료형이면 종속절의 동사는 과거로 해석합니다. 영작할 때는 그 반대로 응용하면 됩니다. 그런데 종속절이 역사적인 사실이거나 만고불변의 진리로써 현재도 그렇다면 그리고 그 주절의 주어가 그 종속절과 같은 의견일 때는 단순과거나 현재형으로 합니다. 주절의 동사가 미래일 때는 종속절은 대부분 현재형으로 합니다. 이제 다음 예문을 보면서 위의 원리를 이용해서 분석해보시겠습니다.

1. 주어는 He, said는 완전타동사, to me는 부사구. "I owe you an apology."는 목적어인 명사절. 그 안에서 주어는 I, owe는 수여동사. you는 간접목적어. apology는 직접목적어. 직접화법

2. 주어는 He, told는 수여동사. me는 간접목적어. that이하는 직접목적어인 명사절. 그 안에서 he가 주어. owe는 수여동사. me는 간접목적어. apology는 직접목적어. 간접화법

시제의 일치의 원칙에 따라서 주절의 시제와 명사절 내의 시제가 일치하면 시제를 똑같이 맞춰 주어야함. 번역시에 명사절의 시제는 단순현재로 해석.

3. 주어는 He. ask는 완전타동사. 명사절 "Do you take a 100 dollar bill?"이 목적어. 그 안에서 주어는 you. take는 완전타동사. bill은 목적어. 직접화법.

4. 주어는 He. ask는 완전타동사. 명사절 if이하는 목적어. 주어는 they. take는 완전타동사. bill은 목적어. 간접화법

5. 주어는 Teller, ask는 수여동사. me는 간접목적어. 명사절 "Do you want large bills?"가 직접목적어. 주어는 you. 동사는 want. bills는 목적어. 직접화법

6. 주어는 teller, ask는 수여동사, me는 간접목적어. 명사절 if이하가 직접목적어. 주어는 I. want는 완전타동사. bills는 목적어. 간접화법

7. 주어는 teller. said는 완전타동사. 그 이하는 명사절로써 목적어. 주어는 You. had better는 조동사. have는 완전타동사. account는 목적어. with this bank는 account를 수식하는 형용사구. 직접화법

8. 주어는 teller. recommend는 완전타동사. 그 이하는 that이 생략된 명사절로써 목적어. 주어는 I. have는 완전타동사 (앞에 should 생략). account는 목적어. with the bank는 account를 수식하는 형용사구. 간접화법

9. 주어는 she. said는 완전타동사. 그 이하는 명사절로써 목적어이고 그 이하에서 주어는 this. is는 불완전 자동사. something은 주격보어. for you는 something을 수식하는 형용사구, on your graduation도 something을 수식하는 형용사구. on your graduation은 형용사구 for you를 수식하는 부사구로 볼 수도 있음. 직접화법

10. 주어는 she. said는 완전타동사. that이하는 명사절로서 목적어의 역할을 하는데 접속사 that가 생략되어 있고 그 이하에서는 that이 주어 was는 불완전자동사. something은 주격보어. for me는 something을 수식하는 형용사구. on my graduation은 for me를 수식하는 부사구로 볼 수도 있고 a little something을 수식하는 형용사구로 볼 수도 있음. 간접화법

11. 주어는 he. ask는 완전타동사. 그 이하는 명사절로써 목적어. 주어는 you. have는 완전타동사. vacancies는 목적어. 직접화법

12. 주어는 he. ask는 완전타동사. 명사절 if이하는 목적어. 주어는 they. had는 완전타동사. vacancies는 목적어. 간접화법

13. Lincoln이 주어. said는 완전타동사. 그 이하는 명사절로서 목적어. 주어는 honesty. is는 불완전자동사. policy는 주격보어.

14. Lincoln이 주어. said는 완전타동사. 그 이하는 명사절로서 목적어. 주어는 honesty. is는 불완전자동사. policy는 주격보어. 지금처럼 불변의 진리를 말할 때는 시제의 일치 원칙을 무시하고 종속절을 현재형으로 함.

lesson 59부터 한영으로 복습해주세요.

직접화법, 간접화법

1.He said to me, "I love you."

2.He told me that he loved me.

3.He said to me, "I loved you"

4.He told me that he had loved me.

5.He said, "I saw him steal the money yesterday."

6.He said that he had seen him steal the money the day before.

7.He said, "Alexander conquered most of Europe."

8.He said that Alexander conquered most of Europe.

9.I know the president accepted the Secretary's suggestion that he convene the summit in Washington.

10.Japan's officials sought to protect drug companies from competition, failing to prevent the sale of unheated blood products, which resulted in the HIV infection of more than 1,800 hemophiliacs.

1.그는 나에게 "나는 당신을 사랑합니다"라고 말했다.

2.그는 나에게 그가 나를 사랑한다고 말했다.

3.그는 나에게 "나는 당신을 사랑했다"라고 말했다.

4.그는 나에게 그가 나를 사랑했다고 말했다.

5.그는 "나는 그가 어제 그 돈을 훔치는 것을 보았다"고 말했다.

6.그는 그가 그 전날 그 돈을 훔치는 것을 보았다고 말했다.

7.그는 "알렉산더가 유럽의 대부분을 정복했다"고 말했다.

8.그는 알렉산더가 유럽의 대부분을 정복했다고 말했다.

9.나는 그 대통령이 그가 정상회담을 워싱턴에서 개최하라는 그 장관의 제언을 받아들였다는 것을 안다.

10.일본의 관리들은 제약 회사들을 경쟁으로부터 보호하는 것에 골몰한 나머지 (모색해서), 열처리되지 않은 혈액 제품의 판매를 방지하지 않았는데, 그것이 1800명 이상의 혈우병자들의 에이즈균 감염의 결과를 가져왔다.

응용장문번역 문제

1. When you access an online service, you are identified through an account which most commonly consists of a user ID and password.

2. An official now points out that electricity charges should be hiked within this year as the costs have increased about 5 percent so far this year, following a 7.6-percent jump last year.

3. The North Korean regime should realize that its continued development of nuclear bombs, missiles and other weapons of mass destruction would only lead to a self-destruction of the impoverished state.

4. It's often said that one of the main criteria for distinguishing developed countries from those that are underdeveloped is how many people die or suffer from safety accidents.

5. Given China's recent historical maneuvering, we don't' rule out the possibility that China will continue its history distortion with political intentions.

6. It would have been far easier to handle this incident, had the city involved not been Gwangju, the political stronghold of the liberal opposition, and the event, a global festival of swimmers.

응용장문번역 답

1. 온라인 서비스에 접근할 때 가장 흔히 사용자 아이디와 패스워드로 구성된 계정을 통하여 신원확인된다.

2. 한 관리는 비용이 작년의 7.6퍼센트 급등에 뒤이어 올해 현재까지 약 5% 증가함에 따라 전기 요금이 금년 내에 인상되어야 한다는 것을 지금 지적한다.

해설강의

1. 주어는 he. said는 완전타동사. to me는 부사구. 그 이하는 명사절로써 목적어의 역할을 함. 주어는 I. love는 완전타동사. you는 목적어. 직접화법

2. 주어는 He. told는 수여동사. me는 간접목적어. 명사절 that이하는 직접목적어의 역할을 함. 그 안에서 주어는 he. loved는 완전타동사. me는 목적어. 간접화법

시제의 일치 : 주절과 명사절 내의 시제가 똑같으므로 둘 다 과거형으로 일치시킴. 한글로 번역할 때에는 명사절은 단순현재로 해석하고 주절은 과거로 해석한다. "그는 나를 사랑한다고 말했다."

3. 주어는 he. said는 완전타동사. to me는 부사구. 그 이하는 명사절로써 목적어. 주어는 I. loved는 완전타동사. you는 목적어.

4. 주어는 he. told는 수여동사. me는 간접목적어. 명사절 that이하는 직접목적어. 명사절 내에서 주어는 he. had loved는 완전타동사. me는 목적어.

시제의 일치 : 명사절 내의 시제가 주절의 시제보다 한 시제 앞서므로 과거완료를 사용함. 한글로 번역시에는 과거로 해석한다. "그는 나를 사랑했다고 말했다."

5. He가 주어. said는 완전타동사. 그 이하는 명사절로써 목적어. 주어는 I. saw는 불완전타동사. him은 목적어. steal은 원형부정사로써 목적격보어. money는 steal의 목적어. yesterday는 부사.

6. 주어는 he. said는 완전타동사. 명사절 that이하가 목적어. 명사절 내에서 주어는 he. had seen은 불완전타동사. him은 목적어. steal은 원형부정사로써 목적격보어. money는 목적어. the day before는 부사구. 본 것이 말한 것보다 더 과거이므로 대과거를 씀.

7. 주어는 he. said는 완전타동사. 그 이하는 명사절로써 목적어의 역할을 함. 명사절 내에서 주어는 Alexander. conquered는 완전타동사. most of Europe은 목적어.

8. 주어는 he. said는 완전타동사. 명사절 that 이하는 목적어. 명사절 내에서 주어는 Alexander. conquered는 완전타동사. most of Europe은 목적어. 역사적 사실이므로 대과거를 쓰지 않음.

9. 주어는 I. know는 완전타동사. 그 이하는 that이 생략된 명사절로써 목적어. 명사절 내에서 주어는 the president. accepted는 완전타동사. suggestion은 목적어. that는 등위접속사이고 그 이하는 동격절. 주

어는 he. convene은 완전타동사(앞에 should생략) summit은 목적어. In Washington은 부사구.

10.주어는 officials. sought는 완전타동사. to protect는 명사구로써 목적어의 역할을 함. companies는 완전타동사인 protect의 목적어. from competition은 부사구. failing 이하는 분사구문. 주절의 주어와 분사구문의 주어가 똑같으므로 분사구문의 주어는 생략. 주절과 분사구문의 시제가 같으므로 현재분사 사용. 능동이므로 현재분사 사용. 부사적용법으로 쓰였으며 의미상 결과용법으로 해석함. fail은 완전자동사. to prevent는 부사구로 볼 수도 있고 fail을 완전타동사로 to prevent를 명사구로써 목적어로 볼 수도 있음. sale은 prevent의 목적어. of unheated blood products는 sale을 수식하는 형용사구. which이하는 앞문장 전체를 수식하는 (혹은 앞문장 전체를 선행사로 하는) 계속적용법의 형용사절. 형용사절 내에서 주어는 which. resulted in 은 완전타동사구. infection은 목적어. of more than 1,800 hemophiliacs는 infection을 수식하는 형용사구.

lesson 60부터 복습해주세요.

마지막의 9번 문장과 10번 문장을 자신의 능력으로 해석하고 분석할 수 있는 착실히 공부하신 여러분. 정말 수고하셨습니다. 여러분의 영어 실력은 이제 선수가 되셨습니다. 그리고 노력의 천재 혹은 수재입니다. 그러나 아직 선수 중에서는 벤치워머입니다. 주전 선수가 되고 스타플레이어가 되려면 노력이 더 필요합니다. 주전 선수가 되려면 우선 그 동안 공부하신 기초를 다져주어야 합니다. 피겨스케이팅의 여제 김연아 씨는 수많은 기초 동작을 자신의 것으로 만들기 위하여 각각의 동작을 만 번씩 이상 연습했다고 합니다. 그런 노력이 있었으므로 타고난 소질을 완전히 개화시킨 겁니다. 여러분도 그 동안 공부하신 기초 문법과 문장들을 완전히 자신의 것으로 만들어주세요. 처음부터 끝까지 열 번 이상 공부해주셔서 분사구문, 전치사 + 관계대명사, 가정법, 등등 어떤 문법이든지 영작하고 해석할 때 응용하고 다른 사람에게 설명해줄 수 있도록 공부해주세요. 저의 책을 완전히 다 떼서 기초를 완전히 다졌으면 다음과 같이 공부해주세요.

마무리

고급 실력자가 되신 분의
앞으로의 공부 방법

단어 암기 방법

문법을 알더라도 단어 실력이 약하면 그 사람의 영어 실력은 약합니다. 풍부한 어휘력을 쌓아야 합니다. 우선 제가 27과와 단어 및 문법 정리에서 설명드린 단어 암기 방법을 다시 잘 읽어보시고 500원짜리 수첩 크기의 공책을 사서 스스로 단어장을 만들어서 제가 말씀드린 방법 대로 외워주세요.

암기할 단어 선택

중요한 포인트가 하나 있습니다. 그 수십만개 영어 단어 중에서 어떤 것을 외워야합니까? 사전에 있는 단어를 다 외운다는 것은 불가능하고 미국인도 영영 사전의 모든 단어를 알지는 못합니다. 우리도 국어 사전의 우리 말 단어를 모두 알지는 않습니다. 가장 많이 쓰는 단어부터 먼저 암기해야 합니다. 어떤 단어가 가장 많이 쓰는 단어입니까? 그 동안 여러분이 가장 많이 본 단어들이 가장 많이 쓰이는 단어입니다. 좀 더 구체적인 예를 들면 전치사, 접속사, 조동사, 대명사 등입니다. 그런 단어는 저의 교재에서 심도있게 다루었습니다. 그 이외에 명사, 동사, 형용사, 부사 중에서 그 동안 가장 많이 본 단어 위주로 외워주세요. 여러분이 앞으로 어떤 교재로 어떤 영어를 접하시든지 그런 문장 중에서 그 동안 가장 많이 보았고 대충은 아는데 확실하게는 모르는 단어부터 외우세요. 이 원칙을 영어의 대가가 될 때까지 지켜주세요. 다른 사람이 모르는 혹은 별로 자주 쓰지 않는 어려운 단어를 많이 암기해야 남보다 앞설텐데 라는 생각이 들더라도 꼭 제가 말씀드리는 이 원칙을 지켜주세요.

암기할 단어 분량

단어는 암기하더라도 다음 날이면 망각하게 되어 있습니다. 꼭 복습을 해야 합니다. 제 경험으로는 한번 외운 단어는 하루에 한번씩 열흘은 복습해야 저의 것이 됩니다. 여러분도 그렇게 해주세요. 그렇게 복습 관리를 하면서 외우면 매일 많은 단어를 외울 수 없습니다. 하루에 3단어나 5단어 혹은 10단어 정도로 시작하는 것이 좋습니다. 저의 경험으로는 최고로 많이 외울 때가 하루에 25개씩 외웠습니다. 대부분의 학생들이 단어를 외우라고 하면 단어장에 잔뜩 적어놓기만 하고 무슨 재산인 것처럼 갖고 다니는데 시간 낭비입니다. 이미 사전에 다 적혀있습니다. 꼭 외울 수 있는 분량 만큼만 적어야 합니다. 그리고 꼭 열흘 동안 매일 복습을 해야 자기 재산이 된다는 것을 명심하세요. 좀 더 구체적으로 말씀드리면 전에 적어놓은 단어의 복습이 끝나지 않았으면 새로운 단어는 적지 말아야 합니다.

청취 공부 방법

제가 만든 뉴스 청취 자료로 공부하시면 좋습니다. 매우 쉬운 기초부터 뉴스 청취까지 단계적으로 되어있습니다. 가격은 2만원입니다. 이메일로 연락주시면 이메일로 보내드립니다.

토플이나 토익 등 시험 준비하는 분

시중에 나와있는 기출 문제집을 사서 혼자 풀어보시면 됩니다. 저에게 배운 사람들은 기초를 확실히 하고 나서 기출 문제집으로 공부하면 보통 920점에서 950점 이상을 받습니다.

유학갈 분

전공 관련 영어 원서, 영어 신문, 주간지 등을 다독하고 저의 청취 자료를 공부한 다음 ABC, CNN 뉴스 등을 많이 시청해주세요. 영화는 제가 매일 보내드리는 자료로 공부하시면 좋습니다. 스포츠 중계, 음악이나 댄스 쇼 같은 것은 너무 어려워서 도움이 되지 않습니다. 뉴스, National Geographic, talk show, 강연, 연설 등을 많이 시청해주세요.

영어 이외의 다른 분야를 전공하시는 분으로써 그 학문을 위하여 원서를 보셔야 하는 분

더 이상 영어 자체를 위한 공부는 하실 필요가 없고 전공 서적에 바로 도전하시면서 단어를 많이 외우고 많은 문장을 접하시면 됩니다.

영어를 직업으로 하실 분

저에게 전화와 인터넷을 이용한 개인교수를 받으시면 좋습니다. 고급 독해, 영작, 청취, 말하기는 독학으로 하면 너무 어렵고 시간이 많이 걸립니다.

감사합니다. 그 동안 수고 많이 하셨습니다. 중간에 잠깐씩 휴식하는 것은 꼭 필요하고 좋지만 이제는 좀 편하게 살겠다라고는 생각하지 말아주십시오. 제가 중간에 그런 실수를 했기 때문에 말씀드립니다. 건강 관리 잘 하시고 평생 동안 성실하게 사시고 행복하게 사시기 바랍니다. 감사합니다.

영어는
이렇게
공부하세요

2003년 7월 6일 초판 발행
2005년 8월 15일 재판 발행
2006년 9월 30일 3판 발행
2007년 9월 30일 4판 발행
중간 생략
2016년 1월 31일 10판 발행
2019년 12월 12일 11판 발행

지은이:한민근
발행처:노력의 천재 출판사
발행인:한민근

등록번호:128-92-94887
등록일자:2011년 6월 8일

정가:19,000원
파본은 즉시 교환해드립니다.